# 古典文獻研究輯刊

## 三九編

潘美月・杜潔祥　主編

## 第 15 冊

## 葉昌熾石刻學研究

宋雪雲鶴　著

國家圖書館出版品預行編目資料

葉昌熾石刻學研究／宋雪雲鶴 著 -- 初版 -- 新北市：花木蘭
文化事業有限公司，2024〔民113〕
目 4+196 面；19×26 公分
（古典文獻研究輯刊 三九編；第 15 冊）
ISBN 978-626-344-935-0（精裝）
1.CST：葉昌熾 2.CST：石刻 3.CST：金石學
011.08                                    113009712

古典文獻研究輯刊
三九編 第十五冊                    ISBN：978-626-344-935-0

## 葉昌熾石刻學研究

作　　者 宋雪雲鶴
主　　編 潘美月、杜潔祥
總 編 輯 杜潔祥
副總編輯 楊嘉樂
編輯主任 許郁翎
編　　輯 潘玟靜、蔡正宣　美術編輯　陳逸婷
出　　版 花木蘭文化事業有限公司
發 行 人 高小娟
聯絡地址 235 新北市中和區中安街七二號十三樓
　　　　 電話：02-2923-1455／傳真：02-2923-1452
網　　址 http://www.huamulan.tw 信箱 service@huamulans.com
印　　刷 普羅文化出版廣告事業
初　　版 2024 年 9 月
定　　價 三九編 65 冊（精裝）新台幣 175,000 元

# 葉昌熾石刻學研究

宋雪雲鶴　著

## 作者簡介

宋雪雲鶴，中國書法家協會會員，北京語言大學藝術學院講師，碩士生導師、中國書法國際傳播研究院研究助理。先後獲得浙江大學古典文獻學學士學位、中國人民大學藝術學碩士學位、美學博士學位。美國哥倫比亞大學訪問學者。於核心期刊《中國書法》、《西北美術》等雜誌發表論文多篇。參加中國書法家協會、西泠印社、北京大學、同濟大學等學術研討會多次。參與國家社會科學基金 1 項，省級社會科學基金 1 項。

## 提　　要

　　葉昌熾是清末民初著名的藏書家、金石學家，其著作《語石》被譽為我國第一部古代石刻的通論性專著。本文立足於葉昌熾的石刻學著作《語石》、《邠州石室錄》等，補充了《支那金石書談》及南京圖書館藏《五百經幢館碑目》等新材料，結合民國手札、日記等社會史材料還原「碑目」在歷史語境中的用途與文本形成方式，並從經史學術地位的變化重新闡釋清末學者複雜的收藏心理，發掘《語石》一書在傳統金石學向近現代考古學轉型中的學術意義。

　　全文共分為四章：第一章在總結清以前金石學史的基礎上，分析傳統金石學的著述體例發展情況以及晚清金石學出現的新變化：石刻學的獨立。在這些學術背景的鋪墊下，結合葉昌熾的早年生活將其未刊石刻學著作還原到歷史語境下，探討其未刊碑目與題跋的實用價值與社交屬性。

　　第二章圍繞葉昌熾仕宦期間的收藏情況與《語石》的文本展開。針對《語石》文本展開的內容包括，考察《語石》的體例和引書特點，明確了葉昌熾對當朝金石學著作的關注，以及對《金石萃編》等著作的利用。葉昌熾在引用其他文獻時，以文本的稀有性為篩選標準，且會注意保留原文本的客觀內容，體現了傳統金石學中已初顯學術範式的轉型。

　　第三章探討戰爭背景下葉昌熾的收藏心理。晚清士大夫常有為自己收藏活動並非「玩物喪志」的焦慮，葉昌熾以「書淫墨癖」來總結自己的碑帖和書籍收藏活動。戰爭背景中的收藏活動在主觀上將收藏活動作為自己逃避亂世，宣洩情感出口。本章還勾勒了葉昌熾與刻書工匠的交往，從社會史角度考察《語石》、《邠州石室錄》等石刻著作的刊刻細節。並以《邠州石室錄》中葉昌熾摹勒的拓片為例，結合手札、日記中所載書法實踐活動，考察了葉昌熾書學觀念及臨池活動。

　　第四章以《語石》為例，回顧民國時期學者對《語石》的評價與續作，並結合島田翰與中國學者的交流情況兼論晚清時期中日學者的學術活動。最後介紹了新材料《語石》的日文譯本，藤原楚水所翻譯的《支那金石談》。並結合跨文化視角探討不同時代、國家對書籍、石刻拓片收藏鑒賞活動的認識。

　　附錄一為本文插圖輯錄，附錄二以浙江大學出版的《語石》點校本為主要工作本，結合國家圖書館藏章鈺批校《語石》，及中國美術學院藏歐陽輔批校《語石》為對照，輔以金石拓片、傳世文獻等材料，校補《語石》文本中的錯訛之處。並對韓銳校注本中「未見著錄」的不明碑刻進行考證補充，充實相關材料。

本書為 2019 年國家社科基金藝術學西部項目（編號：19EF205）《圖像學視域下的關隴地區北朝造像融合與演變研究》階段性成果；本成果受北京語言大學校級項目「中國書法國際交流史述略」資助（中央高校基本科研業務費專項資金）（編號：21YBB25）。

# 目

# 次

# 緒　論

## 0.1 研究內容

　　葉昌熾（1849～1917），字鞠常，又字頌魯，晚號緣督廬主人，江蘇長洲（今蘇州）人，清末著名金石學家、藏書家、校勘學家，著述頗豐。祖籍浙江紹興，高祖時遷入江蘇長洲，曾祖於湖北經商失利還鄉，遷長洲後，祖父先販油豉，後經營絲織品發跡。其父繼承家業不久即遭太平天國之亂，家道中落。長洲是晚清著名的經濟、文化重鎮，馮桂芬、潘祖蔭、吳大澂等都是此地著名鄉賢，又有如蔣鳳藻等藏書、出版家，一時引領吳中文化風尚，葉昌熾一生以大清長洲人自居。葉昌熾早年以傳統小學為志業，尤精目錄、校勘學，先後於同治九年（1870）應馮桂芬之邀入《蘇州府志》編纂局，又於光緒元年（1875）兩次前往瞿氏鐵琴銅劍樓編修藏書書目。在中進士之前先後於潘祖蔭、汪鳴鑾府上作賓幕，後館於費念慈、黃再同府中，早年在師友府中開館授課為業捉襟見肘，直至中進士後經濟壓力方有所緩解。至光緒十五年（1889）進士及第，選庶吉士，授翰林院編修，累至侍講。光緒二十八年（1902），任甘肅學政，光緒三十二年（1906）清廷廢科舉裁學政，葉氏乞歸故里，致仕後於存古學堂任史學總裁，讀書自遣外刊印自己的著作。民國六年（1917）卒。以《語石》、《藏書紀事詩》著稱於世，另有《邠州石室錄》《寒山寺志》《緣督廬日記》等著作傳世。其中以《語石》《藏書紀事詩》《緣督廬日記》最廣為流傳。其中《緣督廬日記》被譽為清代「四大日記」之一，記述詳細，材料豐富。葉德輝評價《藏書紀事詩》：「上至天潢，下至方外、坊估、淮妓，搜其遺聞佚事，詳注詩

中，發潛德之幽光，為先賢所未有。」在藏書史的研究中具有舉足輕重的歷史意義。

本文的主要研究對象是葉昌熾及其石刻學通論著作《語石》，以《緣督廬日記》《邠州石室錄》與《五百經幢館碑誌題跋》作為補充材料。金石之學源遠流長，在清代發展至鼎盛時期，金石學家人才輩出。與清代諸多集金、石大成的學者略有不同的是，葉昌熾著作更專注於石刻研究，對鍾鼎彝器鮮有論述，故統稱為葉昌熾石刻學著作。葉昌熾的石刻學著作中以《語石》最為出名，被譽為中國石刻研究領域的第一部通論性著作。該著述體大慮周，全面系統地記述了傳統石刻學的基本知識，全書共十卷，四百八十四則，包含了碑刻的形制、義例、書法乃至相關的拓片鑒藏學問。葉昌熾的另兩部小著《邠州石室錄》與《五百經幢館碑誌題跋》主要是葉昌熾所藏經幢及石刻拓片的匯錄，與《語石》中所舉碑刻例證有重複處，故引此兩書作為對《語石》的資料補充。

具體而言，本文將圍繞以下兩大主題展開：

第一主題是有關葉昌熾本人的研究，以《緣督廬日記》及葉昌熾與友朋、家人的往來手札為主要材料梳理葉昌熾生平。葉昌熾所處時代較為特殊，他身處清末民初的動亂時期，是甲午戰爭、庚申之變、戊戌變法等諸多重大歷史事件的親歷者，作為崇尚小學研究的傳統學者，又身處西學東漸的歷史思潮中。對葉昌熾本人的研究重點在於時世變化背景下葉昌熾寫作《語石》、開展金石收藏活動的動機和心理活動，呈現晚清士人在家國事變中的活動。

第二主題是圍繞其石刻學著作的研究。一是要釐清《五百經幢館碑目》《五百經幢館唐志跋》《邠州石室錄》等葉昌熾石刻學著作的基本情況，糾正過往研究之誤，補闕這些著述在葉昌熾研究中的缺位。並輔以社會文化視角，還原這些著述在歷史語境中的價值。二是《語石》展開的文本研究。文本研究分為兩個層次，首先根據《語石》現存點校本，對照今存石刻拓片與文獻校正文本錯誤。另據韓銳《語石》校注，對文本中尚未釐清的石刻名稱進行補漏釋疑。其次，以《語石》引文為線索，探究這樣一部集大成著作如何在前人的知識基礎上形成新的體系，並結合金石學的發展史，總結《語石》在著述體例對前代的繼承與開拓。

## 0.2 研究意義

　　近年來，歷史學、文學領域越來越關注以碑刻為載體的文獻內容及其物質形式，歷史學、文獻學等學科圍繞碑刻的文本與物質主題展開討論，各個領域有關個別碑刻的研究不勝枚舉。葉昌熾的著述是石刻學的奠基之作，在這一背景下，亟待重新審視發掘其著作的方法意義和史料價值。

　　從整個清代學術史的研究情況來看，乾嘉時期作為金石學發展的鼎盛時期，相關成果既有關乎整個時代的宏大課題也有著眼於個案的具體研究。各學科都從不同角度把握住了清代金石學強有力的時代脈搏。這些都為葉昌熾所處清末民初的特殊歷史時期提供了多角度、全方位的研究基礎。

　　同時，近年葉昌熾的石刻學著作相繼出版，為這一選題提供了更豐富的文獻材料。浙江大學出版社出版了姚文昌點校《語石》，修正了原中華書局本《語石》點校本的不足之處。上海書畫出版社的《金石學稿鈔本集成》出版了僅藏於上海博物館的《五百經幢館唐志跋》稿本。除本選題文獻材料的豐富外，有關葉昌熾手札，以及《緣督廬日記》近年陸續有相關研究成果，這些研究有的通過葉昌熾與友人的書信往來考證了藏書家之間的書籍與碑帖流通情況。有的研究輯錄了《緣督廬日記》葉昌熾抄錄經幢的相關條目。這些研究雖未針對葉昌熾石刻學展開，但為石刻學的深入研究提供了豐富相識的資料。

　　儘管關於葉昌熾的研究成果已經十分豐富，但選題多圍繞葉昌熾生平與《藏書紀事詩》展開，探討葉昌熾藏書活動與文獻學成就。關注其石刻學著作的往往也只著眼於《語石》，一筆帶過《邠州石室錄》與《五百經幢館碑誌題跋》。實則，《語石》內容豐富作為教科書式的石刻學著作，理應補充有關其文本的具體研究，深入探索《語石》的文本內容。下文將結合具體文獻，落實如上所述的選題依據。

　　首先，從研究現狀來看，乾嘉時期的相關金石學研究已幾近飽和狀態，相關著述數量龐大。清末民初的相關研究又多以康有為為熱門研究主題。葉昌熾的藏書活動雖然受到文獻學的關注，但其在石刻學領域的成就缺少相應的研究。以往的研究成果已為葉昌熾石刻學研究的展開提供了基礎材料，本選題在這些材料的基礎上，對葉昌熾石刻學將進行更有深度的挖掘。

　　從葉昌熾本人的研究成果來看，如上所述關於葉昌熾交遊方面已有部分研究從政治、金石收藏等不同角度入手，成果多集中於葉昌熾與同儕藏書家的

交遊活動。本選題將結合葉昌熾手札這一新材料，通過他與家人、友朋的書信，在新視角中解讀在戰爭背景、西學東漸風潮中葉昌熾收藏的心理活動。

此外，論文擬引入海外新材料。以往關於葉昌熾的研究極少關注到海外材料。日本藤原楚水的《支那金石談》一書實則是對《語石》逐條注解。因此書書名與《語石》毫無關聯，以往的研究中從未引用過此資料中的材料，僅關注柯昌泗與韓銳對《語石》的注評。在《語石》的諸多注解本中，《支那金石談》實則是時間最早，注解最為詳盡，卻最少有人問津的一部。論文將《支那金石談》與柯昌泗及韓銳的注解作對比，相互參照，以期查補缺漏，互正錯訛。

## 0.3 文獻綜述

以葉昌熾和《語石》分別為研究對象的成果已有不少。以葉昌熾為主要研究對象的有金振華《葉昌熾研究》及王立民《緣督廬日記研究》。金振華是最早研究葉昌熾的學者，該書梳理了葉昌熾的生平狀況，及《蘇州府志》《藏書紀事詩》《緣督廬日記》三部相關著作的情況，並對葉昌熾的政治立場與編輯出版思想作出總結。王立民的研究針對展開，整理了《緣督廬日記》的版本和流傳情況，並對《日記》所載內容進行分類歸納，輯錄了日記所見珍稀文獻，對葉昌熾的生平狀況進行了更客觀全面的構建。尹潔的《葉昌熾年譜》補足了此前鄭偉章《葉菊裳先生年譜》所闕，是迄今最全面的葉昌熾譜錄，填補了葉昌熾此前有關葉昌熾生平研究的不足之處，提供了關於譜主的諸多細節，是後來有關研究參引的重要資料。還有兩部關於葉昌熾的研究成果從金石學角度入手，分別是馬洪菊的《葉昌熾與清末民初金石學》以及任曉煒的《緣督廬中的金石世界》兩文。其中馬洪菊的研究以時間為序，分別闡述葉昌熾每個時期的金石學搜藏活動，尤其關注葉昌熾任甘肅學政期間對甘肅金石學的貢獻，並輯錄了《緣督廬日記》葉昌熾過眼金石著述、藏品往來情況等。任曉煒文圍繞葉昌熾的訪碑活動，以及與友人的金石交遊活動為兩大主題，從社會史角度解讀葉昌熾的金石收藏活動。其文後整理了中國美術館藏《語石》批校本，以及《五百經幢館碑目初稿》《緣督廬過眼碑帖書畫錄》以及《五百經幢館唐志跋》等稀見文獻資料。此兩部研究不僅視角獨特，所附資料也有極高參引價值。

　　圍繞葉昌熾著作展開的研究分主要以《藏書紀事詩》《語石》兩部著作為題，有王桂蘭《葉昌熾著述及藏書研究》考辨了《五百經幢館藏書目錄》等三部藏書目錄，彙集了葉昌熾的藏書印，總結葉昌熾藏書以鄉邦文獻為主的藏書特色。胡一女的《葉昌熾與藏書紀事詩》及章廣的《葉昌熾與藏書紀事詩研究》分別總結了該書的編纂過程及體例特色，評價《藏書紀事詩》開創了紀事詩體藏書列傳的體例；梳理了《藏書紀事詩》的資料來源及行文中的主要錯訛。還有劉惠蘭《葉昌熾的目錄學思想探究》，陳少川《葉昌熾及其目錄學成就淺探》等從纂目角度評價了葉昌熾的藏書活動，諸學者對葉昌熾的藏書活動有了較全面的評價和總結。相比而言，對《語石》的研究較少。主要以盧芳玉的《語石研究》及李永的《葉昌熾書學研究》為代表。其中盧芳玉的文章內容豐富，包羅了《語石》從內容、體例、書學思想等方面的基本特徵，指出了該書的闕誤，但寫作時間較早，《語石》版本所見不多，對許多內容沒有進行深入探討。李永從書法史的角度，總結了葉昌熾的書法史觀和對歷代書法的品評與偏好。

　　《語石》的點校本與排印本版本不多，校注本只有韓銳的《語石校注》。近年來有姚文昌點校，浙江大學出版社出版的《語石》。姚文昌另有《〈語石〉校字記》，《〈語石〉版本考辨》，《上海圖書館藏〈語石〉稿本考述》，等三篇文章總結了在整理浙大本《語石》過程中所參考的版本，其中《校字記》在結合以往點校本、批校本的基礎上形成新版《語石》的校勘記。此三篇文章與浙大本《語石》為本文的開展釐清了許多版本、文本的基礎工作。其點校精善，考證周翔，但在梳理《語石》的文本過程中，仍發現此本有不足之處，故而在第二章中再次對《語石》的文本進行補校考證。

　　以上總結了迄今為止葉昌熾及《語石》的相關研究。近年來在石刻學、金石學領域還有不少或著眼一家，或從整個金石學史的角度進行論述，都為本文提供了充足的背景知識與理論方法。近年又有潘靜如《論清代金石學的流變——兼議漢學家布朗的本土「現代性」之說》結合西方學者布朗的著作重新審視「金石學」的概念，對西方學者考古學蘊含的現代性提出質疑。潘靜如另一文《被壓抑的藝術話語：考據學背景下的清金石學》，論述了金石學以通經治史為目的，在學術話語上極力排斥藝術鑑賞和藝術史研究，同時引入西方古物學的視角，解讀金石學考訂與品騭兩個體系。這些通論性著作及文章都多著眼於清代金石學史。近出《中國金石學史》集合了前人資料，考證詳細，分朝代論述歷代金石學著述成就，是最為全面的金石學史著作。

就石刻學而言，以趙超的《中國古代石刻概論》是較全面的石刻學著作，其內容與編目也借鑒自《語石》。另有王立軍《中國古代碑刻文獻綜述》、毛遠明《碑刻文獻學通論》等解讀碑刻錄文的傳統文獻價值，這些著作將「碑刻之文」與碑刻的物質性分開，且其主要對象為「碑」，忽略了碑以外摩崖、經幢等多種類型石刻。另有九十年代徐自強《石刻學芻議》，吳琦幸《論〈語石〉在石刻研究中的意義》，《談石刻學的建立》以及黃會奇《對〈語石〉等石刻學著作的研究》等都強調了《語石》作為第一部石刻通論著作的地位與影響。

除了以上從金石學、石刻學學科角度出發的通論文獻外，還有針對清代學者的個案研究。如趙成傑《〈金石萃編〉與清代金石學》梳理了《金石萃編》的引書考，以及《萃編》的續補著作，用表格的方式展示出《萃編》成書前的主要金石學著作。總結《金石萃編》開創了金石學「輯纂」類著作的編著方式，以及王昶對金石體例研究的重視。此書最後還輯錄了《金石萃編》中王昶的按語。這一研究是近年對清代金石學較為全面系統的研究樣本，對研究的方法與視角都有啟發作用。且《語石》中不少錄文都出自《金石萃編》，該研究對《萃編》版本、內容的清理為《萃編》成書後的清代金石學著作研究掃清了諸多暗礁。

## 0.4 研究方法

本選題擬採用歷史文獻法與實物考證相結合的方法。就葉昌熾的石刻學著作中《語石》而言，它是葉昌熾著作中研究最為成熟的歷史文獻，其本身古籍和出版版本較多，各標點本也有所出入。同時在原文本的基礎上還有三個點校本，此三本的校勘者所處歷史時期、地理位置各不相同，經眼材料也有所出入，點校中所補充的材料自然形成較大差異甚至矛盾。在運用基本的歷史文獻方法時，著重運用訓詁學與版本學方法，對比各版本差異，在梳理基本文獻的基礎上，結合點校本的補充材料，深入理解原文本。

在梳理原文獻文本的過程中，又主要採用傳統文獻學的研究方法，主要包括目錄、版本、音韻、校勘、訓詁等方法，上海圖書館藏有《語石》的手稿本、清稿本、紅本多個版本，需要結合文獻學方法對一手古籍材料進行處理。本文所採用的文獻學方法立足於版本學、校勘學與目錄學。從版本角度出發，對比《語石》三個版本中文本的區別，同時在考察《語石》中的所引文獻時也會翻

檢《緣督廬日記》中對過眼金石文獻的記錄。本文附錄是對《語石》文本的補充校箋，也是立足於傳統文獻學的校勘方法，在整理校記的基礎上，對韓銳的《〈語石〉校注》作出補充，故名為「校箋補正」。《語石》中提及的諸多石刻基本有跡可循，有相應的文獻、拓片可作為輔證，在校箋中尤其注意引用當前實物資料的對照，力求使實物、文獻、文本三者能達到一致。

此外，葉昌熾一生著述頗豐，筆耕不輟，其《緣督廬日記》有「晚清四大日記」之一的美譽，為葉昌熾歷史活動提供了第一手資料。本選題在關注葉昌熾石刻學著作的同時，也注意引入閱讀史的研究視角參考《緣督廬日記》葉昌熾與家人友朋手札、詩文集等作為新見資料，考察《語石》文本的來源與文本形成方式。

# 第 1 章　晚清的學術風尚與葉昌熾的早年生活

## 1.1　晚清的學術風尚：考據與金石

### 1.1.1　乾嘉學派的餘風

儘管在以往清代學術史的研究中，漢宋之爭、西學東漸等學術流派的交鋒都是重要的議題。在中西思潮洶湧迸發的晚清最後一甲子中，葉昌熾並不像他的師友們一樣著眼於這些學術論爭，他的著述中極少看到學術思潮的交鋒。採用乾嘉以來的考據學方法已成他學術研究的定式。作為開卷第一節，本節旨在探討葉昌熾時代學術的兩大關鍵詞：考據學與金石學的學術淵源。第一部分主要討論晚清對乾嘉餘風的繼承，以及強調經史為根柢的學術傳統；第二部分將簡要勾勒金石學的發展小史，著重發掘清代金石學與前代相比的變化，並對「石刻學」這一概念進行歷史與當下的挖掘，重構葉昌熾石刻學著述的學術史背景。

梁啟超曾將清代學術分為四個時期，其中乾嘉時期為全盛時期，以惠棟、戴震、段玉裁、王念孫等為代表，治學方法為「實事求是」「無徵不信」，研究範圍以經學為中心，旁及小學、音韻、典章制度、金石、校勘等等。〔註 1〕當

---

〔註 1〕（清）梁啟超撰，朱維錚導讀，《清代學術概論》上海，上海古籍出版社 1998年，第 4 頁。

代學者周予同對梁啟超的學術分期加以整理，將其概括為「以顧炎武為開山祖」，「研究的方法以考證學為特長」。〔註2〕在二人對清代學術史的總結中，發軔於顧炎武，光大於乾嘉諸學者的考據學是清代學術最為人稱道的華章，也可看出乾嘉學派本意並非致力於小學、金石等學科，對經史問題的考證與追問才是這一學派的主要目的。從學術史大流來看，至葉昌熾所在的同光時期，乾嘉學派到了19世紀初期在內憂外患的歷史背景和西學的衝擊中，已開始反思漢學的學術方向，有部分學者的學術重點轉向今文經學、孔孟理想等，但乾嘉學派的考據方法依舊受到重視。〔註3〕

依舊可以從這一時期科舉考試中發現部分學者對乾嘉遺風的推崇，沈曾植記載：「至於同、光之際，二三場重於頭場，則吳縣（潘祖蔭）、常熟（翁同龢）、南皮（張之洞）、順德（李文田）迭主文衡，重經史之學，幾復乾、嘉之舊。」〔註4〕科場考官的學術好尚可以看作一個時代文人士子的學術風向標，乾嘉時代已然結束，然而從沈曾植這段記述中「重經史之學，幾復乾嘉之舊」的總結依舊可以看出同光時期科場對考據學的好尚。這種對經史的強調向上追溯，源自乾隆時期官方的倡導，經史之學得到自上而下的呼籲和響應，開始被視為學術根本，書院的經史類藏書通過御賜等官方行為得到了極大的豐富，如這一時期的詔令中有：「版賜江浙各書院殿板經史。諭：經史，學之根柢也」。〔註5〕「經史為學之根柢」在科場、書院中的強調不言自明。

沈曾植日記中提及的四人接連擔任鄉、會試的考官，他們之中的潘祖蔭、張之洞與葉昌熾都頗有淵源。葉昌熾的好友繆荃孫曾協助張之洞編寫《書目答問》，與《書目答問》編寫時間相近，張之洞在《創建尊經書院記》中曾闡釋小學、經史之間的關係：「凡學之根柢必在經史，讀群書之根柢在通經，讀史

〔註2〕周予同：〈「漢學」與「宋學」〉，《周予同經學史論著選集》（增訂本），上海，上海人民出版社，1996，第322～337頁。周予同整合了梁啟超對清代學術史的分期，將第三階段總結為蛻變期，包括道光咸豐同治光緒四朝，研究方向由古文經學轉向今文經學，由經生箋注轉向對孔孟理想的追尋。

〔註3〕參見（美）艾爾曼著，趙剛譯《從理學到樸學：中華帝國晚期思想與社會變化面面觀》，南京：江蘇人民出版社，2018。第六章中述及魏源、方東樹等對漢學的批判，以及張之洞對漢宋之爭的調停。

〔註4〕（清）沈曾植，《沈子敦先生遺書序》，錢仲聯輯錄《沈曾植海日樓佚序》（上），《文獻》1990年第3期。

〔註5〕王煒編校，《〈清實錄〉科舉史料彙編》，武漢，武漢大學出版社，2009，第325頁，乾隆十六年（1751）三月戊戌。

之根柢亦在通經，通經之根柢在通小學。」〔註6〕張之洞這段論述可以看作是對經、史、小學三者關係的總結，即便在經史內部，小學與史學本質上都服務於通經，而群書之中又以「通經」為根本。當然張之洞以小學與史學服務於經學的觀點依舊源於乾嘉時期的學術觀念。〔註7〕這種將經史視為「根柢之學」的觀念從乾隆朝一直持續到光緒年。葉昌熾早年在書院、幕府中的生活就是在這樣的乾嘉餘風中展開。值得注意的是，大多數學者以連言經史為主，並不多區分經、史，從張之洞這番話中也可以感受到，經史內部也有地位高下的區分，此處先按下不表經史之間的具體關係留待下一部分專作討論。

　　除張之洞外葉昌熾與潘祖蔭最為熟稔，其目錄、校勘治學方法均受教於潘祖蔭。潘祖蔭曾回憶自己的金石學興趣承自阮元：「蔭自八歲戊戌即見阮文達……蔭亦五日不往，每去無日不見文達，輒有文玩拓本筆墨之賜。」〔註8〕葉昌熾的金石學興趣也是受潘祖蔭薰陶（二人的交往將詳述於本章第二節）。通過潘祖蔭，葉昌熾與乾嘉學派的代表人物阮元，形成了明確的傳承線索。不過仍舊不能忘記的是，無論是逢勃發展的小學，還是金石學，都是乾嘉學者研究「經史根柢」的衍生品，這一點到張之洞、潘祖蔭至葉昌熾本人乃至諸多晚清遺老如羅振玉等，依舊沒有根本變化，他們都將金石學視為通向經史根本的治學理路。

　　如果帶著「經史根柢」的眼光回到葉昌熾本人的著述，他並不像乾嘉時期的學者一般留下諸多考史徵經的著作，在其《緣督廬日記》中依舊可以發現葉昌熾日常對經史的著力，主要體現在兩方面：中晚年在學堂承擔教職時總結編寫的授課教材，以及貫穿葉氏始終的經史校勘工作。如葉氏在蘭州求古書院改為師範學堂時擔任監督兼教習，《日記》丙午三月初六：「作《學堂講義》先從經學始，諸經流別，微言大義，共得七條。」葉氏致仕後館於蘇州存古學堂，所編經史講義均是為授課作教材，均未見傳世。〔註9〕還有早年在潘祖蔭府中

〔註6〕張之洞，《創建尊經書院記》，趙德馨主編，《張之洞全集》第12冊，武漢：武漢出版社，2008，第369頁。
〔註7〕如紀昀《甲辰會試錄序》中稱：「欲明天下之理，必折衷於經」，載（清）紀昀著，孫致中等點校，《紀曉嵐文集・第1冊》，石家莊，河北教育出版社，1995，第147頁；王鳴盛：「經以明道，……但當正文字、辨音讀、釋訓詁、通傳注，則義理自現，道在其中矣。」王鳴盛，《十七史商榷・序》，乾隆五十二年刊本，《續修四庫全書》第452冊，上海，上海古籍出版社，2002，第138頁。
〔註8〕顧廷龍編，《王同愈集》，上海，上海古籍出版社，1998，第451頁。
〔註9〕「經學講義「參見光緒三十二年（1906）丙午三月初六至四月初三期間有作經

作幕賓時,《日記》中常有葉昌熾校書的內容,包括《論語孔注辯偽》《左傳補注》《玉篇》等。〔註10〕以及晚年嘉業堂叢書刊行時,葉昌熾為此叢書校勘《史記》而作的《「史記」校勘記》等著作。〔註11〕這些經史篇目有的沒有直署葉昌熾姓名,有的作為單篇序言附於書前,少為人關注,但這類校書活動都應歸入圍繞經史展開的學術活動。

當然,除了這些最直接的經史考證活動外,葉昌熾的石刻學著作也帶有濃厚的「經史」色彩,從《邠州石室錄》《語石》等石刻學著作中都能看到大量證經補史的內容。探討葉昌熾的石刻學,須先明辨葉氏的學術方法與學術目的仍是本於「經史」。這一宏大的治學目標既為金石學研究提供了豐富的學術內容,卻也為諸多學者設立了心理上的圍障,時刻不忘為自己的收藏鑒賞活動作出解釋。這種複雜的收藏心理活動也將成為下文剖析葉昌熾收藏動機的一個視角。

除了經史根柢、考據學方法這些無形的知識財富外,乾嘉學派還給光緒年間的學者們留下了如藏書樓、地方志以及發達的出版業等等豐富的社會文化基礎,這些都是葉昌熾完成其石刻學著述的客觀條件。葉昌熾的早年學術生活,無不得益於這些乾嘉學者留下的文化物質遺產。本節作為開宗明義的篇章,旨在強調葉昌熾所傳承乾嘉學者的學術方法與治學核心,其餘外部的社會文化因素將留待第二節梳理葉昌熾經歷中詳論。

## 1.1.2「尊經卑史」局面的轉圜

在上一節已然強調貫穿清代歷史的「經史為根柢」的治學基礎,在這個大背景下從張之洞「讀史之根柢亦在通經」的論述中也依舊可以感受到經史內部的高下區別。眾所周知,金石學作為清代學術大宗,在四部分類中屬於

---

學講義,詩書講義數條;參見《緣督廬日記鈔》戊申(1908)四月廿二至五月初十,此間有編寫史學講義的記錄。(清)葉昌熾,《緣督廬日記鈔》,臺灣學生書局,民國五十三年(1964年)版,第 426 頁、第 465 頁(下同,只附時間與頁碼不錄出版信息)。儘管已有影印本《緣督廬日記》全稿,本文所引用處與原日記同,為便宜計,在多以《日記鈔》為主。

〔註10〕參見《緣督廬日記鈔》光緒十一年(1885)乙酉,正月十五至三月十三日,第92 頁。

〔註11〕《〈史記〉校勘記》參見 2008 年中國嘉德國際拍賣公司春拍,手稿本,僅見載於王桂蘭《葉昌熾著述及藏書研究》,國立臺北大學 2010 年古典文獻學碩士畢業論文。

史學的範疇。在探討金石學何以在清代興起的問題之前，還需先考量史學的學術地位何以改觀。

正如上文提及周予同將顧炎武視為考據學的先聲，葉昌熾也將顧炎武視為清代金石學之肇始。〔註12〕顧炎武尤其反感瑣碎虛空的治學：「故凡文之不關於六經之指、當世之務者，一切不為。君子之為學，以明道也，以救世也。徒以詩文而已，所謂『雕蟲篆刻』，亦何益哉！」〔註13〕顧炎武親身經歷明末清初的朝代更迭，對誤國空談極為反感，再三申明自己為學活動的目的在於「通經以致用」。這種致用思想是對明末文人只關心鑒賞流於玩好的風氣進行的反思與批判，這條由顧炎武所開創的金石考證之路在致用的方向上原本兼包經史，乾嘉學派雖繼承了顧炎武的考據學方法，卻在運用中先強調經學，強化了一直以來經學的獨尊地位。〔註14〕

乾嘉時期的考據學也以考經為發軔。惠棟的弟子在《漢學師承記》中將惠棟視為五百年漢學復興的鼻祖。吳中惠氏家族三代惠周惕、惠士奇、惠棟，均以治經出名，尤其在《易》經研究上取得了極高的成就。除了惠棟之外，乾嘉另一碩儒戴震，高郵王氏父子、段玉裁等精於小學的學者均承戴震之學，在《漢學師承記》中江藩將其治學特點總結為「東原之學，以肆經為宗，不讀漢以後書。」〔註15〕以惠氏為代表的吳派和以戴震為代表的皖派的治學對象都以經學為宗，吳皖兩派所體現出的經學繁盛背後卻是史學的落寞。陳寅恪對彼時的經史治學情況亦有評價：「於是一世才智之士，能為考據之學者，群捨史學而趨於經學之一途。」更指出當時史學地位卑下，研究史學者大多是做官退休後以史學銷愁度日。〔註16〕這一「經尊史卑」的局面，至錢大昕方有所轉圜。

---

〔註12〕「國朝亭林顧氏《金石文字記》，始以碑文證明經史之學」。見葉昌熾撰，姚文昌點校，《語石》，杭州，浙江大學出版社，2018，第 322 頁。

〔註13〕李敖主編，《顧炎武集・二曲集・唱經堂才子書》，天津：天津古籍出版社，2016，第 70 頁。

〔註14〕同時，顧炎武對晚明收藏活動流於鑒賞的批評也成為日後金石學家不斷強化的警戒線，這條線索依舊留於本文的第三、四章進行解讀。

〔註15〕（清）江藩纂；漆永祥箋釋，《漢學師承記箋釋》上，上海，上海古籍出版社，2006，第 321 頁。

〔註16〕陳寅恪，《金明館叢稿二編・陳垣元西域人華化考序》：「雖有研治史學之人，大抵於宦成以後休退之時，始以餘力肆及，殆視為文儒老病銷愁送日之具。」見《金明館叢稿二編》，北京，三聯書店，2001，第 269 頁。

　　錢大昕多次在文章中強調在吳皖兩派世風中，歷史研究現狀的頹敗，在江藩《國朝漢學師承記》中評價當時的治學重點，「自惠、戴之學盛行於世，天下學者但治古經，略涉三史，三史以下茫然不知，得謂之通儒乎？」他又在為趙翼《廿二史劄記》的序言中指出宋元後才有重經輕史的風氣，更批判了當時以鄙薄讀史的現象：「道學諸儒，講求心性，懼門弟子之泛濫無所歸也，則有呵讀史為玩物喪志者，又有謂讀史令人心粗者。」〔註17〕誠如錢大昕此言，其著述中有《廿二史考異》《元史藝文志》《三史拾遺》《諸史拾遺》等諸多考史傑作。錢大昕對考史的關注也自然體現在他的《潛研堂金石文跋尾》中。錢大昕一人自然不足以扭轉歷來重經輕史的局面，其時代相近者又有王鳴盛、趙翼等分別著有《十七史商榷》與《廿二史劄記》。此後又有章學誠提出「六經皆史」，站在近現代學術史的長遠角度來看，以錢大昕為代表的史學學者們並非只是簡單以提高史學地位的目的，他們顯示出近代學術將經術及各種學問歸於歷史眼光之下的學術趨勢。〔註18〕需要另外強調的是，即便錢大昕在金石治史方面達成了極高的成就，對史學也表現出了超越經學的偏愛，他依舊未敢全然捨棄經學。其《唐石經考異》便是以「金石佐經」的作品，在《關中金石記》的序文中，他也直言「金石之學，與經史為表裏。」

　　除了吳皖兩派學者以治經為要務，間接形成史學寂寥的局面外，「經尊史卑」的學術地位差別誠如錢大昕所言，以經尊史卑的觀念源自宋學，他所指的「道學諸儒」即宋代的二程，「玩物喪志」與「令人心粗」等言論實則都出自二程，此言至清依舊影響良久。至葉昌熾在《語石》中提及程頤時也依舊「心有餘悸」：「伊川以讀史為玩物喪志，矧夫遊藝？金石刻畫，吾知其敬謝不敏矣。」〔註19〕換句話說，葉昌熾也深知在宋儒眼中，史尚且不如經，何況金石。到了晚清，儘管諸學者已經完全認可了金石在考證經、史方面的作用，但時不時仍有為收藏金石是否玩物喪志的辯解。這種金石收藏的心理焦慮源於兩方面，一是上文提及明末清初以顧炎武為代表，對鑒賞家之流的貶斥；二是源自宋學以來「榮經陋史」經史地位的不平衡。

〔註17〕（清）趙翼撰；曹光甫校點，《廿二史劄記・上》，上海，上海古籍出版社，2011，第1頁。
〔註18〕陳其泰，《錢大昕與20世紀歷史考證學》，《史學理論研究》，1999年第3期。
〔註19〕（清）葉昌熾撰，姚文昌點校：《語石》，杭州，浙江大學出版社，2018，第265頁。

　　另可一提的是，除了經史地位的問題外，宋學的影響還體現在金石學研究內容的側重上。蓋伊川先生言：「工文則害道，為文，亦玩物也。」此言亦至章學誠《辨似》一文才對文與道的問題進行了再次辨析。〔註20〕此言也能為下文金石學發展史作一鋪墊，金石學肇始於宋，各種著錄形式在宋代時已發展完備，唯獨「義例」研究發展緩慢，至元明時期才各出一部著作，至清中後期王芑孫《碑版文廣例》方才續寫。宋學對史學的傾軋至錢大昕才有所緩解，伊川先生此言亦對金石學者戴上了一層枷鎖，使得金石研究中也極少關注文章義例，鑒賞碑文者更是少之又少。章學誠突破「文以害道」的桎梏，也為王芑孫、葉昌熾打開思路，將碑版文義例納入金石學的研究範圍。不過他們二人對碑版文義例的研究也只敢止步於碑文格式、寫法等形式上，並沒有進入文辭賞鑒的境地。

　　自此可以對晚清的學術風尚總結貫穿葉昌熾治學的兩條線索：一是籠罩在石刻學上的「經史研究」目的，葉昌熾雖在《語石》序言中多處指明這部書與書法的緊密關係，但在行文中仍有諸多考史徵經的內容。而《邠州石室錄》更是一部徹底的金石證史著作。另一條線索是源自顧炎武、宋學等對收藏鑒賞活動玩物喪志的批判。晚清金石學家收藏極富，如何讓自己的收藏活動擺脫玩物喪志的批判每個金石學家都有不同的說辭。晚清戰亂頻發，亂世的背景又為這些金石藏家的收藏心理增添了幾分特殊色彩。因此，本文在研究葉昌熾的學術與收藏活動時也會分別從這兩方面著手，考察經史、書法等諸多內容在葉昌熾學術研究中的地位；從葉昌熾的日記、手札中發掘他在晚清亂世中的收藏動機。

## 1.2　金石學的歷史與新變

### 1.2.1　清以前金石學的發展 〔註21〕

　　與史學的地位相比，金石學更甚。在《語石》中，葉昌熾曾對清代金石學史的發展作一簡單梳理：以顧炎武為始，以朱彝尊、錢大昕「上自經史、下逮

〔註20〕朱東潤，《中國文學批評史大綱》，上海，上海古籍出版社，2001，第 369 頁。
〔註21〕由宋至清代前中期，金、石往往並錄於同一著作，在學術史的梳理中暫不區分金石與石刻的概念，此對金石學史的梳理意在探討金石學著作在編寫過程中的著作體例、研究內容的歷史變化。

部、文集」，孫星衍、嚴可均「繼起精益」，「世始不敢薄金石為小道」。說明在從顧炎武到孫星衍等人之間的很長一段時間裏，金石學也曾被視為小道。那麼，金石如何從小道一躍而在史部中獨列一目，形成獨立地位呢？因葉昌熾的石刻學對前代金石學著作多有借鑒，又在體例內容上多有新的闡發，此處以《語石》中常徵引的金石學書目為線索，對清以前的金石學小史作以串聯。

金石研究的濫觴有諸多追溯至秦漢，如孫星衍在《寰宇訪碑錄》序中提出：「金石之學，始自漢《藝文志》，《春秋》家奏事二十篇載秦刻石名山文……而專書則創自宋歐陽修、趙明誠、王象之諸人。」〔註22〕；朱劍心將金石學史總結為：「皆金石之學肇於兩漢之徵。魏、晉至唐，乃更見演進，以成北宋專門之學。」無論如何，諸家皆以為金石學至宋代，才形成專門之學。《語石》也持此觀點，在卷十著中指明「著錄之書傳於世者，自宋人始」。另在「著錄一則」中所梳理的金石著作也是以宋代為起點，評騭歷代金石著作。〔註23〕北宋政和年間，皇室收藏古物的愛好掀起了當時上至官府學者，下至市井民眾搜藏古物，研究金石的浪潮。葉夢得《避暑錄話》曾對這一風氣有具體描述：「宣和間，內府尚古器，士大夫家所藏三代秦漢遺物無敢隱者，悉獻於上……利之所趨，人競搜剔山澤，發掘冢墓，無所不至，往往數千載之藏一旦皆見，不可勝數矣。」〔註24〕儘管北宋官修金石圖錄不少，《語石》中所引北宋文獻主要以《集古錄》《金石錄》為主。

這一時期以歐陽修《集古錄》，其子歐陽棐的《集古錄目》，趙明誠的《金石錄》為代表。歐陽修的《集古錄》是最先以存目、跋尾為內容的著作，趙明誠的《金石錄》是仿照歐陽修體例進行編撰的。自宋至清，這兩部著作也成為後世研究金石的必備參考。《集古錄》至清已散佚，有黃本驥輯五卷本，還有繆荃孫輯十卷本，在《緣督廬日記》記錄了繆荃孫將所輯錄《集古錄》

---

〔註22〕（清）孫星衍撰，《寰宇訪碑錄》，清嘉慶蘭陵孫氏刻平津館叢書本，邢澍撰序。

〔註23〕有關金石學的通論著作，多從秦漢梳理石刻，如孫星衍，朱劍心。見孫星衍，《寰宇訪碑錄序》，《石刻史料新編》第1輯，第26冊；朱劍心，《金石學》，北京，文物出版社，1981，第18頁；王國維則提出金石學發端於宋，見王國維，《宋代之金石學》，《王國維遺書》第5冊，上海，上海古籍出版社，1983。葉昌熾所引書目除史書外，均自宋代起，可見宋以前金石文獻的價值有限，且應算金石材料，並非金石學史之濫觴，故此處學術史梳理略去。見《語石》，第321頁。

〔註24〕（宋）葉夢得，《石林避暑錄話》，上海，上海書店出版社，1990，第109頁。

贈與葉昌熾一事：「繆荃孫自江陰見贈所輯《集古錄目》及江陰石拓二種。」
〔註 25〕而《金石錄》版本較多，至清代依舊有宋本流傳，今日所出版的點校
本也據宋本整理而成，《朱子語類》評價《金石錄》「大略如歐陽子恕，然詮
敘益條理，考證益精博。」〔註 26〕《日記》中葉昌熾過眼《金石錄》版本不
確。歐、趙二人著作石刻較銅器更多，但官修金石著錄往往偏重古銅器，這
由官、私藏品的特點決定。這一時期除集錄之書外，還有圖錄、考釋等著作，
編纂形式日趨多樣。〔註 27〕從金石學誕生之初，即可見個人藏品對著作內容
具有決定性作用，石刻拓片作為藏品的易得性也注定其在金石著作中的數量
優勢地位。

　　南宋的金石學著作《語石》引用頻率極少，每部著作出現頻率不超過三
次。以下簡要介紹所引各書體例與分目方式。南宋佚名之作《寶刻類編》分
人物載錄其所書碑目，並附以年月地點。該書至清代已近失傳，清人從《永
樂大典》中又輯遺聞成書，錢大昕評價此部著作：「要皆考金石文字者所宜津
逮也。……可以補歐、趙之遺漏。」〔註 28〕洪适的《隸釋》是現存最早集錄
漢魏石刻文字的專著，其書體例為收錄石刻全文後加以考釋，《隸續》一書延
續了《隸釋》的體例，至清時幾近亡佚，今本為朱彝尊校刻而成。另有宋人
著作在金石學的基礎上考證再有對金石器物上的文本內容加以考證的著作，
如黃伯思《東觀餘論》，上卷為《法帖刊誤》，對《淳化閣帖》所收歷代法帖
加以辨析，下卷其子黃訒輯，收錄黃伯思審定金石、考證藝文的序跋論說，
合計二百餘篇。〔註 29〕

　　從金石著作的保存情況來看，至清代兩宋的金石著作雖然大部分已亡佚，
但在《語石》成書之前已有清人輯錄刊刻，才讓《語石》參引這些著作成為可
能。從體例來看，兩宋代的金石著作為後代學術樹立起可參考的體例範本，這
些著作分別開創了錄目、錄文、跋尾、分地、分人五種體例，清人的金石學著

〔註 25〕《緣督廬日記》，庚寅（1890）二月二十日，第 184 頁。
〔註 26〕（宋）趙明誠著，劉曉東，崔燕南點校，《金石錄》，濟南，齊魯書社，2009，
　　　　第 2 頁，此處所引句出自《朱子語類》卷一○三。
〔註 27〕張富祥，《宋代文獻學研究》，上海，上海古籍出版社，2006，第 419 頁。
〔註 28〕《寶刻類編》相關版本、評價可參見《萬卷樓藏書記》卷五十八，山右歷史文
　　　　化研究院編，《山右叢書‧初編‧10》，上海，上海古籍出版社，2014，第 35
　　　　～36 頁。
〔註 29〕趙超，《中國古代石刻的著錄情況》，《中國典籍與文化》，1995 年第 2 期。

作體例也依舊繼承了兩宋傳統。從內容上看，金石著作多以徵經證史為目的，這在諸家著作的序言中均有體現。如歐陽修《集古錄》序：「別為錄目，因並載夫可與史傳正其闕謬者以傳後學，庶益於多聞。」〔註30〕；趙明誠《金石錄》序：「若夫歲月、地理、官爵、世次，以金石刻考之，其牴牾什常三四。蓋史牒出於後人之手，不能無失，而刻辭當時所立，可信不疑。」〔註31〕需要注意的是，金石學雖自北宋興起，但隋唐以前的學者已經利用古代器物的形制與文本作為考證古文獻的依據，以金石補經史的傳統甚至可以追溯至秦漢，如《禮記・祭統》引衛國孔悝鼎銘開「金文證經」，《說文》錄故古籀開「金文說字」之先例。〔註32〕除考證經史外，宋代已經有金石學著作開始關注書法，如《廣川書跋》在考證金石的過程中，也注重鑒賞作為書法材料的石刻，但從總數上看這一時期只有極少部分金石著作論及書法。清代金石學再興，內容依舊沒有越過宋人，繼承了金石補正經史的傳統。

　　元明是金石學衰微的歷史時期，《語石》中幾乎不見元朝的金石學著作，所引明朝金石學著作次數也較少，主要有都穆《金薤琳琅》，錄有自周至唐金石全文，並作考辨。趙崡《石墨鐫華》錄二百餘種碑目，每種有跋，不錄原文。翁方綱評價此書：「此書則意在書法，故於考證亦無多可採者……然亦近今金石家所必著於錄者。」〔註33〕《萃編》中所引《石墨鐫華》次數高達 132 次之多，是所引其他元明金石著作次數總和的兩倍之多。〔註34〕從翁方綱的評價與《萃編》的引用情況來看，可見此書在清代時屬於金石學較為流行的參考書，即便翁氏對其考證質量有所微詞，依舊不影響清人高漲的輯錄熱情。

　　此外，元明時期出現了專門研究金石文本義例的著作，以元潘昂霄《金石例》，明王行之《墓銘舉例》為代表。《語石》中並未直接引用二書，在敘目中言明體例：「非歐趙之目，非潘王之例」，可見在金石義例的研究方面，兩人的地位猶如歐趙。盧見曾在《合刻金石三例》跋中評價潘、王著作：「（潘霄昂著

---

〔註30〕張春林編，《歐陽修全集》，北京：中國文史出版社，1999，第 3 頁。

〔註31〕（宋）趙明誠著，劉曉東，崔燕南點校，《金石錄》，濟南，齊魯書社，2009，序第 1 頁。

〔註32〕張舜徽，《中國文獻學》，上海，上海古籍出版社，2009，第 144 頁。

〔註33〕（清）翁方綱撰；吳格整理，《翁方綱纂四庫提要稿》，上海，上海科學技術文獻出版社，2005，第 444 頁。

〔註34〕趙成傑，《〈金石萃編〉與清代金石學》，北京，中國社會科學出版社，2019。其中統計其他元明金石著作除《金薤琳琅》、《金石史》為 20 餘次外，其餘諸書均不超過 5 次。

作）製器之揩式，為文之榘鑊，靡不畢具。……（王行之著作）兼韓子一下十五家，條分縷晰，例之正變推而愈廣。」〔註35〕簡言之，潘、王著作開啟了研究碑刻形制、碑文體例的先河，豐富了金石學的研究對象。

## 1.2.2 葉昌熾以前清代金石學的發展

清代金石學發展迅猛，自明末清初至民國初年三百餘年裏，金石學研究的對象、方式全面擴大，形成了體例完備、資料豐富的各類金石學著作。學者們舉幕府之力纂修金石著作，非前代可比擬，大量的集大成金石學著作應運而生。《語石》豐富的材料和廣博的見識即是以這些豐厚的學術卓著為基礎。以時間為線索，清代金石學先後形成了不同的研究重點，大致可分為四個時期：清初、乾嘉時期、道咸年間以及晚清民初。〔註36〕

清初以顧炎武《金石文字記》、朱彝尊《曝書亭集》中的金石考證為代表，這一時期的金石考證主要服務於小學、經史的研究。清人對二人的著作也是如是總結評價，如《清史稿》評價朱彝尊：「破爐殘碣之文，莫不搜剔考證，與史傳參校同異。」；〔註37〕顧炎武有感於明末國故，《金石文字記》所見漢代以來碑刻，按照時代次序，每條下著跋文，他在該書序中言明：「余自少時，即好訪求古人金石之文，而尤不甚解。及讀歐陽公《集古錄》，乃知其事多與史書相證明……遂乃抉剔史傳，發揮經典。頗有歐陽、趙氏二錄所未具者。」〔註38〕《語石》中常引二人著作，但引用方式區別較大。葉昌熾引朱彝尊考證時從不提及引文出處，僅以「朱竹垞雲」等錄出引文，而所引《金石文字記》常明確錄書名。

乾嘉時期金石學發展階段，以阮元、錢大昕、王昶、翁方綱為代表，以下分別闡述諸學者情況。錢大昕著《潛研堂金石文字目錄》與《潛研堂金石文字跋尾》，其考證依舊延續清初以金石證史的方向。《語石》引用錢大昕著作處比比皆是，且《日記》中也載錄了葉昌熾過眼錢大昕集的版本情況。葉昌熾將朱彝尊與錢大昕的著作視為一類，評價二人著作：「博聞宏覽，窮源溯流，上自

〔註35〕山右歷史文化研究院編，《山右叢書‧初編‧10》，上海，上海古籍出版社，2014，《萬卷精華樓藏書記》卷六十二，第139～140頁。

〔註36〕郭名詢，《清代金石學發展概況與特點》，《學術論壇》，2005年第7期。

〔註37〕趙爾巽等著，《清史稿》10卷476～490，北京，中華書局，2020，第4095頁。

〔註38〕李敖主編，《顧炎武集‧二曲集‧唱經堂才子書》，天津：天津古籍出版社，2016，第25頁。

經史，下逮說部、文集，輿地、姓氏，莫不釐訂異同，釋疑匡謬。」下文將展開討論錢大昕著作對《語石》的影響。

乾嘉時期石刻與青銅器在著錄上已經開始有分離的趨向，這在阮元的著作中體現的最為明顯，如撰寫《積古齋鐘鼎款識》專錄金文款識，同時他又力主發掘碑版的書法價值，其《南北書派論》《北碑南帖論》對此後百年的石刻研究發掘了新的書法視角，開碑學審美之先聲。除了其著作對《語石》有所影響外，他還是吳中金石的精神人物。潘祖蔭曾向葉昌熾講述幼時受阮元影響，啟發金石興趣的經歷。

葉昌熾將翁方綱的金石學著作《兩漢金石記》視為「分代」著錄金石的開端，他評價翁方綱側重從書法鑒賞的角度研究金石，《語石》行文中關於書法賞鑒的內容多從翁氏援引，葉昌熾評價：「翁覃溪、劉燕庭、張叔未，皆以書學名家，故其緒論詳於古今書派，而亦不廢考訂，言皆有本，不為鑿空之談」。〔註39〕在《緣督廬日記》中葉昌熾還有諸多所見翁方綱題跋的摘抄，二人於書法鑒賞中有部分意見不合，但依舊可從葉昌熾的日記與著述中發現葉氏對翁方綱的崇拜。

這一時期，也形成了諸多集大成的金石學著作。如王昶的《金石萃編》輯錄大量前人文獻資料，是這一時期的總結性彙編著作，也成為其後金石學研究必不可少的工具書。《語石》中不僅多處直接引用《萃編》原文，還會從《萃編》中轉引他書錄文，本章第二節、第三節將展開論述葉昌熾在撰寫《語石》的過程中如何利用《萃編》，正如錢侗評價《金石萃編》：「後之人欲考論金石，取足於此，不煩他索矣。」〔註40〕康有為曾將金石學集大成者總結為四家：「平津孫氏，侯官林氏，偃師武氏，青浦王氏，皆輯成巨帙，遍布海內。」〔註41〕這句話後來在藤原楚水翻譯《語石》日文版時也用來總結清代金石集大成諸家。《語石》中對四人著作中也頗多引述，尤其以孫、王二人為多。

道咸以降為鼎盛時期，以趙之謙（1829～1884）、何紹基（1799～1873）、陳介祺（1813～1884）為代表。這一時期的金石考稽方法更為完備，搜藏金石拓片的社會風氣使得實物資料流通更加便捷，客觀上促進了金石著作更加完

---

〔註39〕《語石》，第 322 頁。

〔註40〕（清）錢侗，《金石萃編跋》，載桑椹編纂《歷代金石考古要籍序跋集錄》卷 1，杭州，浙江古籍出版社，2010，第 339 頁。

〔註41〕（清）康有為著，《廣藝舟雙楫》，桂林，廣西師範大學出版社，2016。第 41 頁，不過藤原楚水並未言明此句出自《廣藝舟雙楫》。

備。其中，趙之謙的《補寰宇訪碑錄》條文時常為葉昌熾所引用，葉昌熾評價此書「搜輯最廣，然亦不無誤舛」。《語石》不僅引用《補寰宇訪碑錄》中的逸聞，還對其中內容作出訂正。至晚清，便是葉昌熾《語石》的成書時代。

　　在這些金石學研究轟轟烈烈的主流之外，作為旁支的金石義例研究也有所發展。清初黃宗羲作《金石要例》補潘、王之不足，盧見曾有感於當時文風，從碑版文本中尋找思路，將《金石例》《墓銘舉例》《金石要例》三書合刊，即雅雨堂盧氏《金石三例》。王昶曾入盧見曾幕府，在《萃編》中也多有對「金石義例」的探討。〔註42〕至嘉慶時期，王芑孫（1755～1817）作《碑版廣例》（一作《碑版文廣例》），儘管《語石》中從未參引《金石三例》，卻大量引用《碑版廣例》。與大量引文現象相悖的是，葉昌熾在梳理金石著錄時稱「今滬上書肆有匯刻為《九例》，然其宗旨惟在義例書法，不關著錄，茲姑從略。」〔註43〕其本質還是義例之學與補闕經史的傳統金石考證學相比，並不入流。這一點從金石義例的研究著作較少也能看出。如葉昌熾所言至《語石》成書相關著作匯刻起來也只有「九例」。新文豐出版社的「石刻史料新編」是出版金石學著作較多的叢書，其中關於金石義例的著作也只有十一部，由此可見義例研究在金石學中的小眾地位。《語石》的內容包括了傳統金石義例著作中的內容，但不應將《語石》視作金石義例的書籍。〔註44〕

　　以上是出於歷史的縱向眼光總結了金石學的發展史，橫向來看，金石學至清代已經具備了豐富的研究對象和多樣的著述形式。其研究對象除了傳統考證經史外，還旁及書法、地理、輿圖、形制、義例等諸多內容。金石學著作在傳統的考據方法中，還形成了摹勒圖形、編著目錄、撰寫跋尾等多種著述形式。葉昌熾前代金石學著作數量之多，形式、內容之豐富也都為他的石刻學著作打下了堅實的基礎。

## 1.2.3 目錄學視角中的清代金石學

　　橫向考察金石著作的內容與形式，可以從清人目錄學中對前代金石學著作的分類作為切入，其中往往附有總結按語，達到「辨章學術」，勾勒金石著

---

〔註42〕趙成傑，《〈金石萃編〉與清代金石學》，北京，中國社會科學出版社，2019。
〔註43〕《語石》，第324頁。按，此書法為古今異義，應作文章書寫的方法，其相關著作與今日所言「書法」無關。且《語石》中提及「書法藝術」，作「書學」。
〔註44〕按：趙成傑，《金石萃編與清代金石學》：「葉昌熾《語石》的問世標誌著金石義例之學的成熟與完備。」一句不應將《語石》視為金石義例的著作。

作的整體情況的效果。前人目錄對金石著作的分類，總述金石學著作體例時也有分歧，以下試輯錄一些主流觀點，作一分析。

《四庫全書總目提要》金石屬錄三十六部，作三分：「《隋志》以秦會稽刻石及諸石經皆入小學，《宋志》則金石附目錄。今以集錄古刻條列名目者，從《宋志》入目錄。其《博古圖》之類，因器具而及款識，別入譜錄。石鼓文音釋之類，從《隋志》入小學。《蘭亭考》《石經考》之類，但徵故實，非考文字，則仍隸此門，俾從類焉。」〔註45〕這是官修目錄首次將「金石」單列一目。此分類可以看出兩個問題，一是目錄分類中沒有區分金石材料與金石著作。將金石材料根據其錄文內容歸入小學類如會稽刻石、石經等；研究金石材料音釋的也歸入小學。這也是歷代史書分目時的傳統。二是依照隋、宋傳統，根據金石學著作的內容將其散入金石（史部）、目錄（史部）、譜錄（子部）、小學（經部）四類。

其後目錄著述對金石學內部又有不同細分方法。如張之洞在《書目答問》中將金石著作分為目錄、圖像、文字、義例四類，將《粵東金石記》《潛研堂金石文跋尾》等歸入「文字」類，並說明「考石經者，已入經部，石經類隸釋、隸續、漢隸字原，已如經部小學類」。〔註46〕朱劍心對金石學的價值與著錄方式進行了分別闡釋，金石的價值在於「考訂、文章、藝術」「大約不出於著錄、摹寫、考釋、評述四端」。〔註47〕姚名達在《中國目錄學史・金石目錄》中分為：「器物之名稱、拓印之文字、研究之題跋，集考著錄前三者之書目」四種。〔註48〕現代程章燦將自兩宋以來的金石學著作分為著錄（《金石錄》）、錄文（《隸釋》）、賞鑒考證（《集古錄跋尾》），分別對應藝文賞析、史學考證以及拓本賞玩文藝與學術的三種金石學門徑。〔註49〕

綜合以上諸家之說，無論哪種分類方式，總是容易出現內容與形式交疊的情況，從求同存異的角度看，諸學者對金石學著作目錄、圖像、題跋的體例均

---

〔註45〕（清）紀昀總纂，《四庫全書總目提要》，石家莊，河北人民出版社，2000，第465頁。

〔註46〕（清）張之洞撰，《書目答問補正》，上海，上海古籍出版社，2010，第107～114頁。

〔註47〕朱劍心，《金石學》，北京，文物出版社，1981，第5頁、第138頁。

〔註48〕姚名達著，《中國目錄學史》，上海，上海古籍出版社，2015，第261頁。

〔註49〕參見趙成傑，《〈金石萃編〉與清代金石學》，北京，中國社會科學出版社，2019。程章燦《序》中提及兩宋金石學體系，而後該書第一章第一節梳理《金石萃編》之前清代金石學著作的三種體系，二者實為一脈相承。

無異議，葉昌熾在梳理金石著錄時也分為「存目、錄文、跋尾、分代、分人、分地」。可見金石學著作中目錄、題跋的形式是最廣受認可的傳統體例。《語石》敘目中言明此書「非歐趙之目，非潘王之例」體現了葉昌熾在著作體例上希望有所突破的決心。也正如梁啟超所言，其體例「萃諸家之長」。

　　在對金石著作的內容分類中，學者們對研究經史、考釋文字的傳統主題內容也達成一致。但學者們對義例、書法、拓本賞玩三方面的內容是否應在金石學著作中獨佔一目有所分歧，如《四庫全書總目》、朱劍心、姚名達等均未將這些歸入金石類分目，張之洞未納入書法、拓本賞玩的內容。通過上文第一部分對金石學史的梳理，可以發現此三方面的內容不常被金石學的原因在於相關著作數量少，研究歷史短。自北宋誕生起，就承擔著俾補經史的任務，雖然北宋有黃伯思的《東觀餘論》，此類著作與考證經史的金石著作相比數量較少，且沒有像金石學著作一樣形成目錄、跋尾等具有特點的形式，而被傳統目錄學歸入「集部」。與書法相比，對金石義例、拓本的相關研究較短，金石義例研究自元明起，拓本研究如梁啟超所言自清末起，自然難以在金石學著作的分類中獨佔一目，至近現代學者才逐漸重視這三者在金石研究中的地位。

　　葉昌熾石刻學著作無論從研究內容還是著述體例，都體現了對前代金石學成果的繼承。未刊著作《五百經幢館碑目》《五百經幢館唐志跋》《邠州石室錄》是傳統的目錄、跋尾形式；《語石》無論是在內容還是體例上都有較大突破，將傳統金石學關注的存目、考釋與受到較少關注的義例、書法、拓片等全部納入研究範圍，分主題將各方面札記組為一卷，故有石刻學集大成之作的美譽。

## 1.2.4　金、石之分：石刻學的獨立

　　在開始考察葉昌熾具體的石刻學著作之前，還需說明石刻學是如何從傳統的金石學中分離出來，成為獨立的研究對象。石刻拓片的易得性自然是其中一方面，當然還有清中期以來金、石分野的端倪已為葉昌熾將「石刻」作為主要研究對象奠定了基礎。乾嘉時期學者在編寫金石學著作時已然意識到金、石數量的差異，開始將金、石分別著錄，區分研究對象；且在研究石刻的同時，開始賦予碑刻書法獨立的審美地位。《語石》將石刻作為研究對象，將書法納入金石研究，與乾嘉時期石刻與書法兩個研究對象的明確獨立密不可分。《語

石》對以上所提及的前代金石學著作多有引用。也可通過上文簡要的金石學的學術史，得知在《語石》成書之前，自宋以來，金石多服務於小學、經史的考證，至阮元、翁方綱後，書法品鑒才逐漸與學術一道，成為金石著作中的重要主題。

石刻取得獨立地位得益於乾嘉時期研究對象的豐富，諸多金石雜項逐漸形成學術著作的獨立研究對象。宋代金石學著作中已有對古器物雜項，如玉器、瓦當、古磚等的載錄，但金石研究著作一直停留在石多金少而雜項極少的混合局面。直至乾嘉以後，這些雜項也慢慢成為了專門的研究對象，有相關的獨立著作，或在同一部著作中注意金、石之分，這在客觀上得益於出土物品的種類日益豐富。

林佶《秦漢瓦當圖記》，吳式芬、陳介祺同輯《封泥考略》等都是瓦當、封泥研究的開山之作。羅振玉總結言：「金石文字之著錄以三代禮器及寰宇石刻為大端，……至我朝而金石之學益昌，乃推衍而至於磚甓瓦當封泥權衡度量之類，亦各位專書，以補前人之闕。」〔註50〕學者在編著金石學著作時雖題名為「金石」，卻也已經意識到金、石數量之懸殊。如葉大莊《閩中金石記》中有「金文不及石文之百一。」歐陽輔校勘《語石》時，也會特注「拙著原不論金，但此爐為本省唯一古器，特附記於此。」〔註51〕學者已然明晰金、石研究對象的區別，並有意識地界定著作的研究對象。

葉昌熾石刻學並非簡單以材質區分金文與石文，葉昌熾在《語石》卷十最後，附錄金文、木刻、瓷刻。他為此做出一番解釋：「余所論皆石刻，不錄金文。」他所收藏的唐代鍾銘，文字均為隸書、楷書，沒有篆、籀文字，與三代彝器有所區別。否定了《訪碑錄》非石刻不收，以材質作為收錄標準，提出這些文體、書法與「石刻無異」，故而附錄在卷末。不過從現代考古學對材質的嚴謹劃分上，若以石刻學論，確不應收入木刻等雜項。因葉昌熾其他石刻學著作中沒有這樣混同材質的情況，所以仍以石刻統稱其研究對象。

儘管清人已經開始區分金、石文獻，開始提出「石刻學」，重視石刻這一載體，至二十世紀九十年代，才先後有石刻學相關文章、著作面世。至當代，在寫本文獻研究風潮下，亦有學者將石刻歸於另一種維度上的「寫本」。當代

〔註50〕羅振玉，《殷虛書契考釋・後序》，北京，中華書局，2005年。
〔註51〕見葉大莊（1844～1898）《閩中金石記》，歐陽輔《集古求真》卷四，開智書局，1933，葉三十一。

提出的石刻學概念發軔於上世紀八十年代，由徐自強、吳琦幸、趙超等學者率先提出，石刻作為我國保存較早文獻的形態應受到文獻工作者的重視。吳琦幸將《語石》視為石刻學從金石學獨立出來的起點，提出此書規定了石刻學研究的基本內容。〔註52〕在二十世紀即將到來之時，趙超的《中國石刻學概論》出版發行，是迄今為止通論石刻學的唯一一部專著。至二十一世紀，石刻學作為學科的概念雖然少有人提及，但文史藝術等領域日益關注作為文獻形態的石刻，不約而同地從石刻材料中發掘新材料，各學科以石刻為對象的相關研究不勝枚舉。近年來，趙超的《中國石刻學概論》增訂再版，葉昌熾及其著述也在數十年的研究中日益受到學界關注。故而有必要再次考察葉昌熾和石刻學，以下對石刻學及石刻材料的定義作一簡單構建。

　　顧名思義，石刻學的研究對象是石刻。從廣義的石刻概念講，其時空範圍可以無限延展，不僅從時間上可以追溯到上萬年前遠古時期的岩畫，在形式上還囊括了石質的建築雕塑等一系列以石為材質的人類文明遺跡。從空間範圍來看，岩畫、石雕、石碑等形式是世界各地文明所普遍通用的。廣義的石刻應該包括藝術石刻、建築石刻等多種形式，在當下的學科分類中這些往往都被歸置於美術史、建築史的研究範圍。狹義的石刻，或者說根植於中國傳統金石學的石刻學以帶有文字的石刻為主要研究對象，兼及石刻的拓片、金石著錄中的石刻部分等衍生形態。總的來說，本文所討論的石刻學概念相當於傳統金石學範疇中「石」的部分。

　　就這一石刻學的概念來看，有以下兩個基本特點，一是數量極為龐大，其數量既包括歷史遺留的原石也包括原石遺失僅存拓片的情況。由於石刻堅硬不易腐蝕的特點，保存時間遠遠超越紙張，石刻出土後的保存也不似簡牘等需要仰賴高科技手段。中國悠久的歷史文明便留下了極為龐大的石刻數量，在歷史的長河中遠自先秦，近至民國現當代都有留存；在廣袤的華夏土地上，石刻廣泛分布於全國各地，率土之濱無不有石刻。據趙超先生根據歷代文獻統計，現存中國古代石刻材料的數量完全可能在五萬種以上。〔註53〕正基於這種數量龐大的原因，對石刻的研究往往僅著眼於其中一點就足以形成煌煌專著，也是石刻學少通論著作，多斷代、分地研究的原因。

---

〔註52〕吳琦幸，《談石刻學的建立》，《文物》1986 年第 3 期；吳琦幸，《論〈語石〉在石刻研究中的意義》，《社會科學戰線》，1988 年第 3 期。
〔註53〕趙超，《中國古代石刻概論》，北京，中華書局，2019，第 7 頁。

　　二是石刻材料所涵蓋的內容廣泛。鐫於石刻上的內容廣泛涉及考古、歷史、哲學、藝術等知識領域，也正是豐富的內容讓石刻學廣泛納入各學科視野，而未能獲得獨立。徐自強先生在《石刻學芻議》一文中就已提出，近代甲骨文、簡帛、封泥等新材料的出土豐富了金石學的研究對象，這些不同的物質形態後來又形成了獨立的學科體系，反而是作為金石學的大宗，石刻資料並未得到獨立發展，仍隸屬於一些學科。〔註54〕這種情況至今仍然存在：各個學科都重視石刻資料，以石刻為研究材料的各學科專著不勝枚舉，但石刻學通論著作卻寥寥無幾。在這一學科背景下，趙超先生在《中國石刻學概論》中指出當下石刻學研究中仍面臨要規範對存在石刻類型的劃分及有關石刻的專屬名稱，完善石刻研究理論等基本問題。

　　從前人的研究狀況來看，石刻學是一門古老又年輕的學科。石刻材料本身具有悠久的歷史，對石刻的研究發軔也較早，司馬遷《史記》中即有對泰山刻石的載錄，在宋代以前雖未形成風尚，也不絕於史。從宋代算起，與甲骨、簡帛等材料的研究史相比也有相當長的歷史。不過，石刻學本身一直附庸於金石學之中，直至清中後期才逐漸獲得獨立地位，如徐自強先生所言，在現代學科轉型中反而又落後於其他材料，其通論型著作少之又少。故而可以說它既古老又年輕。

　　葉昌熾的傳世著作《語石》《邠州石室錄》《五百經幢館碑目》《五百經幢館唐志跋》等均以石刻為主要研究對象。且《語石》作為第一部通論性石刻著作有開闢天地的意義。故以「石刻學」來統稱以上所舉葉昌熾的傳世著作。上述石刻材料豐富、內容廣泛這樣的特點放在葉昌熾的石刻學著作中仍然適用，基於這樣的特點，下文把葉昌熾的生平及石刻學著作的刊印時間結合起來，綜合探討葉氏收藏活動和石刻學的特點。

# 1.3　葉昌熾金石興趣的萌芽

　　葉昌熾（1849～1917），字菊裳，此兩字又有鞠、常兩通假寫法；故而又見菊裳、菊常、鞠裳、鞠常等寫法，葉氏藏書印及同輩友人對其的稱呼，以鞠常、鞠裳兩種寫法較多見；號「治廬（居士）」、「治牆」，晚號緣裻（督）廬主人。葉氏藏碑藏書處有不同名稱，《緣督廬日記》丁未（1907）十二月初四，

---

〔註54〕徐自強，《石刻學芻議》，《文獻》1983 年第 2 期。

《兩雲麈吟》中自注:「余藏書處曰碩果堂,藏碑處曰奇觚廎,藏梵夾處曰五百經幢館,著書處曰辛臼簃,燕居處曰緣督廬,迎賓處曰仁頻館。」除以上提及的石刻學著作外,葉氏還留有《緣督廬日記》《梨雲仙館日記》以及著作散見手札等,為重構清末民初的文人生活提供了大量的一手材料。〔註55〕

### 1.3.1　書院、地方志與藏書樓

　　葉昌熾從小長大的蘇州是清朝富庶繁榮的文化重鎮,吳派乾嘉學者為當地留下了諸多財富,書院、藏書樓即這些知識財富的一部分。葉昌熾青年時期的啟蒙與學術歷練與此密不可分。

　　葉昌熾十三歲隨鄉賢劉永詩、潘鍾瑞、朱怡雲、熊純叔等,隨柳質卿學習詩文,潘邕侯學習經史〔註56〕。同治四年(1865),葉昌熾進入馮桂芬的正誼書院,學習小學、古文等傳統儒家學術科目。弱冠之年即與王頌蔚、袁寶璜並稱蘇州三才子。葉昌熾日記也始於弱冠之年,至死不輟。〔註57〕早期書院生活中對其影響較深的事件是參與《崑山歷代明賢墓誌》與《蘇州府志》的編修。〔註58〕葉昌熾於1870年應馮桂芬之召,任分纂,負責公署、學校、壇廟、寺觀、釋道五類的編纂,後又接職官部分的編纂任務。在此過程中,結識工於書畫的姚孟起,時常以作品往來。在這一時期葉昌熾的收藏主要以儒家書籍為主,碑帖拓片雖有收藏,但大都是用於書法臨習,較為經典的漢碑、唐碑拓片。在編修《蘇州府志》期間雖然前往鄉野田間見到當地諸多前人手跡,多是從書法角度品評一二,並不醉心摹拓收藏,與晚年在甘肅地區訪碑活動有顯著區別。但此段經歷也在客觀上增長了葉昌熾對家鄉石刻的見聞,於《語石》中也信手拈來。

---

〔註55〕葉昌熾晚年寓居滬上,其《梨雲仙館日記》、大量手札均藏於上海圖書館,《緣督廬日記》藏於蘇州圖書館。

〔註56〕《奇觚廎文集》卷下《章耘之廣文家傳》:「昌熾未弱冠,即納交於同郡潘瘦羊、朱怡雲兩先生,暨青浦熊明經純書。」;卷上《共賞集序》:「昌熾甫弱冠時,懷鉛握槧,從諸老先生之後。導我先路,詩古文詞則柳大令質卿,經術則潘明經邕侯」。分別見王立民、徐宏麗整理,《葉昌熾集》,北京,中華書局,2019,第378、425頁。

〔註57〕同治七年(1868),葉昌熾二十歲,開始記日記,早期為《梨雲仙館日記》;至同治十年(1871)始記《緣督廬日記》。

〔註58〕《蘇州府志》的成書時間較長,同治八年(1869)開局,至十三年(1874)馮桂芬去世,馮桂芬去世後兩年成書,於光緒八年(1882)刻成。葉昌熾自同治十年(1871)至光緒二年(1876)專職編修府志。

在編修府志期間，葉昌熾於光緒二年（1876）與管禮耕、王頌蔚受聘校勘《鐵琴銅劍樓書目》二十四卷。分別於 1876 年 5 月、11 月受鐵琴銅劍樓第三代樓主瞿秉清、瞿秉淵邀請前往校勘書目，期間得觀諸多善本。葉昌熾於光緒二年（1876）鄉試中舉，又分別於光緒三年（1877）、六年（1880）、光緒十一年（1885）三次赴京會試名落孫山，直至光緒十五年（1889）中進士。這一時期分為兩個階段，自 1876 至 1883 年葉昌熾一直在家中讀書、寫作、校書、備考，除光緒八年（1882）幫助蔣鳳藻校刻叢書外，活動並不頻繁。〔註59〕這一時期葉昌熾的收藏活動依舊以藏書為主，至南京、北京赴試皆以採購藏書為主，在第一次赴京趕考時，逛琉璃廠偶有購買拓片一二。訪碑、拓片等金石活動僅是藏書活動的點綴。

本章的第一節中曾論及葉昌熾繼承了乾嘉學派經史為考據根柢的學術傳統，從葉昌熾早年的學習生活來看也無不受益於乾嘉時期留下的文化遺產。乾嘉時期留下的遺產包括編修地方志、新式書院的發展、乾嘉時期興起成立的藏書樓、以及發達的出版業等等，這些自乾嘉時期興起的社會文化活動在同光之際的延續為金石學研究創造了良好的條件。〔註60〕

## 1.3.2 幕賓生活〔註61〕

1883 年至 1889 年，葉昌熾開始了四段幕僚生活。這段時期葉昌熾不僅為幕主等考訂校勘，博覽其收藏。同時，這些收藏大家也往往也以金石拓片贈予葉昌熾；同時在幕府期間有了更多的機會接觸書估、碑估，葉氏自己也出資購買了不少拓片，使藏品數量上有所豐富。

---

〔註59〕蔣鳳藻時任福建福寧知府，欲刻《鐵華館叢書》和《心矩齋叢書》，刻書工作至光緒十四年（1888）才完成。這一階段王桂蘭，《葉昌熾著述及藏書研究》及章廣《葉昌熾與〈藏書紀事詩〉研究》稱其曾其曾於 1881 館於柯逢時家，但讀《日記》相關年份並無記錄。

〔註60〕艾爾曼在其著作的第三章與第四章中詳論了書院、藏書樓、出版業對乾嘉學者學術研究的作用，參見（美）艾爾曼著，趙剛譯《從理學到樸學：中華帝國晚期思想與社會變化面面觀》，南京，江蘇人民出版社，2018；乾嘉學者與地方志編修的關係以章學誠為發軔，參見林衍經，《方志學廣論》，合肥，安徽大學出版社，2017，第三章第四節。

〔註61〕舊時幕僚有幕賓、幕友、師爺等稱呼，暗含了尊卑之別，根據葉昌熾在幕主府上多是從事家塾教師、盤點藏品、考釋金石等工作，以「幕賓」之稱更為合適。可參見陳寶良，《明清幕府人事制度新探——以「幕賓」「幕友」「師爺」為例》，《史學集刊》，2020 年第 4 期。

　　葉昌熾所服務的幕主中，交往最深的是潘祖蔭，後有兩段時間館於潘祖蔭府上，第一次是 1883 年至 1885 年；第二次是 1890 年五月至十一月。這兩次潘祖蔭邀請葉昌熾，主要是為自己的弟弟潘祖年代課，《日記》中所載在潘府的工作內容多見校勘潘祖蔭資刻書籍；並為潘祖蔭代寫跋記文章等文職秘書的工作。光緒九年（1883），葉昌熾在潘祖蔭丁憂期間結識。葉昌熾墓誌銘中有：「潘文勤公憂在籍，延課其弟。文勤……閉戶讀《禮》，絕賓客，惟與公時時論禮教古義，考金石目錄，推服甚至」〔註62〕此記載雖有誇張嫌疑，也可見同時代人對葉昌熾承業潘祖蔭的看重。三月初八，潘祖蔭正式託吳培卿送二十兩聘金給葉昌熾，至次年二月，葉昌熾正式館於潘府，為潘祖蔭校訂刻書。至光緒十一年（1885）潘祖蔭服喪期滿，於四月返回北京，葉昌熾一同前往。不幾月，便因二弟葉昌言病歿，其後其母亦病重，便於九月正式解館。葉昌熾在潘祖蔭府上前後不過兩年，但深受潘祖蔭器重。

　　潘祖蔭不單對葉昌熾有知遇之恩，還有將葉昌熾引入金石收藏、考證之門徑。在結識潘祖蔭之前，葉昌熾大多留心於臨習書法所用的碑帖。如光緒三年（1877 年）十二月二十六曰：「自裝顏魯公家廟碑，共三冊。」並簡要提及對碑中古字和人名的考訂。其餘日記大多記述讀書、考證日常，極少見碑帖相關內容。至光緒九年（1883 年）十一月二十日，所關注碑拓依舊多是書法名品，服務於日常臨池：「曲阜孔某持裴刻《虞溫恭公碑》求售，索價花倍之半。又渤海刻《樂毅論》《黃庭經》，滋蕙堂刻《靈飛經》，皆新拓，不甚佳。……古人臨池，必求原刻精拓，信有以也。」次年，光緒十年六月初八，葉昌熾在購買數張拓片後，感歎：「時事如此，家計如此，而猶樂此不疲，豈非癡乎。」〔註 63〕說明在投入潘祖蔭門下不久後，葉昌熾也漸漸開始癡迷碑帖拓片的收藏。

　　潘祖蔭作為當時京城位高權重，極富收藏的達官顯貴，其藏品讓葉昌熾得以大開眼界，尤其是潘祖蔭對域外石刻的收藏，為葉昌熾後來撰寫《語石》提供了豐富的材料。《語石》提及的幾乎所有域外石刻，朝鮮、日本乃至埃及石刻，多為葉昌熾在潘祖蔭府上見聞的記錄。潘祖蔭也帶起了葉昌熾對金石收藏的興趣。潘祖蔭也時常要求葉昌熾為其考證部分碑帖，其中較為著名的有葉昌

〔註62〕曹元弼，《葉侍講墓誌銘》，《清代碑傳全集》，上海，上海古籍出版社，第 690 頁。

〔註63〕《緣督盧日記鈔》，第 42、73、80 頁。

熾為潘祖蔭考證《高句驪王碑》（《好太王碑》）。自光緒十年（1884年）七月二十二日至八月初二，葉昌熾考證《好太王碑》方才完成，其跋語被視作國內對此碑最早的研究，不過其考證結論與當下研究成果相比有不少錯誤之處，不足取信〔註64〕。這些題寫跋文的需求促使葉昌熾進一步瞭解、欣賞金石拓片。再者，在京期間，潘祖蔭府上往來碑估，加上潘氏給葉昌熾的饋贈，都為葉昌熾收藏金石拓片提供了機會。

潘祖蔭對葉昌熾仕途也助益甚大，葉昌熾登榜後特提及受潘祖蔭之恩惠：「周郁齋師雲餘卷為鄭盦師取中。」晚清科舉選拔制度在晚清已然失調，需要有人舉薦往往才可登榜。潘祖蔭對葉昌熾實有知遇之恩。也是葉昌熾在晚年應潘氏後人之託，代為撰寫《滂喜齋藏書記》的緣故。潘祖蔭去世後，與潘家的密切聯繫一直延續到潘祖年與葉昌熾的交往中。潘祖蔭弟，潘祖年受業葉昌熾門下。葉昌熾晚年時由潘祖年出資出版《語石》。《緣督廬日記》中載：「得仲午書，願為鄙人刻書司收發並願墊刻資。其意似欲任棗梨之責，高誼可感，今無其人矣。拙稿局置篋中已久，所以不即付雕者，正以鉅款難籌耳。」〔註65〕並在葉昌熾過世後，與王季烈一同整理葉昌熾手稿。

至光緒十二年（1886）六月，為博生計與好友管禮耕應汪鳴鑾之招入其幕府。可惜好友管禮耕不久便因病重返回蘇州，葉昌熾一人在粵，又有寄人籬下之感。便於光緒十四年（1888）發出「倦遊」之歎，返回家鄉。葉昌熾的做幕僚的兩段時間都不長，卻因所館幕主都是朝中大員，又是富藏之家，讓葉昌熾在此期間不僅博覽豐富的藏書，還得見豐富的金石藏品。在潘祖蔭府中時，葉昌熾的工作以校書、編修書目為主。在汪鳴鑾幕府中時，吳大澂對其影響較深。1887年，吳大澂邀葉昌熾續編《關中金石記》，實則是整理吳大澂任陝甘學政時收藏的關中拓片。二人在編書的體例有所分歧，加上吳大澂所藏拓片質量不一。最終以吳大澂將相關拓片贈與葉昌熾結束。儘管《關中金石記》等未成書，但葉昌熾獲贈拓片後來編為《邠州石室錄》。

需要注意的是在葉昌熾的著作中，對潘祖蔭、汪鳴鑾、吳大澂三人有不同的尊稱，可見葉昌熾與三人親疏之別。他尊稱潘祖蔭、汪鳴鑾為師，稱吳大澂

---

〔註64〕見耿鐵華：《好太王碑發現140週年的椎拓與研究》，《東北師範大學學報》（哲學與社會科學版），2018年第1期；耿鐵華《葉昌熾與好太王碑的著錄》，《通化師範學院學報》（人文社會科學），2018年第4期。

〔註65〕《緣督廬日記鈔》，戊申年（1908）四月二十日，第466頁。

為吳中丞。對潘祖蔭的稱呼也歷經變化，自光緒九年（1883 年），與潘祖蔭結識後在《緣督廬日記》中稱潘氏為「鄭盦尚書」，而後是「鄭盦丈」。離別潘祖蔭後改稱「鄭盦師」，這一尊稱一直延續到潘祖蔭身後數年。葉昌熾從未進入巡撫的幕府，在廣東期間，汪鳴鑾為學政，吳大澂為廣東巡撫，葉昌熾與吳大澂多有交往，但並不曾入其幕府。〔註66〕這也可以解釋為何葉昌熾對潘、汪二人稱師、丈，對吳大澂以官職敬稱。除館於潘、汪兩位大員府中外，葉昌熾在去潘祖蔭府上時，自己也在家中短暫開館收徒，還短暫館於好友費念慈、黃再同家中。〔註67〕值得一提的是，葉昌熾服務的幕主均為江蘇人，同鄉幕僚與幕主之間知根知底，親友請託也較為方便。幕僚往往與幕主一同生活在外地，互相間形成了熟悉的生活環境。此外，葉昌熾藏書還著力搜藏鄉賢文獻，其交遊與學術都帶有一定吳中地方特色。

至此，葉昌熾的人生已過大半，將近不惑之年才在幕主的引導下開始著意金石收藏與考證。在做官前長達四十年的時間積累了大量學術資源，葉昌熾為其晚年著書立說打下了豐厚的基礎。這一段時間也是葉昌熾藏品數量突飛猛進之時。這一時期其為學依舊致力於傳統文獻學方法，尤以目錄、校勘為重，並以此為幕主整理所藏書籍、拓片等。其墓誌銘中曹元弼稱之「校勘學冠當代」。吳郁生：「顧先生（顧廣圻）千里專精目錄校勘之學，士林宗之，別為學派。」〔註68〕都是對這一時期的總結。

## 1.4　歷史語境中的碑目與題跋

### 1.4.1　葉昌熾未刊石刻學著作

《語石》與《邠州石室錄》是葉昌熾刊行付梓的著錄，此外還有部分未

---

〔註66〕白謙慎，《吳大澂和他的藝術家幕僚》，《藝術工作》2020 年第 1 期。文中明確指出葉昌熾從未作吳大澂幕僚。

〔註67〕費念慈，（1855～1905），光緒十四年（1888），《日記》「六月廿三：屺懷來訂明日至其家避暑，記權課其子。寒舍本無一席地可以靜讀，因即允之。」未記何時結束。《日記》七月十五日：「（黃再同）招北行主其家。為明歲會試計，亦良得愈於南行也。」本年十月啟程赴京，至光緒十五年（1889）七月，返回家鄉。

〔註68〕參見吳郁生撰，《皇清誥授通議大夫翰林院侍講葉公墓誌銘》，載北京圖書館金石組編，《北京圖書館藏中國歷代石刻拓本彙編》鄭州，中州古籍出版社，1989 年，第 92 冊，第 82 頁。

刊行手稿，分別為《五百經幢館碑目初稿》《五百經幢館唐志跋》以及《關隴金石志》。另有 2019 年由王立民、徐宏麗整理的《葉昌熾集》出版，整理了葉氏《辛臼簃詩讔》《奇觚廎詩集》《奇觚廎文集》等詩文，其中部分詩歌涉及所過目金石搜藏以及他與好友金石交遊，文集部分收錄了葉氏的部分代筆、作序情況，兼收葉昌熾考釋的金石文字題跋。〔註 69〕以下簡要對這些葉氏石刻著錄作一概述，在關注不同著錄體例與內容的差異同時，也將結合日記、手札，為這些文本的寫作推定大致時間，一併指出前人研究中對其未刊著作的錯誤結論。

《五百經幢館碑目》於南京圖書館、上海圖書館各藏一本。上海圖書館藏名為《五百經幢館碑目初稿》，首頁題有「葉鞠裳先生手寫五百經幢館碑目初稿」，是葉昌熾在長子葉恭彝去世後在其遺作基礎上續作完成的，共五冊。葉恭彝的《幢目》後來由《國立北平圖書館月刊》於民國十八年（1929）九月、十月刊登，共計 859 通，並附葉恭彝業師楊鍾羲、陳恩惠分別於 1928、1929 年所作序文。〔註 70〕在《靈鶼閣叢書》出版《藏書紀事詩》後葉昌熾本想將葉恭彝的《幢目》一併刻出，終未成形。〔註 71〕任曉煒曾據上海圖書館藏本及此月刊本對校，整理排印本並附校箋。從中可看出上海圖書館藏《五百經幢館碑目》與《幢目》重合、增訂的條目。〔註 72〕上圖所藏的《碑目》稿本的流傳及葉氏所藏部分拓片有著相同的、較為清晰的流轉過程。葉氏晚年將五百經幢歸與劉承幹，將所藏拓片售與劉世珩，後來劉世珩所藏的這部分拓片由孫伯淵購得，這些拓片與《幢目》最終又為潘景鄭購買後捐與上海圖書館。鄭氏在其《著硯樓讀書記》中記「《五百經幢館碑目稿》五冊，分地繫碑，都三千六百八十一種」〔註 73〕此稿本上除上海圖書館收藏印外，還有潘景鄭收藏印。

---

〔註 69〕《葉昌熾集》中《奇觚廎文集》卷中有多篇碑刻跋文，還有在潘祖蔭府上所作金文考釋。

〔註 70〕葉恭彝，《幢目》，《國立北平圖書館月刊》，1929 年第 3 卷，第 3 期、第 4 期。

〔註 71〕葉昌熾致繆荃孫札：「拙稿《藏書紀事詩》業已寄湘上木。經幢目亦欲屬彼刻之。」見錢伯城、郭群一整理，顧廷龍校閱，《藝風堂友朋書札·上冊》，上海，上海人民出版社，2018，第 512 頁。

〔註 72〕范景中，曹意強主編，《美術史與觀念史 8》，南京，南京師範大學出版社，2009，第 196～316 頁。

〔註 73〕潘景鄭，《著硯樓書跋》，上海，上海古籍出版社，2006，第 158～159 頁。此處錄文與潘景鄭，《著硯樓讀書記》，瀋陽，遼寧教育出版社，2002，第 258 頁。內容完全一致。

　　先前的研究中有以為已刊署名葉恭彝的《幢目》所載即為葉氏所藏經幢目錄，實則不然。〔註74〕此《幢目》與《五百經幢館碑目初稿》內容有所重疊，但並非同一內容，題名也有所區別。《碑目初稿》是在葉恭彝《幢目》的基礎上增訂而成。不止包括經幢，也包括葉昌熾所藏其他形式碑刻的目錄。《初稿》中行文中又多見「似偽作」「似某朝時筆」等標注，亦有如「比丘尼法□造釋迦像……筆法庸劣，偽作無疑」的鑑定標識，並有在條目後有注明「同」的字樣，可知《碑目初稿》應是葉昌熾在葉恭彝去世後在其所編目錄基礎上續寫而成。

　　而南京圖書館藏《五百經幢館碑目》亦為稿本，五冊。其中前四冊為松竹齋紅色格箋抄寫，第五冊為秀文齋箋，其內容與上圖所藏《碑目》有異（見附錄圖 1）。字跡整齊，有一定的格式體例，其欄外書「龍聖寺」目，其後為龍聖寺題記。此碑目抄錄時間前後約有五年。結合日記壬辰（1892）十一月十一日，有「寫唐山石刻目錄畢……貞觀年《李慧寬》刻」與此處第一條相同。南京圖書館藏《碑目》第三冊中亦有潛山石牛洞、貴池縣齊山石刻等，計其所錄書目與日記丁酉十月初五處相同：「寫安徽四山石刻目錄畢，貴池縣齊山六十一通，桐城浮山二十通，潛山石牛洞五十八通，盱眙第一山廿七通。」〔註75〕根據與上海圖書館藏《五百經幢館碑目初稿》相比，這部碑目體例統一，也沒有「似偽作」這樣的記錄，且根據日記看葉昌熾抄錄的速度非常快，一日編寫百餘條碑目的情況非常常見，此稿可能先前有底本，此為謄抄本。根據日記記錄、以及秀文齋、松竹齋均為北京琉璃廠有名書肆，可知此《碑目》應作於葉昌熾寓居北京期間，其寫錄時間應在 1892 年之後。

　　另有《五百經幢館唐志跋》稿本未刊，無封面，藏於上海圖書館，收錄葉昌熾唐志題跋共計五十三則，其中五代一則、隋碑二則，其餘為唐碑。為《金石學稿鈔本集成》（二編）第 24 冊影印出版。〔註76〕其中有五十一中碑刻為陝西出土，另有《裴復墓誌》出於東都芒山，藏於渭南趙幹生處；《智通闍釋塔銘》中的智通本人在神龍間遊於終南山感化寺，葉氏大抵是因這些碑刻與關中

〔註74〕馬洪菊《葉昌熾與清末民初金石學》一文中將《緣督廬日記》中葉昌熾整理錄寫經幢的活動看做是編纂《幢目》的過程並不全面，且從《碑目初稿》的內容看，與其所述《日記》中考證經幢的艱難相比是兩種面貌。

〔註75〕《緣督廬日記鈔》，第 242 頁。

〔註76〕任曉煒，《緣督廬中的金石世界》，中國美術學院美術學理論碩士畢業論文，2018，其附錄中有對此書的整理點校。

的緊密關係將這些跋文收集一處。〔註77〕這些跋文基本未署時間，根據「此石今藏趙乾生家」一語可知，跋文所書時間不晚於「辛丑（1901）七月」。葉昌熾曾請友人代為購買趙乾生所藏拓片，辛丑七月初八聽聞趙乾生所藏售與端方、倫明，大失所望。除其中部分拓片葉昌熾所得時間在辛丑左右，如《智通禪師塔銘》購於辛卯七月十二，《任令則碑》購於辛卯五月十五。大部碑刻未在《日記》中有見，這些拓片極有可能並未葉昌熾個人所藏。

　　葉氏在廣東時，雖未入吳大澂幕中，幾乎日日前往吳大澂府上，為其考釋金石，日記可見其頻繁。其中《關隴金石志》凡例即作於此時，此凡例收錄於《奇觚廎文集》卷中，共計三十則，與《日記》丁亥（1887）七月十二日中所記相吻合。吳大澂在這一年初見葉昌熾不久後即囑咐葉氏續輯《關中金石記》，至七月葉氏正式與吳大澂開始商議編纂體例：七月初五，吳大澂屬編《關中金石志》，葉昌熾認為不錄全文，僅著錄地點、何人書等信息較為簡單，成書較易；初九日與吳大澂商議時，吳大澂仍堅持著錄全文，並得觀吳大澂所藏刀幣。〔註78〕根據吳大澂年譜來看，他早已有著錄關隴地區石刻之心，他自癸酉（1873）於陝西視學，即有續《關中金石記》之心，潘祖蔭曾致書吳大澂，勸其作《甘肅金石志》，云「甘肅金石志向無人作，可為之也，以為何如？五涼石刻可有訪得者乎」〔註79〕從此處看來，吳大澂確實聽從了潘祖蔭的建議，將著述計劃改為《關隴金石志》。

　　《關隴金石志》雖未成書，但其凡例提供了較為明確收錄標準和載錄體例，大致呈現出以下三個特點，其一是著述體例上以《續語堂碑錄》《金石萃編》的體例作為錄文細節的參照，仿《續語堂碑錄》的著錄之例，包括碑的尺寸、行數字數、書體、碑額信息等，又依照《萃編》之例，將有較多題刻的寺廟按地別錄，並仿其例旁寫前人著錄與今文異文之處；其二是因地制宜，提出刀幣等具有較強的地域特色，而關中多瓦當，故錄瓦當而不錄刀幣；其三是著錄時代至元、先金後石，以拓本為先，無拓本者據前人著錄。

## 1.4.2 人情、市場與著述

　　此處將兩部碑目、《唐志跋》《關隴金石志》凡例等葉昌熾未刊金石著述放在一起討論還有一原因，即這些著述除了作為金石學研究成果外，還有極重的

---

〔註77〕李向菲，《葉昌熾〈五百經幢館碑誌題跋〉考述》，《西部學刊》，2017 年第 5 期。
〔註78〕分別見《緣督廬日記鈔》，第 128、135 頁。
〔註79〕顧廷龍，《吳愙齋先生年譜》，哈佛燕京學社，1935，第 50 頁。

人情成分摻雜其中。以往有關幕府的金石學研究多從幕主的角度出發，探討幕主如何組織幕賓完成大部頭金石著作的編纂，如本文多次引述的王昶與《金石萃編》，相似的還有畢沅及其《關中金石志》。從葉昌熾的視角出發，可以看到作為撰寫這些金石著作真正操刀者在其中的心理活動與寫作動機，展現出區別於以往宏大歷史視角的別樣社會人情。

### 1. 碑目在市場與學術活動中的作用

首先從兩部碑目說起，金石目錄是從金石學誕生之初就有的基本著述體例。無論是古人還是當代的研究中，更多地體現了金石目錄的文獻價值。如果把「目錄」回歸金石學家的生活中，則會發現目錄本身具有極強的實用性和流通性，具體可以從兩方面闡述：一是在市場上，碑目也是學者們搜訪拓片，進行拓片交換的指南；二是在學術上，對藏家來說目錄有整理收藏的作用；對編目者來說是拓寬眼界、進行學術訓練的機會，下文將結合具體事例作出說明。

從拓片的買賣角度來說，在售賣之前需要開示一目錄，以查缺有無。金石圈內學者們在交易中又可能有中間人，碑目就相當於交換的清單，作為買賣的依據。以繆荃孫的聲望，常在拓片交易中常扮演中間人的角色。在這封信札中葉昌熾聽聞費念慈處購得沈韻初藏千通拓本，葉昌熾便請求繆荃孫代為介紹購買，求取兩份碑目。其一是唐宋經幢目錄，葉昌熾專門以小字標注碑目需要注明年月及造幢人，以充實自己的「幢目」。其二是代吳郁生求，吳郁生想要購買劉燕庭舊藏蜀石拓片，葉昌熾也請繆荃孫開示碑目，自己則充當吳郁生與繆荃孫之間的中介者。〔註80〕《緣督廬日記》丙申（1896）十一月初三記載了費念慈從沈韻初出精選千種碑帖，以一千三百金英餅的價格購入一事，此札應在這一時間後不久。其中還有一處細節值得注意，葉昌熾在為自己和吳郁生求取碑目時，每每不忘向繆荃孫強調「在公不過滄海一粟」「公重出者必不少」等話語，這一處細節可見當時拓片市場之熱，既是對繆荃孫富藏的稱讚，也是怕繆荃孫捷足先登，自己和吳郁生失去了購買的機會。

〔註80〕沈韻初，上海川沙名門望族，其人富藏，外孫吳湖帆得其舊藏頗多。其原文為：「屺懷來函云，沈韻初拓本之千通已歸鄴架，聞之豔羨。其中唐宋經幢，侍曾致書屺老求職，渠云不過一百餘通，大約除去侍舊有者，至多約二三十通。在公不過滄海一粟，五百經幢館得此，略增著錄，為益匪淺。如可割愛，可否開示一目（年月及造幢人），其值當先行寄上。再，聞沈所藏皆劉燕庭物，蜀石居多，公重出者必不少。蔚若前筆頗願得之，如欲售人，亦請開示一目，侍可為兩公作介也。」其中蔚若為吳郁生。此札見《藝風堂友朋書札》，第514頁。

此外,葉昌熾還充作吳郁生與繆荃孫之間買賣高麗碑帖的介紹人。吳郁生購得沈雲初舊藏高麗碑刻七十餘種。此七十餘種高麗碑帖由吳中骨董商人挑出,吳郁生的購入價格為三百金。葉昌熾多次為繆荃孫介紹,稱這些碑帖「照《海東金石苑》有贏無絀」,其中重複者約十餘種,詢問繆荃孫是否需要這些高麗碑刻。吳郁生奉使浙江時,將十二份高麗碑拓及一紙碑目交予葉昌熾,開價為每種四金,葉昌熾對這一價格的評價是:「以公之篤好,想不以為過也。」〔註81〕葉昌熾這一評價並非空穴來風,他與繆荃孫的交往除了學術情誼外,還有互相代買、代賣碑帖的任務。

兩人曾雇傭李雲從拓碑。李雲從是葉昌熾與繆荃孫較為信任的拓工,時常派李雲從前往全國各地拓碑,在李雲從赴山右拓碑期間。在此期間葉昌熾向繆荃孫求《雲自在龕碑目》一部,稱「新出石刻,稀如星鳳,間有稍難得者,又恐執事已有藏本。《雲自在龕碑目》如有副本,能寄示一部最妙。按圖補缺,不至有駢拇指也。」可見雇傭李雲從拓碑,由葉昌熾組織,還有為繆荃孫補闕藏品之缺的作用,而葉昌熾自己也能在李雲從拓碑歸來後,得到一份拓片。

此處以葉昌熾與繆荃孫拓片買賣的例子,發現碑目在市場中的實用價值。也可以發現學者的收藏興趣有至關重要的指向作用。骨董商將原本數量龐大雜亂無序的拓片,或按照地域、時代等彙集起來,打包售賣給有此興趣的學者。學者間又互相買賣重複的拓片,形成了市場、學者間圍繞學術興趣展開的良性互動。而這些拓片最終的貢獻,在於成為學者碑目中的記載,增益學者收藏的同時,為其著述添磚加瓦。

從單純學術的角度來看,目錄學的發展為收藏服務,除了以上列舉在售賣時需要附上碑目外,學者自己編纂的碑目往往是為對藏品能做到有條理地管理。如葉昌熾早年為鐵琴銅劍樓編纂藏書目錄,後來為潘祖蔭編纂書目,拓片目錄的編纂對藏家來說也起到同樣盤點藏品的記錄作用。葉恭綽為葉昌熾所藏經幢編目,如同葉氏早年為瞿中溶編目一樣,編纂目錄也是青年文人的一種學術實踐。從葉昌熾的若干經歷來看,編目整理並非易事,其難處之一在於如何將數量龐大的書籍、拓片按一定的條目整理出來。一般碑帖的編目或以地或按時間,此與葉昌熾所總結的歷代時將金石學體例中的「分地、分時、分人」

---

〔註81〕因原札較長,內容分散,此處不錄,可參見《藝風堂友朋書札》,葉昌熾第二十八、三十七札,第511、518頁。

如出一轍。而書籍的編目則要對版本、作者、書籍的內容體例都有所瞭解，因此對纂目者的學識有一定的考驗。

再者，編纂拓片目錄時，葉昌熾每每要展開拓片，識讀文字，有時還要翻檢藏書，對拓本作簡要考證。如著錄幢目尤其有難度，在《語石》「幢目八則」中葉昌熾指出以往著錄易出現的問題。一是金石家不通佛經，往往將佛經序文中的年月當做建造經幢的時間：「著錄家於拓本之剝蝕、或無年月可考者，即以序終之年月當之。」二是拓工對於八面經幢往往面面分拓，極易顛倒散亂。碑估又經常以拓本補全：「若面面分拓，零星散佚，既易確實，拓工不通經典，或數幢並置一處，前後倒置，彼此互易，幾於芬絲難理。」〔註82〕從《碑目初稿》的內容來看，確實不只是簡單錄入還囊括了年代、書體、出土地點、拓片共幾紙，收藏時的鑒定意見等信息。最後，編目還需要在初稿形成之後廓清順序、去其重複等等。不過總的來說和考證類的跋文相比，這種編目抄錄的方式較為簡單，葉昌熾在為吳大澂編寫《關隴金石志》時就建議以目錄體例編著，較為容易。

金石目錄的編寫也是編修金石志的基礎，碑目往往與跋尾、金石記並行。自宋代金石學興起之時，碑目即與考證跋文並行，如《集古錄目》與《集古錄》，至清代亦是如此，如錢大昕《潛研堂金石文目錄》《潛研堂金石文跋尾》；繆荃孫《藝風堂金石碑目》與《藝風堂金石文跋尾》。此兩部碑目有價值之處在於，作為葉氏的初稿，此兩則文獻為後世提供了收藏家對藏品「帳目式」的初稿，再則通過葉昌熾手札、日記等還原了在學者交際、買賣中碑目的實際用途。

### 2. 從「碑目」到《語石》──葉昌熾石刻學著述體例與內容的變化

按照葉昌熾石刻學著作的寫作時間來看，除了未刊《唐志跋》確定具體寫作時間比較困難。以上所提及的未刊石刻學著述大多作於早年，其中最早寫就的是《關隴金石記》序文，《藏書紀事詩》及《語石》作於做官時期，最後在晚年的閑暇時光中勾勒拓片度日，寫成《邠州石室錄》。幾部《碑目》的寫作時間跨度最長，始於長子去世後第二年，直至晚年。《唐志跋》以及《葉昌熾集》中的跋文時間較為分散，且並非每篇跋文日記中均有所載，《葉昌熾集》中數篇跋文可一一對應，其中最早一篇如「釋克鼎」作於己丑（1889）六月初四，較晚者如《劉猛進墓銘》跋文作於癸丑（1913）三月廿二。從這些葉氏的

---

〔註82〕《語石》，第 137 頁。

石刻學著作中，可以發現著述中有些不曾改變的考證方向，代表了葉昌熾石刻學最關心的主題，還有些變化著的定義和標準。從這些著述的恒久與變化中，本文試圖還原葉氏著述外衣下不變的實質，即葉昌熾所追求的理想著述體例，以及他所探求的學術主題？

　　總的來說，葉昌熾的諸多石刻著作並沒有出離他對歷代金石著錄體例的劃分，但《語石》是其中較為出挑者。他將之前歐趙目錄與跋尾分列的方式比喻為儒家經典中的經、傳分離，《金石萃編》如唐人義疏，經傳相合，便於學者。在葉昌熾未刊的石刻著錄中也體現了對前代金石學著作體例的繼承。其兩部《碑目》均是日常編著整理的目錄，《碑目初稿》是傳統金石目錄的編纂方式，《邠州石室錄》即葉氏所謂「經傳相合」的錄文與跋尾體例。與這些仍在傳統金石著錄體例藩籬內的著作相比，就更突顯了《語石》在體例上的突破性。體例問題不僅是如何編寫一部金石學著作的問題，它也反映了作者潛意識裏將什麼內容納入或不納入金石著作的編寫中。《邠州石室錄》《碑目》《唐志跋》等對傳統金石體例的遵從，本身暗含著葉昌熾期待其內容依舊以「徵經補史」為主題。而《語石》的內容雖然仍有考證經史的內容，但加入了大量書法品評、金石義例等內容。

　　題跋的主題內容較為固定，圍繞歷史考證展開，書法只是起到鑒定拓片真偽抑或錦上添花的作用。無論是《唐志跋》還是《葉昌熾集》中的題跋內容以考證史故為主，以石刻中職官、行政、人物生平為主，書法風格則是葉氏考量碑刻真偽的重要依據。《碑目初稿》中屢屢以「筆法」較劣作為證偽的依據。這一考證方法在《邠州石室錄》中也有所體現，此書幾乎可以看做是對大佛寺題刻的「跋文」輯合，其考證的內容、角度幾乎與題跋內容一致。與此形成對比的是，《語石》中考證經史的部分與這些題跋主題雖然有重合之處，但仍有頗多筆墨圍繞書法史、書家展開，以及卷十中專論拓片裝池等，這些內容是傳統金石文獻較少提及的內容，這些都是《語石》區別於葉昌熾其他石刻學著作在內容上的特殊性。

　　《語石》不僅在體例上突破了葉昌熾對傳統金石學著作體例的劃分，在內容凡例上與早年《關隴金石志》凡例也有極大的改變。較為顯著的變化還體現在對「明代碑刻」不同體例中有不同態度。在《語石》中葉昌熾對前代學者著錄碑刻的斷代作一總結：「乾嘉諸老，如畢中丞、王侍郎，皆以天水為斷。至儀徵阮氏、陽湖孫氏，是推廣其例至元末。翁覃溪輯《粵東金石略》，兼收明

碑。」當時金石學家中除翁方綱與端方兼收明碑外,其餘並不多見。諸家不收明碑的原因之一,還是在於明碑數量眾多。葉昌熾輯錄《邠刻》時,繆荃孫也以明刻數量多為由勸葉昌熾不予收錄。此處葉昌熾即便為自己兼收明碑的著錄標準作出辯護,也肯定了「夫明碑誠不勝收」並稱自己的「碑目亦斷代於元」等客觀事實,表示僅擇明碑中精、罕者收錄。而如劉燕庭、繆荃孫等在編著傳統體量較大的金石著錄時都選擇不收明碑。可見至少是在咸通年間,清代金石學著作不收明代碑刻幾乎是學者們間默認的共識。《語石》也因其體例特殊,札記對提及碑刻往往一筆帶過,並無明碑數量多而可能帶來的問題才選擇作出妥協。

　　此處對葉昌熾未刊刻著作的考察除了說明「碑目」這一著述體例放在晚清金石學家交往的歷史語境中有極強的實用性外,也是為了突出《語石》這一著作在葉昌熾所有石刻學著作中體例的特殊性。以及從主題上來說,碑目、《唐志跋》《邠州石室錄》《語石》等葉昌熾全部的石刻學著作都有篇幅巨大的「經史」內容,這也是第一章花費頗多筆墨強調經、史研究在晚清主流地位的緣故。對主題、體例的關照也將是下一章考察《語石》的重點內容。

# 第 2 章　仕宦生活與《語石》的寫作

## 2.1「西風」下的石刻鑒藏

### 2.1.1 放眼海外藏品

　　西學對葉昌熾的影響最直接的體現在葉昌熾收藏視野的國際化，在《語石》中主要體現在對域外碑刻，尤其是歐洲、非洲碑刻的關注上。儘管朝鮮半島、日本、安南等屬於傳統儒家文化圈，但在 19 世紀西學東漸之前傳統金石學家們對域外碑刻收錄較少，故而葉昌熾對這部分碑刻的收錄也可以看做是「西學」影響下新的關注點。〔註 1〕在《語石》全書中提及外國碑拓共有十則，其中卷二分地域記述碑刻部分有九則，包括朝鮮三則，日本二則，安南二則，歐洲斐洲二則。

　　域外漢文碑刻的載錄並非葉昌熾首創。《金石萃編》《山左金石志》中都有著錄朝鮮漢文碑刻。稍早於葉昌熾，嘉慶間朝中也有士人推重朝鮮碑拓。又有劉喜海在朝鮮士人的幫助下，搜集朝鮮石刻，編撰成《海東金石苑》。以

---

〔註 1〕程章燦將晚清碑拓流通的國際化概括為三個方面：收集外國石刻、搜集域外中國古刻、收集域外漢文石刻、並將外國人在中國搜求拓片歸入晚清碑拓流通的國際化。但從葉昌熾的著述來看，他對海外石刻的關注主要按地域分野，關注海外石刻及域外漢文石刻。從流通角度來看，葉昌熾在收藏事業中並未與外國人有直接接觸，在清亡後才見過伯希和，且在其出任甘肅學政期間，也並不知有外國人購買敦煌文物。參見程章燦，《玩物：晚清士風與碑拓流通》，《學術研究》，2015 年第 12 期。

葉昌熾在當時碑帖買賣的廠肆中所見，評價其《海東金石苑》「不過十之二三而已。」顯然在葉昌熾眼中，朝鮮碑刻早已不是舶來珍奇。朝鮮碑刻拓片大多來源於朝鮮人來訪時攜帶的作為贈禮的拓片。葉昌熾在潘祖蔭門下時，記載朝鮮人以此為「羔雁」的情景：「朝鮮為箕子舊封，同文之域。彼都人士觀光上國，載古刻而來，攬環結佩，中朝士大夫皆樂與之交。……咸豐初，潘文勤師與鮑子年、楊幼雲諸公於麗人之至京者，猶喜晉接之。其後來者，皆原伯魯之徒，以墨本為羔雁，望門投謁，藉通竿牘，文勤師治戒閽人毋通謁。」〔註2〕朝鮮三則碑刻的記述中，乾嘉時期起，金石拓片收藏活動已十分流行，至晚清朝鮮人來京也入鄉隨俗，攜帶金石拓片作為禮物，第一則即敘朝鮮人來訪以拓片為贈禮的盛況，並指出《海東金石苑》的不足處。第二則提及十餘品碑刻，對其書風、碑刻品質作出評價，提出自唐太宗伐高麗後，因太宗對王羲之書風的推崇，右軍書風開始在高麗流行。第三則是對兩塊高句麗石刻的考證。有關朝鮮碑刻豐富的資料讓葉昌熾不僅對其毫不陌生，甚至能撰寫書法品評和文獻徵考。相比之下，日本金石也有相關著作，朝鮮碑刻因文字相通，讓葉昌熾少了陌生感，在品評考證中顯然多了幾分從容。

　　安南作為「同文之國」，在《語石》之前有《粵東金石志》有相關著錄。關於安南的二則，《語石》均引用《粵東金石志》的相關考證。第二則安南銅柱沒有文字，政治意義明確。葉昌熾引《唐書》，考證銅柱上原有刻字，追溯在此立柱的歷史，並提及吳大澂在中俄邊界立銅柱之事。作《語石》時，距中法戰爭已有數年，在此處提及在法越戰爭期間，他曾有訪求此柱抒發諷喻的訴求。〔註3〕清末戰爭頻發的時代背景中，這些銅柱負有勘定邊界的歷史意義，葉昌熾載錄、訪求這些海外碑刻的動機已頗具寄託「家國情懷」的歷史象徵意義，這也是前代訪碑者不曾具備的歷史情懷。

　　在提及日本碑刻時，在第一則中葉昌熾提及日本本國的金石著作，狩谷望之《古京遺文》和西田直養《金石年表》。而後論及傅栻源在光緒丙戌年（1886年）間，出使遊歷日本後撰寫《日本金石志》，評價此書「考日本金石者，於此歎觀止焉。」第二則引用數條傅栻源對日本碑刻的考證，如日本興福寺《南圓堂鎛臺》中「歲次景申」實際為唐代避諱，避「丙」為「景」的結論；又引

---

〔註2〕《語石》，第70頁。原文為：嘉慶間，金秋史兄弟、李迪吉惠卿博雅工文，芸臺、覃溪兩公極推重之。

〔註3〕安南二則：「時方有法越之役，余以訪求漢、唐遺跡諷之。」《語石》第74頁。

用傅枒源借《漢書》考證「漢委奴國王」印的說法。評價：「蓋日本在漢、唐時嘗臣服中國，彼都人士諱言之耳。」〔註4〕結合葉昌熾對安南、日本等國碑刻的品評來看，固然有從史料出發的客觀考訂，還有與國家聯繫在一起的民族家國情感。儘管他在行文中並未言明，但依舊可以感受到他身居上國的優越，和對安南、日本等小國的不屑一顧。對日本、越南的態度與甲申前後清政府對朝鮮、越南的政策息息相關：清政府先後迅速平定朝鮮壬午之變，以及劉永福黑旗軍對法軍的打擊，都極為振奮人心。〔註5〕儘管數年後清政府慘敗於日本之手，葉昌熾在修訂《語石》中依舊未改此處對日本的蔑視。清末石刻的考證，又多了一層戰爭陰影下夯實「國家歷史自信」的功用。

對葉昌熾來說，朝鮮和日本的相關碑刻都有前人著作，這些國家與中國自古以來的邦交讓葉昌熾對他們並不陌生。從葉昌熾對「歐、斐（非）兩洲」，以及稱「日本、朝鮮同洲之國」，他對西學地理知識有正確的認識，說明清末文人在地理等客觀科學知識上有一定接受度。與當時大多數士人一樣，葉昌熾不曾邁出國門，最遠只到過臺灣。因此，大多數有關西學的認識，也是通過閱讀譯本著作而來。關於非洲和歐洲石刻，或是曾見埃及石板拓片，或是從西學圖書上引用來的。如歐洲石刻一則葉昌熾引用了斯賓塞《群學肄言》中的《摩闞伯斷碑》，應為現藏盧浮宮的《摩押石碑》。〔註6〕此碑當時並無見載拓片流傳。這些對西學書籍上客觀知識的接受，葉昌熾在情感上並不抵制西學。也從側面說明，至少在 19 世紀下半葉，晚清士人對西學基礎知識接受的普遍性。

葉昌熾在潘祖蔭門下得觀埃及石板拓片：「埃及古文，尚在臘丁之先。潘文勤師貽書海外，曾摹得兩石，以拓本為範，用塞們德土埏埴而成者，不爽毫髮……皆古之象形字也。」〔註7〕文勤以示門下士，各有考釋，亦如明人之釋《岣嶁碑》，但滋聚訟而已。」其後葉昌熾還在黃紹箕處見過西方人所收藏的拓本，並為之賦詩。稱頌埃及石刻「為宇內最遠最古之刻矣。」埃及石碑在國內的記

---

〔註4〕《語石》，第 73 頁。
〔註5〕朝鮮壬午之變的勝利對清政府派軍參與越法戰爭有直接影響，參見隆武華，《試論十九世紀八十年代初清政府對越法戰爭的政策》，《浙江學刊》，1995 年第 2 期。《日記》中未提及壬午政變一事，七月十五日記劉永福受嘉獎一事，見《日記》第 83 頁。
〔註6〕斯賓塞《群學肄言》，現翻譯為《社會學研究》，其中第二章提及摩押石碑。
〔註7〕塞們德土為水泥。

載，最早見於郭嵩燾的《使西紀程》，郭嵩燾光緒二年（1876年）過波塞港（今稱塞得港）時有人兜售埃及方尖碑圖〔註8〕，此書中有關埃及石碑的內容引起了國內雅好金石者對海外石刻的興趣。潘祖蔭得知後先後委托出使美國的張蔭桓，以及駐法、德、意公使館參贊陳季同搜訪。〔註9〕在1888年至1889年先後得到三張埃及石刻拓片，每每與同好賞鑒討論，其間葉昌熾都有所見聞。此後，端方在1906年出洋考察，帶回拓片，又根據拓片用水泥製做出埃及石碑的複製品，今藏於國家博物館。〔註10〕

《語石》中對異域碑刻的梳理除後兩則外，其餘在葉昌熾之前也有金石著作著錄。葉昌熾也稱安南、朝鮮為同文之國，更引用《漢書》等考證日本曾臣服中國的歷史，即便沒有點明上國的優越感，行文中也依舊能感受到。彼時非洲與歐洲石刻剛為人所知，而外國人往往由於不熟悉中國傳統的拓碑原理，而不允許製做拓片，如潘祖蔭這樣的高官尚需百般託付才可得一二張，其價值已非金錢可衡量。〔註11〕與葉昌熾之前的金石學家相比，安南、日本、朝鮮等國的碑刻散見於不同著錄，但並沒有能在此基礎上納入歐洲非洲碑刻的著錄。清末動盪的社會時代為晚清士人的金石收藏打開了西方世界的大門。碑刻也在戰爭背景中寄託了「家國情懷」。

## 2.1.2 西學洪流下的保守心態

葉昌熾對西學持較為保守的態度，在其與眾師友的交往中與西學多次擦肩而過。馮桂芬（1809～1874）早年於蘇州正誼書院受教於林則徐，馮氏在退休後也館於正誼書院，葉昌熾在就讀正誼書院期間即與馮桂芬結識，而後隨其編修《府志》。在書院就讀期間，葉昌熾多記錄跟隨諸師的傳統經典學習，並未提及西學相關內容。而馮桂芬早於咸豐十年（1860）作《校邠廬抗議》一書，此書在馮桂芬身後十餘年才刊行，此書提出諸多「採西學」的主張，提出六處「不如夷」，但此書至戊戌維新期間方成為志士們重要的參考資料。〔註12〕葉昌熾跟隨馮桂芬與馮桂芬不同的是，葉昌熾對天文、曆算一竅

〔註8〕郭嵩燾，《使西紀程》，瀋陽，遼寧人民出版社，1994，第30頁。
〔註9〕程仲霖，《潘祖蔭金石鑒藏淺析》，《中國國家博物館館刊》，2013年第9期。
〔註10〕顏海英，《國家博物館的古埃及文物收藏》，《中國歷史文物》，2006年第4期。
〔註11〕參見葉昌熾館於潘祖蔭府中時所記，《日記鈔》光緒十六年（1890）庚寅五月廿七，第189頁。
〔註12〕參見王婷，《馮桂芬「採西學」思想探析》，《蘭臺世界》，2020年第7期。

不通，對此表示汗顏。〔註13〕在同治年間，馮桂芬的西學思想雖已成熟，自己在書院授課之際仍舊以傳統儒家學問為傳授內容。這些也可以側面說明對大多數志在參加科舉的士子而言，傳統的經史、小學仍是 19 世紀中葉的主要學習內容。

《日記》中提及西學處不多，再次見到已至光緒十一年（1885）「子靜來，極言西學為當務之急，欲於里中設塾課子弟。先由語言文字起，漸及曆算、氣化、製造等學」且此時仍有人不以為然，《日記》中隱去名諱。〔註14〕潘子靜在 1886 年年初即隨劉瑞芬出使英國、俄國，歸國後頗受李鴻章器重。〔註15〕實際上，對「西方語言文字」的學習自同治年即設同文館，選八旗子弟學習四國外語。其後又有李鴻章奏設廣方言館於上海，同文館設立之初，就有守舊諸臣反對。〔註16〕直至光緒年間，潘子靜與葉昌熾論及西學時，葉氏對西學的態度較為中立，既不極力推崇，也不極力反對，樂於接受友人對西學的推崇。葉昌熾的《日記》也是當時士人對西學態度的剪影，儘管有馮桂芬、李鴻章、潘子靜等先驅者推行西學數十年有餘，對大多數士人而言，守舊者極力反對之聲不絕於耳。

至 1898 年，戊戌變法，這一重大歷史事件在葉昌熾《日記》中有三件事側面反映了葉昌熾的排斥態度。其一是葉昌熾對身邊參與維新變法朋友學生的評價。戊戌六君子中楊銳為葉昌熾好友，葉昌熾聞起斬首一事，在《日記》中記載了上諭宣城六人謀逆之罪，稱楊銳是為人「煽惑」，乃「千古奇冤」。尤其指出康、梁為煽惑楊銳的罪魁禍首，且評價康有為的下場自己早已洞見。〔註17〕這種對維新派下場的先見之明還體現在對學生江標的評價中，江標因

〔註13〕見《緣督廬日記鈔》辛未‧同治十年（1871）四月廿六，「儀象諸書夙未瀏覽，開卷茫然不辨是否，師為親自校正。」

〔註14〕見《緣督廬日記鈔》乙酉‧光緒十一年（1885）五月廿八，第 64 頁。

〔註15〕參見鄒代均《西征紀程》，二月十二日有「同人為吳縣潘子靜志俊」，載上海人民出版社編，《清代日記匯抄》，上海，上海人民出版社，1982，第 344 頁。又李鴻章致吳大澂函（十月三十）中有：「潘子靜世兄出洋歷練，所造益宏，自是有用人才，盧漢路工未興」，查盧漢鐵路建於 1897 年，可知潘子靜確出洋於 1896 年。載顧廷龍，戴逸主編，《李鴻章全集 36 信函八》，合肥：安徽教育出版社，2008，第 324 頁，116-W-7。

〔註16〕同文館的設立與反對可參見陳登原，《中國文化史‧下》，北京，商務印書館，2017，第 904 頁。

〔註17〕「康長素所著《新學偽經考》，鄙人一見即洞燭其奸……若早從吾言，則或不致釀此禍也。」見《緣督廬日記鈔》戊戌（1898）八月十四日，第 249 頁。

支持新政而被革職，葉昌熾評價他「趾高而氣昂，早知其有今日。」〔註18〕。其二是害怕維新運動傷及自身利益。維新運動中光緒帝下令改書院為學堂，葉昌熾擔心自己在上海、天津學堂的講席受到影響。維新變法中裁撤官員、改辦學堂等舉措將葉氏置於「失業」的窘境中，讓他隨時失去生活來源。其三是迫於生計對「西學」的妥協。戊戌變法雖然失敗一些學堂仍意識到西學的重要。同年九月，武漢問津書院設立西學，請葉昌熾擬題，葉昌熾稱「歐洲典籍向惟瀏覽，何敢忝顏。然辭之則珠桂之資計無所出。」〔註19〕總體來說，葉昌熾在政治上較反對康梁的維新變法，這與十餘年前聽潘子靜推崇西學的態度形成對比：當西學的推行可能會為參與者招致殺身禍患，傷及自己生活根本時，葉昌熾不能再像面對潘子靜一樣坦然口頭支持，言辭較為劇烈；當西學能帶來收益時他也並不排斥。他對西學的態度受生活實際、朝廷政策兩方面影響。

　　當朝廷政策推行西學時，葉昌熾也欣然遵從。葉昌熾任甘肅學政時，曾出過有關於西學的考題，這一出題政策源於清政府在光緒二十七年（1901）年科舉新規定中加入了對世界知識的考察。〔註20〕葉昌熾所出題目囊括西方政治、物理等學科，如「泰西國律、公法諸學，皆以平權為宗旨，能言其流弊否？」不過其題目概念較為含混，讓人不免懷疑出題人自己是否明瞭這些概念和答案。儘管順應朝廷詔令，在策論中加入西學題目，葉昌熾此舉實則是對「西法實乃中法「的堅持，本質上踐行的是「中體西用」的觀念。〔註21〕

　　至葉昌熾晚年，以「遺老」身份自居。如民國政府邀請他擔任《蘇州府志》編修，葉昌熾婉拒後在《日記》中寫道：「不侫大清長洲縣人也，今大清何在？」〔註22〕在大清覆亡後他內心的「遺老「身份，讓他還推卻了編修《清

---

〔註18〕 參見《緣督廬日記鈔》戊戌（1898），五月廿一、八月十三、十四、廿一，第251頁。

〔註19〕 參見《緣督廬日記鈔》戊戌（1898），九月廿五，第253頁。

〔註20〕 光緒二十七年（1901）七月十六日：「嗣後鄉、會試頭場試中國政治史事論五篇，二場試各國政治藝學策五道……」，載中國第一歷史檔案館編，《光緒朝上諭檔》，第27冊，桂林，廣西師範大學出版社，1996，第152頁。

〔註21〕 有關葉昌熾所出西學題目及其評價，參見安劭凡：《晚清學制變動中學官仕宦生態與西學體認——以葉昌熾初任甘肅學政為中心》，《史學月刊》，2018年第8期。

〔註22〕 參見《緣督廬日記鈔》乙卯五月初十，第552頁。此處大清前有空格，以示禮敬。

史稿》、出任圖書館館長等工作，專心修改刊行圖書。與其他朝代顛覆時遺民的心態不同，晚清面臨的西學衝擊讓清政權與傳統文化聯繫在一起，「忠清」也是對傳統道統、文化的維護。〔註23〕

從葉昌熾在戊戌為天津學堂出題及擔任學政時出題的具體內容來看，葉昌熾本人對西學不甚瞭解，對西學的支持與反對受到清政府文化政策和經濟問題的影響。從他晚年以遺老自居的態度來看，他面對西學衝擊的底線在於守住清王朝所代表的國家文化。因此，他的在《語石》中只是從內容角度擴充了海外碑刻，將這些新鮮見聞作為「石刻」納入自己的著作。且在清朝面臨內憂外患的情況下，葉昌熾並未想到借「西學」救亡圖存，反而更想在這樣的背景下「傳承」傳統學問。

# 2.2 葉昌熾為官的收入與收藏（1889～1906）

## 2.2.1 京官初期窘境中的收藏活動

葉昌熾在光緒十五年（1889）的科舉考試中名次頗為得意，初試為一甲第八名，複試為一等第四名，殿試列二甲第二十名。自光緒十五年至光緒二十八年（1902）葉昌熾在京城當差。這期間的生活也並非一帆風順，第一次「考差」失利，葉昌熾未能得到職務，導致經濟狀況時好時壞，時常讓妻子和兒子舉債度日。〔註24〕

初為京官時葉昌熾薪俸極為有限，且官場間的交際為葉昌熾增加了不少經濟負擔，這些具體的生活瑣事都是《日記》中所缺失的。在葉昌熾給兒子的信札中，他抱怨道，「明年又須考差，……家中開銷只好向外祖處暫挪五十元，支持兩月，我盡八月中當設法措百金寄南（北中無可設措，當與滬上熟人商之），食用必須節之又節。……我此間開館資每月十二金，就上月內老師壽已分五處（祁、汪、沈、許、廖），已需十金，請同鄉，請丁丑薦卷房師，己丑團拜合十餘金，孫得枝幫款十金，已有三十餘金，車錢零用尚不在內，如何敷

〔註23〕參見周明之，《近代中國的文化危機：清遺老的精神世界》，濟南，山東大學出版社，2009。

〔註24〕「考差」制度，該制度的確立歷經雍正、乾隆兩朝，在太和殿考試翰林及部院進士出身等人員，以備學政、主考等差遣。考差制度的確立與各項規定參見李世愉，胡平，《中國科舉制度通史·清代卷·上》，上海，上海人民出版社，2017。

衍。」〔註25〕葉昌熾接下來又說道這種現象在京城較為普遍,「寒士當京官者皆然,不獨我一人。」結合《日記》中記載,這一年四月廿九起他再次館課潘祖蔭府中,直至潘祖蔭去世,此時的脩金是他的主要收入來源,此札所講的館資「十二金」,應為 1890 年五月至十月底潘祖蔭去世期間的主要收入。在潘祖蔭府上,《日記》中所見碑拓多為潘祖蔭所示藏品。

至 1891 年考差時,葉昌熾經濟狀況已稍見好轉,這當中有意外收入,如「上海友人忽以百金見寄」。這種情況是偶然現象,不過從他頻繁往家中寄錢,且多是「五十金」以上,可見經濟狀況已稍微寬裕。如立夏札記:「前寄五十金想不敷用,即日當再寄五十金。」〔註26〕在這期間葉昌熾《日記》中所記載碑估往來,所見拓片、藏書等內容極為頻繁,且書估、碑估所開出的價格也較高,如《日記》四月初三,「會經送書來,一莊刻《淮南》初印,予三金,未諧」;又四月十二曰:「小楊來示東雅堂《韓集》,索二十金」等等。這些書籍和拓片的價格較為昂貴,葉昌熾在收藏上的花費以「金」計價,說明此時經濟較為寬裕,與此前未當官前《日記》中所見感歎善本拓片價格昂貴的現象形成對比。無論《日記》還是手札中並沒有記載關於經濟情況好轉的原因。根據手札中一些線索可以看出,經濟較好時應是在內廷中有供職的時間,如立夏札中有:「日內到署及赴吏部投供,甚忙,以館事較簡,可以坐定寫字。」

這一任職狀況至「考差」後有所改變。在考差之前,葉昌熾內心較為忐忑,面對兒子也不免袒露擔憂:「考差定本月十五日,與考者三百餘人,得試學差者不過三十餘人,寫作佳者車載斗量,毫無把握。」〔註27〕考差過程較為漫長,在不斷考差過程中,葉昌熾的經濟狀況又日漸窘迫。如五月十五日,第二十札中提及,他本想圖學幕職務,自己又沒有得到學差的熟人,較為難辦。後面十省試差,也沒有把握。且考差期間五十金頃刻花完,只好讓兒子轉告妻子挪借家用。〔註28〕自五月至八月,葉昌熾一直未「得差」,期間家書中也多多

〔註25〕葉昌熾光緒十五年(1889)得中進士後於八月返回蘇州,至次年三月歸京。後又在光緒十七年(1891)八月離京返回蘇州,至次年四月攜其子兒女北上。且結合《日記》辛卯(1891)四月十五:「保和殿考差」,此札所作時間約在 1890 年。此札見沈麗全整理,《緣督廬家書》,載上海圖書館歷史文獻研究所編,《歷史文獻》2013 年第 17 輯。以下所引家書手札均從此處出,不復注。

〔註26〕「立夏」札為《緣督廬家書》第十五札;「上海友人」一事見四月三日,第十六札;1891 年四月十七日,第十八札:「家中用款已寄五十金,想不日可到」。

〔註27〕見《緣督廬家書》四月初三,第十六札。

〔註28〕見五月十五日,第二十札,此札內容較長,在此簡述如上。

囑咐兒子往親戚處騰挪家用。直至八月，葉昌熾前往臺灣、廣東，經濟狀況有
了極大改善。他在與兒子的家書中對臺灣所得不甚滿意，至廣東才有所收穫：
「此間局面雖遠勝臺灣，以視曩歲在粵所見所聞，不如遠甚。百方搜剔，大約
可得千金，除去開銷，可餘八百金，此數在此日已不算寂寞。」還格外囑咐兒
子家中一切須從儉約。〔註29〕

　　以上對葉昌熾初入官場時的經濟狀況作一梳理。金石收藏活動不同於一
般的學術活動，經濟狀況的好壞對這一時期能網羅藏品的質量起著決定性作
用。葉昌熾書札中提及經濟狀況的部分也多在為官初期的家書中，《日記》中
從未提及家用等瑣事，更諱言家中騰挪借取等事。葉昌熾返京後，一直在翰林
院供職於國史館，參與編修多部國史列傳。這一時期藏品多源自友人贈送、琉
璃廠購買等途徑。在京期間葉昌熾經歷了甲午戰爭、庚子事變，他在這些戰事
中依舊熱衷進行收藏活動。

## 2.2.2　藏品地域特徵的由來：出任甘肅學政期間的收藏活動

　　葉昌熾任甘肅學政，始於光緒廿八年（1902）正月發布詔令，至光緒卅二
年（1906）四月二日，請政府裁去學政職務而離任。此職務可視為葉昌熾一生
中擔任的唯一有實權的官職。甘肅由於地處偏遠，民國張維在編著《隴右金石
錄》時，統計前人所錄甘肅石刻均不超過五十餘種。至宣統《甘肅通志》錄一
百零六種。在葉昌熾之前，王昶的《金石萃編》錄四十五種，是歷代金石學著
作中錄甘肅石刻最多者。〔註30〕葉昌熾交遊者多為吳中學者，在甘肅任職的四
年，讓葉昌熾有機會見證這些江南、京城學者不曾得見的金石資料。在此其間，
葉昌熾的碑拓收藏來源大致可分為訪碑所見，派碑估、幕僚前往製做拓片，他
人贈送，購買。甘肅拓片買賣遠不如經濟發達地區繁榮，尤以訪碑和碑估訪拓
增加的見聞極多，又有當地官員贈送敦煌藏經洞寫經。

　　葉昌熾的甘肅訪碑之旅從前往甘肅的任職路上開始。光緒廿八年三月五
日，葉昌熾從北京出發，乘火車到河北保定，再一路前往甘肅，路途所到之處，
除探訪當地明碑古刻外，《日記》中將一路所見山水人情一同載錄，極為詳盡。

---

〔註29〕臺灣事見十二月初六，第二十八札，葉昌熾提及「僅從官場羅掘……所得不過
　　　　三百爛洋……渡海遠遊，所得盡此，可謂無味。」；廣東一事見正月廿三，第
　　　　三十札。
〔註30〕張維統計歷代金石學著作錄甘肅石刻數目見與張維《隴右金石錄》序，載趙萬
　　　　里編，《石刻史料新編》新文豐出版公司，1986，第1輯，第21冊，第3頁。

他記錄了一路上探訪的著名碑刻，如在保定見《開皇碑》《李寶臣紀功碑》等，四月抵達渭南，訪西安碑林，巡覽《開成石經》等。還記錄了道旁所見各類型石刻，如《日記》三月十八日：「（壽陽縣署）署門外右偏小屋額篆金大定鍾四字，介侯嘗言之矣，而未拓也。」葉昌熾並未帶拓工等，所到之處多是以探訪記錄為主。除所見碑刻外，還有碑估在遇到葉昌熾時會送呈碑目供葉昌熾選購，如葉昌熾至華嶽廟時：「據奴子云在殿廡道，人以碑目呈，購得題名全分共七十餘通，視趙德甫（趙明誠）著錄十不存三四矣，直一千五百。」〔註31〕四月底葉昌熾到達蘭州城，於五月初一正式上任。

上任後葉昌熾作為學政，需要前往各地視學，《日記》中除了記載各處視察工作外，便是在各地巡考時該州府周邊地區的訪碑見聞，尤其以光緒二十九年（1903）、光緒三十年（1904）較多，所到之處中的廟宇、道觀、寺廟等都是訪碑的重要目的地。同時還會參閱該地的地方志，節錄碑目，作為訪碑指南。不過，這些訪碑過程中沒有合適的拓工依然是葉昌熾較為頭疼的問題，他曾惋惜：「邊徼無良工，非自攜拓手不能得善本也。」〔註32〕光緒三十一年五月至六月，葉昌熾頻繁託一位碑估，《日記》中稱為「李估」代為尋訪拓碑，這位李估為葉昌熾先後拓得麥積山諸刻，石佛寺造像，《宋建中靖國經幢》《金大安鍾》、元碑兩通等。〔註33〕除了甘肅石刻外，葉昌熾還關注相鄰的陝西石刻，尤為留心邠州大佛寺造像。他託寺中僧人代為拓石後，託路過邠州的應試童生代為轉交拓片，這些拓片後來輯為《邠州石室錄》。

葉昌熾在甘肅獲得最有特色的藏品來自當時剛發現不久的敦煌藏經洞，多由當地官員贈送。《日記》中有不少關於藏經洞發現、藏品狀態等記載。較為遺憾的是，葉昌熾當時對藏經洞中所藏相關經卷並不留心。到晚年寓居上海對此發出「輶軒奉使之為何？愧疚不暇」之歎。〔註34〕這一時期最為引人注目的成就即是《語石》的寫作，下文對《語石》這一煌煌巨著從書志學角度展開討論，探索葉昌熾的撰寫動機與寫作方式。

---

〔註31〕見《緣督廬日記鈔》壬寅（1902），四月初三，第 325 頁。

〔註32〕見《緣督廬日記鈔》甲辰（1904），九月廿九，第 394 頁。

〔註33〕見《緣督廬日記鈔》乙巳（1905），三月廿三、三月廿六、五月初六、廿二，六月十四等，均有載錄李估所拓碑刻，第 403～404 頁。

〔註34〕因本文多討論石刻拓片等，不贅述葉昌熾與敦煌學的相關問題，且葉昌熾與敦煌學雖有關聯，但少有貢獻。相關文獻可參見劉銘恕，《葉昌熾與敦煌學》，載於劉長文編，《劉銘恕考古文集・上》，鄭州，河南人民出版社，2013，第 463～467 頁。

## 2.3 《語石》的成書、版本與體例

### 2.3.1 《語石》的寫作歷程

　　《語石》為葉昌熾嘔心瀝血之作，經歷了較為漫長的成書過程，葉氏先後刪改多次，精心雕琢，歷經十年方才付梓。《語石》成書的十年大致可分為撰寫、校改、刊刻三個階段。

　　葉昌熾對寫作《語石》的動機有明確的表述，葉昌熾在與書院舉子交流時，發現考生們對金石學關注甚少，因而萌生普及金石知識的想法。「閱蕊珠卷畢，碑額志蓋尚有知者，幢座像龕無非叩槃捫燭。金石之學怠絕矣！此《語石》一書所以亟欲出而問世也。」〔註35〕1902 年葉昌熾任甘肅學政期間，巡試全省考生，當提及金石相關，能應對者寥寥。作《語石》有分享自己歷年藏品，作為後人入門讀物，以餉後學的目的。這是葉昌熾作《語石》的直接動機。在葉昌熾閱畢蕊珠書院卷後兩日，即有消息稱：「鄉會試……頭場試中西政務策，二場試史論……」，在科舉考試開始以中西策論為試題的情況下，金石舊學無人問津，這與十餘年前潘祖蔭、張之洞等為考官時的情形大不相同。葉昌熾在十一月寫完語石初稿後也自嘲：「舉世競談新學……非頑固迂督奚辭？」〔註36〕至民國時期，依舊有諸多金石學總結性著作湧現，《語石》所處的階段恰好在乾嘉以來傳統金石學與民國學者試圖建立的金石學科之間。〔註37〕

　　他在《語石》的辛丑年序中寫道：「余不善書而好論書，莛撞蠡測，舉古今書家進退而甲乙之，只見其不知量耳。」葉昌熾對《語石》的定性是這是一部除論及碑刻形制、常識外，討論書法藝術的作品。葉昌熾將《語石》定位為論書之作心理還有一定壓力，擔心耳食者見到自己的「惡札」而「言之不類」。〔註38〕這當然是葉昌熾自謙的說法，其書法作品也頗有可觀處。

　　《語石》初稿的撰寫花費了一年時間，但從初稿至刊印有十餘年時間間隔。

---

〔註35〕《緣督廬日記鈔》，辛丑（1901）七月廿四日，第 311 頁。

〔註36〕本段所引日記分別見《緣督廬日記》辛丑（1901）七月廿六，第 311 頁；辛丑（1901）十一月初五，第 313 頁。

〔註37〕民國學者的金石學著作如馬衡（1881～1955）《中國金石學概論》、朱劍心（1905～1967）《金石學》、陸和九（1883～1958）《中國金石學講義》等，都試圖建立金石學學科體系。

〔註38〕以餉後學原文見辛丑序：「後進來學，亦間有樂予之樂，而苦於入門之無自，因輯此編，以餉同志。」《語石》，第 13 頁。

　　《語石》的初稿撰寫自庚子（1900）三月起，至辛丑（1901）十一月。《緣督廬日記》辛丑十一月初五：「余自去年三月發憤作《語石》一書……長夏國難作，遂輟筆。自昌平避地歸，鍵戶無聊，日作一二通，以銷惸況。荏苒年餘，至今日始卒業。」辛丑自序中所述與此狀況相同，自序中言明初稿即定為「四百八十六通，分為十卷」。辛丑十一月初至十二月底時常補錄，在《日記》中有具體補錄條目。自癸卯（1903）六月初八至七月初十，進入校改階段，增加了甘肅學政後的見聞。今宣統元年（1909）《敘目》後有：「此書脫稿後，閱兩月，即奉視學甘肅之名度隴，見聞略有增益。丙午歸里……再加釐訂，取其複重，距辛丑寫定又八年矣。」〔註39〕

　　《語石》初稿校改的時間為六月至七月。據《緣督廬日記》癸卯（1903）六月初九載：「校《語石》第二卷」；其後有分別記錄校剩餘九卷的時間，每卷校閱花費一到兩日。至七月初十，校訂第十卷完成，並將第三卷一分為二，將六七卷並為一卷。兩日後校改完成《語石》並裝訂成冊，但有重校的必要：「《語石》裝訂成四冊，《敘目》一冊，燈下翻檢，烏焉亥豕，尚未廓清，非重校不可，亦非手校不可。」〔註40〕

　　如上文提及《敘目》與《日記》中均載丙午（1906）葉昌熾回鄉後再次校改《語石》。但事實上，《語石》稿一直在汪郋亭（汪鳴鑾）處，未回到他自己手中：《日記》丙午七月廿七：「午後，答拜郋亭師，長談索觀《語石》稿，允之」；直至丁未（1907）孫宗弼（伯南）「以學堂中文有金石學」借《語石》稿，葉昌熾讓孫宗弼持信前往汪鳴鑾處領取。根據葉昌熾與汪壽金的信札可知，《語石》的稿本在孫宗弼取到後葉昌熾囑咐由汪壽金代為保管，有五冊取回時間在丁未五月初六左右。〔註41〕葉昌熾的書信、日記均由汪壽金謄抄，《語石》也不例外。儘管來往手札中未寫明何時謄清《語石》手稿，第六十六札中有「重繕《語石》卷三兩紙（第十四、十五葉）」，汪壽金謄抄本應為現藏上海圖書館的《語石》稿本，清謄完成時間在癸卯（1903）六月後有重新繕寫部分頁面，

〔註39〕本段引文均見《語石》，第13頁。

〔註40〕見《緣督廬日記鈔》，第381頁。

〔註41〕見《緣督廬日記鈔》，第441頁；第449頁。孫宗弼（1868～1934），吳縣人，葉昌熾於存古學堂任史學總教，曹元弼為經學總教，孫宗弼為協教，此處學堂即存古學堂。此處亦有與汪壽金信札提及，見梁穎整理，《緣督廬遺札（上）》第31、36札。載於《歷史文獻》，第18輯，上海古籍出版社，2014年，第241頁。

又將汪壽金繕寫的卷三兩紙裝訂於此本卷後。〔註42〕此《語石》稿本還有張炳翔校閱痕跡，卷一扉頁時間標注為「戊申（1908）十一月二十三日」，清謄後不久即交張炳翔校閱。

同年，葉昌熾將《語石》全書交予徐稚圃刻印。其行款版式先以貴池劉氏嘉業堂叢書為樣，後改為以繆荃孫《藝風金石目》為藍本。《緣督廬日記》載：「以《語石》一冊付之，先刻寫一葉，看樣。仲午處工價每百字二百文，以精刻請益，許以洋碼易錢碼，計千字，洋兩元。梨版兩面刻，每葉廿二行，每行廿二字，上下兩象鼻、單燕尾，以貴池劉氏叢書為程序，取其尚不陋，再精則今無此上工矣。」；「徐稚圃來，送承攬付定洋一百元。前定行款，以貴池劉氏叢書為藍本，今嫌其太密，改用《藝風金石目》。」至同年七月十一日，葉昌熾看到徐稚圃紅樣，評價「勻淨有餘，瘦硬不足」。〔註43〕而紅樣的《序目》的封面上張炳翔題：「十二月初五忍庵校於養宥學堂校長室」，第二冊封面上張炳翔題：「十一月十三日燈下受業張炳翔複校」；卷五封面上張炳翔題：「十二月二十一日六位詞人校於五石友僚，此書作九月刊成可也。」這些張炳翔題字下均有「叔鵬手校」白文長印。張炳翔校稿本、紅本的時間非常相近。

如果將以上成書過程總結成一條簡單的時間線，即《語石》的清謄至遲完成於戊申（1908）夏季，徐稚圃於同年四月開始寫樣，同年十二月至少完成了五卷紅印本的刻、印工作。張炳翔於同年十一月、十二月先後校閱了《語石》的稿本和紅本。無論稿本、紅本眉批中均有張炳翔校語及「炳翔」白文印。其校語大體相似，在紅本中又多指出需要改版的字形。

紅本中可見葉昌熾對每頁字形、版面均有校改，在封面處還有徐稚圃刊刻的質量葉昌熾頗有微詞，但終究也是無可奈何，最終依舊由他承刻完成。今人郭立暄也有評價：「刻手草率，圖省版片，有再拼、三拼者。……定本今

〔註42〕關於稿本的成書過程可參見姚文昌，《上海圖書館藏〈語石〉稿本考述》，《文獻》，2019 年第 6 期，此文資料詳實，為第一篇考證《語石》稿本的文章。但此文未參照《緣督廬遺札》的相關整理內容，有兩處不足，一是此文認為稿本為徐稚圃寫樣，據《緣督廬遺札》，稿本應為汪壽金寫，紅本可能為徐稚圃寫樣。二是此文認為《語石》稿本應謄寫於癸卯（1903），裝訂本即為謄抄本。但據信札重繕情況來看，清謄工作在戊申（1908）夏季還有重新繕寫的兩頁。因此札前後提及清謄《困學聞記》，又有「暑病」之語，參考《緣督廬日記》戊申十一月有收到汪壽金《困學聞記》清謄稿一事，此札應作於戊申夏季。

〔註43〕見《緣督廬日記鈔》，戊申四月二十日、廿三日，七月十一日，第 465、468 頁。

修補原版者眾多。」〔註44〕《語石》最終於宣統元年（1909）刊行。以上是《語石》一書由開始撰寫到最後刊刻的大致過程，在葉昌熾日記與手札中可見此書往來繁複，經過張炳翔、葉昌熾多次校閱，尤其是紅樣上從版線到字形事無鉅細的改動尤能體現二人對此書刊行的嘔心瀝血，以下進入《語石》的內容部分。

## 2.3.2 《語石》的稿本、刻本、排印本、批註本

### 1.《語石》的稿本：上海圖書館藏《語石》初稿本、稿本

《語石》初稿本，實則是《語石》卷八的部分手稿，手稿書於花格紙上，貼於宣統元年四月商務印書館出版第四版，閩縣林紓評選《中學國文讀本》第二冊「國朝文」一書上，共計 45 頁，字跡較為潦草。據《初稿》扉頁「碑已覆瓿」，應為天干排列，除此本外，之前應有五冊，其後應有一兩冊，僅此一冊流傳至今。另有嘉德公司於 2007 年秋季拍賣《語石》稿本，未見相關圖錄。

上海圖書館藏《語石》稿本，七冊，正文六冊，敘目一冊。清稿本，四周雙邊，白口，單魚尾，版心有卷目、頁數，所用紙張為藍色「五百經幢館」箋；每半葉十行，每行 24 字。葉昌熾批註：有眉批、旁批、簽批。張炳翔校語，分為眉批、簽批，文末鈐「炳翔」白文印，亦有「忍庵」之印。

### 2.《語石》的刻本：《語石》的紅本、自刻本、覆刻本

《語石》的刻本現存較多，在全國各大高校的古籍收藏中均有存本，如北京大學圖書館藏《語石》七部，南昌大學、南京大學等圖書館均有《語石》刻本。這些刻本中有三個版本較為特別，一個是上海圖書館藏《語石》紅本，此本反映了該書刊修中作者對版面細節要求情況；刻本的定本中又分為初刻本與覆刻本。

上海圖書館藏《語石》紅本共十冊（含敘目）。每冊封面上有葉昌熾對此冊刊刻質量的評價，需要重刻的版葉。每葉眉批中有張炳翔對內容的校對，校語旁有「炳翔」白文印。還有對本葉版面需要注意雕刻的細節點校，如版線粗細是否一致，刻字是否清晰等問題均有指正。《序目》中辛丑序後留木待刻，尚未敲空。第二冊封面上有葉昌熾注：「家諱缺筆，發、南、震、秀、源、永、

---

〔註44〕郭立暄，《中國古籍原刻翻刻與初印後印研究》，上海，中西書局，2015，第 415 頁。

茂、榮」。〔註45〕卷五封面張炳翔題：「今上御名似可不避，不必缺筆。如欲避改缺筆，儀字頗多，又與家諱之避相同嫌混。」葉氏答：「卷內玄、旻等字亦有缺末筆者，已改去多處，只能一律。」葉昌熾對徐稚圃的刻工頗為不滿，每卷封面都有寫明此卷內需要重刻的版面。〔註46〕

　　現存初刻本為徐稚圃刻書，即宣統元年三月長洲葉氏自刻本。卷首有光緒二十七年辛丑十一月自序，宣統元年己酉序。封面「發行所蘇州護龍街文學山房」印記，部分刻本扉頁又有該書的用紙用料細節：「每部紙料印工：連史大洋四元，賽連二元四角」。這些與現今所見徐稚圃刻本的細節一致。

　　覆刻本「宣統己酉三月刊成」，產生在民國六年九月廿二至民國七年，由振新書社雕版、印刷發售。後來的排印本基本都是根據這兩種版本點校而成。這兩個版本極為相似、差別細微，兩刻本有以下特點基本一致：其卷十均署「蘇城徐元圃子稚圃刻印」；半頁 11 行，每行 23 字；刻本字體均為宋體；刻本均為左右雙邊，黑口，單黑魚尾；均為一函四冊。初刻本最初裝訂時無題簽，裝訂後葉昌熾將潘祖年題簽交予徐稚圃後貼在書的外封面。在《緣督廬日記》中葉昌熾有記載 1909 年潘祖年題簽，及 1910 年為新印《語石》鈐朱文印：「可憐無益費精神」；「有口能談手不隨」。後又有 1912 年陶濬宣題簽，故而有陶濬宣題字的《語石》發行時間又晚於「護龍山房」發行本。葉昌熾在世時，《語石》這一自刻本一印再印，其封面與扉頁題字又可作為自刻本印製時間的區別依據。下文在梳理《語石》排印本時，也會標出各排印本所使用的底本為自刻本或振新書社本。〔註47〕

### 3.《語石》的印本

　　《語石》的印本所據版本各不相同，在收錄其印本的信息同時，也標注其所據版本信息。重印本僅有 1991 年江蘇廣陵古籍刻印社 1 函 6 冊，木板重印本。（徐稚圃刻本）。

　　其影印本有：臺北新文豐出版公司《石刻史料新編》第二輯第 16 冊《語石》影印本，1979 年。（甲刻本）；上海書店《語石》影印本，1986 年（振新

〔註45〕葉昌熾家諱：五世祖名茂林、高祖名南發，曾祖名永源，祖名秀荃，父名震榮。《語石》中凡茂、南、發、永、源、秀、震八字皆缺筆避家諱。

〔註46〕紅本封面上需重刻的版面錄文參見郭立暄，《中國古籍原刻翻刻與初印後印研究》，上海，中西書局，2015，第 416 頁。

〔註47〕關於《語石》初刻本與覆刻本的細節與對比可參見姚文昌，《〈語石〉版本考辨》，《圖書館雜誌》，2017 年第 10 期。

書社刻本）；上海古籍出版社，《續修四庫全書》905 冊《語石》影印本。（自刻本）

其排印本有：商務印書館《萬有文庫》與《國學基本叢書》，標點本，1936年。（徐稚圃刻本）；中華書局，陳公柔點校《語石‧語石異同評》1994（自刻本）；今日中國出版社，韓銳《語石校注》，1995（振新書社刻本）；遼寧教育出版社，王其褘《語石》點校本，1998 年（自刻本）；浙江大學出版社，姚文昌《語石》點校本（自刻本），2019 年。另還有日文譯注本：藤原楚水《支那金石志》譯注本。

以上基本是現今《語石》所見的全部版本。然各版本出版時間跨度較大，以下就《語石》各排印本的優劣作出點評，以期說明本文在選擇閱讀底本的依據。

### 4.《語石》的排印本

就《語石》本身的內容而言，其版本不多，自初刻至今不過百餘年。《語石》其排印本數量並不多，共有 5 部，其中有三部集中出版於 20 世紀 90 年代。商務印書館版《語石》距離《語石》發行出版不過廿年有餘，且其發行是作為叢書的一部分，點校較為粗糙，在九十年代新版《語石》出版後，少為人問津。反倒是後兩部點校本對《語石》內容的校勘作出了較大的貢獻。中華書局韓銳點校與遼寧教育出版社王其褘點校的《語石》原文已經糾正了部分葉昌熾行文時的錯訛疏漏。但此兩部書在標點細節上尚不盡如人意，其中的標點錯誤等為盧芳玉、王其褘作文指出。

這兩部排印本的校勘成果現在為浙江大學姚文昌點校的《語石》全部繼承，肯定了此兩本準確的校勘成果，後者在此基礎上進一步完善了《語石》原文內容的校稿。因此，姚文昌點校的《語石》當是現今最為完善的點校本。同時，姚文昌在多篇論文中總結梳理了《語石》的版本，明確了《語石》初刻、翻刻，及稿本的問題。因此本文的寫作當以浙江大學的《語石》為參考。儘管該書已然在前兩版本的基礎上進一步作出了修繕，但仍有部分細枝末節有疏漏之處，這些將會在下文單獨列出，以期對《語石》一書的點校作出進一步完善。

### 5.《語石》的批註本

較排印本而言，《語石》的部分批註本為學者眉批，主要為章鈺、歐陽輔兩家，其中歐陽輔批語後經整理刊刻出版，而章鈺批註本尚未整理，需翻查原典。今有韓銳《語石校注》。以下簡要介紹、評價各本情況。

　　《語石》一書在發行後不久，即有歐陽輔批校。歐陽輔其人生卒年不詳，約生於 1863 年。其著作有《集古求真》《集古求真補正》《集古求真續編》等，歐陽輔《語石校勘記》一文附於其著作《集古求真補正》書後，《集古求真續編》與《補正》有民國二十二年（1933）開智書局石印本，《語石校勘記》應成文於此前，可視為《語石》最早的批校本，今有趙陽陽整理本。〔註48〕歐陽輔對葉昌熾極為推崇，稱「余於前清金世家，所最瓣香崇拜者，惟葉鞠裳先生一人而已。《語石》一書，精博宏通，古今絕作。」其校語與章鈺、柯昌泗區別較大，多從文本文字勘誤角度出發，間有論及文義處。浙大本《語石》對其校勘內容參考較多。中國美術學院藏有一部《語石》批註本，其眉批內容與歐陽輔《語石校勘記》內容相仿，將在下文《語石校箋補正》中並列兩本批語作為對比，中國美術學院的《語石》藏本雖無藏書人信息，但其批語大抵出於歐陽輔之手。

　　章鈺（1864～1937）字式之，號茗簃。與葉昌熾同為江蘇長洲人，且二人同年中進士，近代藏書家、校勘學家，其藏書室名為四當齋。章鈺曾為葉昌熾《奇觚庼詩集》作序，稱自己與葉昌熾「交在師友之間。」章鈺與羅振玉交好，於羅振玉處廣見碑帖拓片，其批語指出葉昌熾行文不嚴謹處，抑或補充新見碑拓。書中有章鈺批語以小行楷書於頁眉，批語約作於一九三六年。今有吳琦幸文引述一二，無整理本，浙大本《語石》有所借鑒。其餘版本提及此批註本較少。〔註49〕國家圖書館藏《語石》上附章鈺批註（見圖 2），該本《語石》首頁題名下有「宣統紀元五月　門下士潘祖年書」字樣，扉頁上端有朱文「長洲章氏四當齋珍藏書籍記」藏書章，下有葉昌熾朱文「可憐無益費精神」章，扉頁中部有「每部紙料印工」下有雙行小字「連史大洋四元，賽連二元四角」。

## 2.3.3 《語石》的體例構建

　　與金石考據相比，葉昌熾早年學術實踐始於目錄學。葉昌熾之前，清代紀昀《四庫全書總目》、章學誠《史籍考》、張之洞《書目答問》等目錄學巨作、名作已將清代目錄學研究推向頂峰。私家藏書編目、編修地方志等活動都為學者們提供了大量的實踐機會。

---

〔註48〕趙陽陽：《歐陽輔〈語石校勘記〉整理補說》，《中國典籍與文化論叢》第 15 輯，中國典籍與文化增刊，南京：鳳凰出版社，2013。

〔註49〕吳琦幸，《北圖所藏〈藏書紀事詩〉和〈語石〉的批註本》，《文獻》1987 年第 1 期。

1876 年，葉昌熾與管禮耕、王頌蔚等受鐵琴銅劍樓主之邀，校勘《鐵琴銅劍樓書目》二十四卷，分別於 1876 年 5 月、11 月受鐵琴銅劍樓第三代樓主瞿秉清、瞿秉淵邀請前往校勘書目，期間也得以博覽諸多善本。葉昌熾早年為學，致力於傳統文獻學方法，尤以目錄、校勘為重。曹元弼稱之「校勘學冠當代」。葉昌熾與潘祖蔭的結識也因緣起「金石目錄」，至潘祖蔭府又為其整理編著《滂喜齋藏書記》，此書署名為潘祖蔭，實則為葉昌熾作成。葉昌熾還為潘祖蔭編著《滂喜齋書目》。此外，葉昌熾還有校勘《蘇州府志》、撰寫《五百經幢碑目》《五百經幢館藏書目錄》《藏書紀事詩》等目錄、校勘學的實踐活動，他在文獻領域的功力毋庸置疑。葉昌熾早年的目錄學實踐為他撰寫《藏書紀事詩》與《語石》打下了堅實的基礎，此二書在體例分目上有超越前人，集大成的總結性地位。

## 1.《藏書紀事詩》的體例及其對《語石》的影響

葉昌熾在《藏書紀事詩》自序中提及：「昌熾弱冠，即喜為流略之學。顧家貧不能得宋元槧，視藏家書目，輒有望洋之歎……」。〔註50〕撰寫《藏書紀事詩》大有紀念這些藏書家的意味。較《語石》而言，《藏書紀事詩》成書較早，其初稿完成於光緒十六年（1890），比《語石》創稿早了整整十年。光緒二十三年（1897）由學生江標刊刻收入《靈鶼閣叢書》，此時仍是未定稿，有部分錯訛。至宣統二年（1910）自刻，由蘇州山房發行。〔註51〕《藏書紀事詩》不僅在藏書史的撰寫體例上具有開創意義，其體著述方式對《語石》有所影響。

《藏書紀事詩》的體例採用將厲鶚《南宋雜事詩》和施北研《金源紀事詩》相結合的方式，以紀傳詩歌敘述藏書家。葉昌熾在每首紀事詩後還附有相關資料概略，注文後有「昌熾案」的按語，插敘自己的相關見聞，起到補充資料、匡正闕謬、對注文存疑等作用，對注文資料作出點評補正。在寫作《藏書紀事詩》中葉昌熾寫道：「竊不自揆，肆業所及，自正史以逮稗乘、方志、官私簿錄、古今文集，見有藏家故實，即哀而錄之。」〔註52〕

---

〔註50〕（清）葉昌熾著，王欣夫補正，《藏書紀事詩·附補正·辛亥以來藏書紀事詩·附校補》，上海：上海古籍出版社，1989，第 6 頁。此書於 2020 年已有新版，然至本文截稿時尚未拿到。

〔註51〕《藏書紀事詩》的成書過程參見，章廣《葉昌熾與〈藏書紀事詩〉研究》，福建師範大學歷史文獻學碩士學位論文，2013。

〔註52〕（清）葉昌熾，《藏書紀事詩·附補正·辛亥以來藏書紀事詩·附校補》，上海：上海古籍出版社，1989，第 2 頁。

　　《藏書紀事詩》對目錄學的貢獻在，首先它率先打破了以往目錄學著作著眼於一朝、一代、一家書目的編目方式，葉昌熾將藏書家視為整體纂目分編，開創了藏書家史的研究。〔註53〕其次，《藏書紀事詩》以藏書家作為主要研究對象，對所收錄藏書家的年代、身份，葉昌熾都有考量。詩中收錄藏書家自五代至清末；藏書家身份不分貴賤，囊括皇室、女性藏書家、書賈、外籍藏書家、寫工、刻工等為歷來藏書史所不關注的小人物，葉昌熾蒐集資料立傳明言，為歷來文獻史罕見。葉德輝對此大為讚賞：「《藏書紀事詩》與古今藏書家，上至天潢，下至方外、坊估、淮妓，搜其遺聞佚事，詳注詩中。發潛德之幽光，為先賢所未有。」〔註54〕

　　以上簡要梳理了《藏書紀事詩》的體例與此書著對目錄學的貢獻，《語石》的研究對象是碑刻，與《藏書紀事詩》將藏書家作為研究對象有所區別，但仍能從《語石》中看出葉昌熾延續了部分編纂《藏書紀事詩》的思路。《語石》與《藏書紀事詩》體例相通之處有二，其一是擴大了研究對象的範圍，兩書的參引材料有相似處。於《藏書紀事詩》而言是增加了對刻工、寫工等人物的關注，在《語石》中則體現為對碑估、石工、書丹者的關注。葉昌熾在寫《藏書紀事詩》時言明此書的材料來源於正史、方志、古今文集等等，《語石》的行文中也多見方志、文集等材料。其二是兩書都在考證中多記述自己的相關見聞，兩書在分目之餘行文都帶有較強的札記意味。《語石》在初稿寫作時行文中有夾帶詩歌的現象，以詩起興，與《藏書紀事詩》相似，只不過這些葉昌熾的自作詩歌在後來的清稿中被刪去。但前幾章中仍有部分段落引用膾炙人口的詩句，增強了行文的文學性。如中引用韓愈詩句卷二：「岣嶁山尖神禹碑，字青石赤形模奇」。〔註55〕

### 2.《語石》體例對前代金石學著作的繼承與發展

　　葉昌熾開始編纂《語石》之初，就立志：「專開門徑及訪求收藏鑒別之事……似於金石門中別開生面。」〔註56〕葉昌熾無論寫作《藏書紀事詩》或是《語石》都在體例上希望別開生面，從後世評價來看，他也確實達成了這一目標。兩書體例令學者耳目一新，其體例與編目蘊藏著葉昌熾增刪十餘年的思

〔註53〕陳少川，《葉昌熾及其目錄學成就淺探》，《河北圖苑》，1994 年第 1 期。
〔註54〕葉德輝，《書林清話》序，揚州，廣陵書社，2007。
〔註55〕《語石》第 57 頁。
〔註56〕《緣督廬日記鈔》，辛丑十一月五日，第 311 頁。

考。《語石》的體例創造並非空穴來風,建立在兩宋至清汗牛充棟的金石學著作經典體例之上。從本文前兩部分對兩宋至清金石學簡史的梳理來看,清代以前的金石學著作體例較為簡單,至清代由於資料繁多,金石考據學蓬勃地發展,金石著錄的體例也更為豐富,形式遠超宋人。

《語石》十卷的邏輯順序較為明確,每卷中又有小標題標明論題幾則,一般將此十卷按照內容分為七個主題:卷一以時代為序,舉例論述各代碑刻;卷二分地域簡介各地碑刻的留存情況;卷三至卷五介紹石刻形制與類型;卷六舉例介紹碑文的義例,簡要論及碑刻鐫刻過程;卷七、卷八論述碑刻的書家與書體情況;卷九與卷十的內容較為繁雜,卷九介紹碑石的鐫刻義例,包括碑文形式,包括避諱、注釋、抬頭等內容;卷十圍繞碑刻的收藏展開,介紹拓片的多種版本,以及與收藏活動相關的人、物。其中卷九部分也屬於碑文義例部分,與卷六內容相若。

《語石》之前,歷史上已有諸多體例完備的金石學著作,形成了較為成熟的分目方式:葉昌熾將其總結為「分時、分地、分人、目錄、存文、跋尾」六種。但《語石》並不屬於其中任何一種,葉昌熾在前言中寫明自己作此書的體例,「既非歐、趙之目,亦非潘、王之例。非考釋,非輯錄,但示津塗,聊資談囿。」〔註57〕結合前文葉昌熾提及作《語石》的初衷是為後學提供入門之徑,《語石》的成書目的決定它對碑刻相關內容都有所包含,而非深入其中某一方面因此它區別於以往分時、分地、分人的專門金石著作;與目錄、存文等形式的金石學著作相比,《語石》多處僅提及碑名舉例及其中必要的碑文信息,並非是對碑刻信息的著錄,故而有「非輯錄」之說,《語石》中提及這些目錄、存文之書多是葉昌熾借古書所錄碑刻信息與自己手中的實物材料進行對比,起到補充、糾正作用。其對碑刻的考證內容又與「跋尾」類著作相區別,跋尾類著作以單個拓片為考證對象,而《語石》以分目的小標題為主題,援引相關碑刻的例證,部分論題涉及考證部分往往引用《竹雲題跋》《潛研堂金石文字跋》等諸家考釋結論,並作出評判。但與圍繞單個拓片展開的跋尾著作相比,《語石》分目更完備,更具有系統性,這是《語石》體例與傳統金石學著作相區別的地方。

葉昌熾在以上六種金石學著作的體例外,還單獨以經傳的關係類比金石學著作,點評歐、趙與王昶的金石學著作。他點評歐、趙著作的體例,類比

〔註57〕《語石》,第13頁。

為《春秋》三傳，經傳分離，「經自經，傳自傳」；而《金石萃編》是「經與傳合，注與疏合」的形式，是集大成的金石學著作。〔註58〕葉昌熾採用將錄文、考釋等內容合在一起的體例，正如他對《萃編》的評價，是將「經、傳、注」合在一起，其體例參考《萃編》的形式。此外，葉昌熾對潘昂霄的《金石例》與王行的《墓銘舉例》，引用較少，卻多見引用《碑版廣例》一書。葉氏作《語石》不久，在《日記》記載「《碑版廣例》……此書與《語石》途徑相通」，並在此後以《碑版廣例》補《語石》數條。〔註59〕從卷六的分目方式上，也可看出對《碑版廣例》編目的繼承：其中「碑穿二則」中第二則，「碑側三則」中的第二則，「封禪一則」三則在對原文刪改後，整則出自《碑版廣例》。

葉昌熾在評述金石著作時，認為這類著作不屬於金石著錄，對此類金石義例著作從略，但《語石》實際上深受金石義例著作的影響。〔註60〕

從《語石》的體例來看，葉昌熾在卷一、卷二與卷七、卷八繼承了前代金石學著作中分代、分地、分人的分目方式，卷三至卷六繼承金石義例著作的體例。卷九、卷十基於自己的收藏經驗，記述有關碑刻拓片、裝池情況。這兩卷的行文多引用前代金石學著錄中的內容為材料，充實例證，其中有不少葉昌熾首次提出的概念和內容，如卷十對拓片、石碑各版本的關注，這些都屬於前人論述較少的部分。通過梳理《語石》的體例，可以看出《語石》的體例在繼承前人的基礎上，還有葉昌熾自己基於碑刻收藏的經驗總結。如果說王昶的《金石萃編》是清代金石學中資料豐富的集大成之作，那麼《語石》當屬體例完備的集成之作，為後世的石刻研究引入了更廣闊的視角。此書體例的優點在於通過縱橫交錯的理論體系，行文中穿插的豐富碑剋實例，照顧到了石刻從形制到內容各方面，為後來的石刻學通論著作樹立了良好典範，近現代的金石學著作在介紹石刻形制等都未突破《語石》藩籬。〔註61〕但其缺點也比較明顯，此種體例雖然完善，但在內容中難免有重複，如在蜀地石刻與石經中所引的例證幾乎相同，再有如唐宋宸翰五則與封禪一則中提及仁宗書有如「瘦金書」。

〔註58〕《語石》，第 323 頁。
〔註59〕《緣督廬日記鈔》第 313 頁。
〔註60〕《語石》，第 324 頁。
〔註61〕盧芳玉，《〈語石〉研究》，中引用王其褘評價及現當代金石學著作認為其學術框架均沒有超出《語石》範圍。

## 2.4 《語石》引文的異文現象

### 2.4.1 《語石》引書概況與規律

　　《語石》引書自西晉張華《博物志》至與葉昌熾同時代的繆荃孫等著作，四部均有涉及，引書以明、清的金石學著作為主，包括史書、地方志、文集、雜記等，其中以史部、子部著作較多，尤其以史部金石類著作為主。現將其所引著作臚列如下，因本章第一節已對《語石》常見引書與金石學簡史有所介紹，此處僅列題名，不做解題。〔註62〕

　　經部（2）：

　　婁機《漢隸字源》（2）；顧藹吉《隸辨》（2）

　　史部（36）：

　　史部所引著作最多，分為正史、別史、方志、金石等四個類別。其中正史主要有《史記》（4）、《漢書》（4）、《後漢書》（1）、《舊唐書》（5）、《新唐書》（3）《晉書》（2）、《宋書》、（1）《唐會要》（3）等。

　　金石類著作包括：《金石萃編》（56）包括王蘭泉之語）、《書斷》（2）、《集古錄》（17）、《金石錄》（28）、《隸釋》（7）；元明人著作：《金薤琳琅》（2次）、《金石史》（1次）、《石墨鐫華》（5）；清人著作包括《金石文字記》（12）、《來齋金石刻考略》、《金石存》（4）、錢大昕及其著作《潛研堂金石文跋尾》（30次，含《十駕齋養新錄》）、《中州金石記》（6）、《兩漢金石記》（2）、《授堂金石跋》（10次，包括武虛谷雲之語）、《粵東金石略》（4）、《安陽金石記》（1）、《寰宇訪碑錄》（40）、《補寰宇訪碑錄》（43，包括趙撝叔雲之語）《三巴䆗古志》（12次）、《寶鐵齋金石跋》（2）、翁覃溪（33，包括《蒼潤軒帖跋》《兩漢金石記》）《續語堂碑錄》（6，包括魏稼孫雲等）《碑版廣例》（6）朱彝尊（10）

　　地理、方志類包括：《水經注》（8）、《四川名勝志》（2）、《聞喜縣志》（1）、《孟縣志》（1）

　　子部：（8）

　　《述書賦》（7）《四朝聞見錄》（1）、《容齋隨筆》（3）、《雲麓漫鈔》（1）、《隱綠軒題識》（1）《十駕齋養新錄》（5）、《竹雲題跋》（6）《廣川書跋》（3）

　　集部：（2）

---

〔註62〕因《語石》所引著作較多，文章較少，此處不分文章與著作；如一人著作分列史部與集部，則列入史部。

《楊東里集》（1）、《解春雨集》（1）

以上所引諸書間還有一定的規律呈現，首先是引書的頻率與成書時間呈相關性，受到金石學史的發展影響，所引書目以清代為主，其次是宋、元時期，在清人的金石學著作中以《金石萃編》引用次數最多，其次是孫星衍的《寰宇訪碑錄》和趙之謙的《補寰宇訪碑錄》，再則即錢大昕、翁方綱的著作。此外，《語石》中還時常提及同輩友人的訪碑心得及最新著作成果，如繆荃孫的《雲自在龕碑目》等。且從內容上看，《語石》序言中雖然說明了著述內容在於「舉古今書家進退而甲乙之」，是一部品評書家的著作，但從引書來看，大多仍是金石、經史著作。此書不及開卷，已經得知其中內容仍然離不開「金石考證經史」的主題，其次才論及書法。形成對比的是，葉昌熾廣為借鑒了彼時的金石著作，在書法方面多引用翁方綱、阮元之言，諸如《藝概》《藝舟雙楫》《廣藝舟雙楫》等當時已經刊行，當代較為著名的著作幾乎不見提及（僅提及一次包世臣的收藏情況）。這種情況的根本原因在於，葉昌熾對乾嘉學者治學方法的遵從，以及上文提及貫穿清朝三百餘年「經史為根柢」的思想。

其二是引書之間有相互嵌套的關係，這一點主要體現在對《金石萃編》的引用中。如對《四川名勝志》《授堂金石跋》《石經考異》等文獻的引用，從《金石萃編》間接引得；《禮耕堂叢說》《西湖遊覽志餘》等引自《東湖叢記》。《語石》在間接引用文獻時也並不注明，僅有少數情況會注明某書引某書云，如《東觀餘論》引《書苑》云（卷一）。這些間接引用的資料葉昌熾也經過一定揀選，在摘錄過程中也會對錄文進行刪改。許多僅出現一次的前代著作極有可能是從《金石萃編》中輯錄，如對《四川名勝志》《雲麓漫鈔》的引用。這些出現次數較少的文獻有兩個特徵：這些文獻即便放在旁徵博引的《金石萃編》中也屬於少見的文獻，原因是這些文獻大多時代久遠，本身具有稀缺性；而葉昌熾在引用這些稀見文獻時諱言這些引文轉引自《金石萃編》。〔註63〕

此處試舉兩例證明《語石》中轉引《萃編》引文而不注明出處：如卷三附錄《本觀置買地土文契》，並附王昶跋語，但在行文中卻不注明錄文與跋語皆出於《金石萃編》。皆因下文有「王蘭泉曰」推測出自《萃編》。此處可再引一例證，證明葉昌熾在轉錄王昶錄文時，不注明引文出於《金石萃編》。如卷十

---

〔註63〕趙彥衛《雲麓漫鈔》及曹學佺（1574～1646）《四川名勝志》在《金石萃編》分別被引用 2 次和 1 次，關於《金石萃編》的引文情況可參見趙成傑，《〈金石萃編〉與清代金石學》，中國社會科學出版社，2019，第三章。

中關於「囙碑」之稱，葉昌熾引《雲麓漫鈔》與《國山碑考》兩文。《雲麓漫鈔》引文亦見於《六藝之一錄》，但兩部著作在引用《雲麓漫鈔》時的語言表達有所不同。《六藝之一錄》：「土人目曰『囙碑』」；《金石萃編》「土人目為『囙碑』」，《金石萃編》與《語石》用詞一致，且《國山碑考》中所引字詞與《金石萃編》中相一致。〔註64〕儘管從直接引文來看《金石萃編》已經是引文中出現頻率最高的文獻來源，但還有諸多僅引用一次的引文也來源於《金石萃編》，只是這些間接引文葉昌熾並未全部說明出處。〔註65〕

此外，還需要指出葉昌熾所引書目中每寫到作者姓名時多有錯訛。較明顯的有《石墨鐫華》作者為趙子函，誤作「郭子函」，楊凝式（楊少師）誤作「和少師」、「和凝」，《古京遺文》誤作《古金遺文》，以及前後姓名用字不同等問題如多處用趙德甫，唯卷五用趙德父〔註66〕。《語石》所錄人物、文獻紛繁複雜，成書過程全憑葉昌熾、張炳翔、潘祖年三人，乾嘉時期金石學大家有人數眾多的幕僚襄助，有錯訛處也可理解。

## 2.4.2 引文呈現方式與葉昌熾的著述動機

《語石》中對前人文獻的引用可分為三種方式，記名式、詞句式、篇章式。以下分別就此三種方式說明葉昌熾引用這些文獻的目的和方式。

### 1. 記名式引用

其引用方式大體可分為記名、詞句、篇章三種方式，引用方式取決於所引書籍的體例，體現了不同書籍作為工具書的使用方式。其撰述本意不在資料彙編，引書時並不經常全文抄錄，引文也較為隨意，並不像《金石萃編》一樣注明作者、書名，其中大多數引文無明確出處。

記名方式多見於對目錄式著作的引用：葉昌熾通過考察此碑是否在文獻中有所載錄，載錄數量多寡來體現此碑材料的易得性，主要以《集古錄》《金石錄》《寰宇訪碑錄》《補寰宇訪碑錄》四部碑目著作為主，以及分地域、時代著錄的碑目著作。如「（遼碑）孫氏《訪碑錄》不及五十種」，如「歐陽公《集

---

〔註64〕在《六藝之一錄》中此句引用兩次，兩次用語相同，分別見於（清）倪濤《六藝之一錄》，乾隆文淵閣四庫全書本，卷五十六，石刻文字三十二，及卷一百一，石刻文字七十七。（清）王昶，《金石萃編》，清嘉慶十年刻同治錢寶傳等補修本，卷二十四。

〔註65〕分別見於《語石》，第111頁，第330頁。

〔註66〕分別見《語石》第14、19、267、72、186頁。

古錄》收武人書，惟高駢《磻溪廟記》。平津著錄，仰天洞有《劉仁願題名》，龍門山有《薛仁貴造像》，皆東征高麗時良將也。」又如評價劉喜海《三巴𩫞古志》，「梯岩架壑，搜訪極博……亦竟無韓陵片石」，以證明三國石刻難得。

　　另一種僅提及書名的方式是對一些金石學著作的點評。如評平津《訪碑錄》（孫星衍《寰宇訪碑錄》）所列「某省」「某縣」，「略而不詳」；而林侗《昭陵石跡考》詳細著錄了「第幾列」「第幾區」等方位信息，為訪碑者提供方便。葉昌熾的評價是雙向的，有的是讚譽引書的資料豐富，也有可能對書中觀點表示質疑，這種情況往往只記書目題名，不引相關詞句。如他讚譽邢侗山《金石文字辨異》十二卷，「刺取碑文異字，上溯漢、魏，下迄唐、宋，統以平水韻，乾嘉以前出土石刻採擷無遺留」，還借同年王頌蔚本也欲編此類書籍，見到這本書而作罷，讚譽此書收錄較全。又如評翁方綱「《蘇齋唐碑選》五十種，推崇陳諫《南海廟碑》為虞、褚之亞。」〔註67〕對此觀點表示疑問，懷疑此石為後人重刻。以及對孫星衍收錄遼金元諸碑有所不足的點評：「余在廠肆的六七十通，以校平津所錄，互有贏絀，則知遺珠為不少矣。」〔註68〕這種負面品評往往都只記錄題名，簡要指出其中缺點，讓後學有志者以備參閱。

　　和一些輯錄類型的金石學著作相比，《語石》的體量有所不及，此類題名方式對著作的引用相當於將其他金石學文獻條分縷析地歸入《語石》條目中，並對相關書籍作出評價，好使後世讀者能按圖索驥，這也與葉昌熾作《語石》以饗同好的目的相合。

### 2. 詞句式引用

　　詞句引用方式最常見的是作者姓名加引文的形式出現，如「錢竹汀云」「翁覃溪先生云」「阮文達云」「竹垞云」等，這一形式的特點是幾乎從不言明引文出自該學者的哪一部著作，如《緣督廬日記》中提及朱彝尊引文時也常以「朱竹垞云」的格式引出，所引內容大多為對碑刻的考證，在《日記》中僅有兩次檢《曝書亭集》的記錄，引文出自《曝書亭集》的可能性較大。但《緣督廬日記》也並不能提供葉昌熾過眼書目的全貌，類似的還有對阮元著作的引用，《語石》中也從不記名出自阮元哪部著作，《日記》中相關記述也較少。但這一點在藤原楚水的譯本中有所補充，將大多數葉昌熾未注明引文出處的詞句在注中摘錄原文以供讀者對比。

---

〔註67〕《語石》，第 19 頁。
〔註68〕分別見《語石》第 27、3、36、41 頁。

　　葉昌熾在敘目中開宗明義，說《語石》「非輯錄」之書，已經暗示了此書大多數引文並不著意著錄原文，引文與原文有所出入自然也是常見的現象，但葉昌熾對引文的刪改實際上有一定的標準和邏輯。試以同一引文在全書中先後出現兩次，而引文不同作一對比：卷一與卷三都引用晁公武《石經考異序》與曹能始《四川名勝志》錄文，引征蜀石經鐫刻過程。

　　此處錄卷一引文如下：

　　晁公武《「石經考異」序》云：「《孝經》《論語》《爾雅》，廣政甲辰歲，張德釗書。《周易》，辛亥歲，楊鈞、孫逢吉書。《尚書》，周德貞書。《周禮》，孫朋吉書。《毛詩》《禮記》《儀禮》，張紹文書。《左氏傳》，不志何人書，而『祥』字缺畫，（避孟知祥諱）亦必為蜀人所書。蓋『十經』歷八年而後成。」

　　曹始能《四川名勝志》云：「諸刻今皆不存，所存者《禮記》數段，在合州賓館中。」

　　證明此兩段文字間接引用而來，原因在於晁公武《石經考異》與曹能始《四川名勝志》至清皆不傳，王昶也是自其他書引得；再則，晁公武所錄此兩則引文在倪濤《六藝之一錄》與《金石萃編》中均同時出現，因《語石》全書未提及倪濤著作，此引文極有可能出自《金石萃編》。〔註69〕

　　卷一與卷三錄文前後語義大致相同，細節處有三點區別處，一是兩處引文對行文中的書名、人名稱呼不同，卷一《「石經考異」序》，卷三簡稱為《考異》序。卷一稱曹能始、卷三稱曹學佺；二是卷三年份後無「歲」，如卷一錄文為廣政甲辰歲，卷三為廣政甲辰；三是卷三多錄「至宋皇祐中，田元均補刻《公》《穀》二傳，宣和間，席益刻《孟子》，皆正書。」卷一與卷三在引文後都提及全謝山、厲樊榭等為錢塘黃氏所藏拓片作跋文一事，及先輩所言黔人得殘石一事相比，兩處內容相同，細節卷三更勝。〔註70〕這兩處的細節變化葉昌熾應是有意為之，因引文相同，只好在細節上做出變化。《語石》體例縱橫交錯帶來的弊端就是內容易有所重複，但從葉昌熾對重複文本在字詞上做出改變，可以看出他通過有意識地修改文本，讓重複的例證煥發新的生命

---

〔註69〕倪濤（1669～1752）《六藝之一錄》，卷九十一，石刻文字六十七，蜀石經；《金石萃編》卷一百二十二。指明葉昌熾此處是對《金石萃編》進行刪改而非因所讀《金石萃編》版本問題而造成差異的原因在於，《金石萃編》的版本系統較為單一，其傳世五個刻本中，其餘四個版本均是據嘉慶十年刻本翻刻而成。《金石萃編》的版本梳理可參見趙成傑，《〈金石萃編〉與清代金石學》第五章。

〔註70〕卷一錄文見《語石》，第21頁；卷三錄文見《語石》，第91頁。

力。這是相同文本在不同卷目中的詞句區別，與原文本相比，葉昌熾也有所刪改。

　　若將《語石》卷一引文與王昶《金石萃編》及倪濤《六藝之一錄》相對照，會發現王昶與倪濤二人錄文相同，而葉昌熾引文有所刪改，在晁公武引文中倪濤與王昶均作：「而『祥』字缺畫，亦必為蜀人所書，蓋『十經』歷八年而後成。」此間在「蜀人所書」後刪去一句「然則蜀之立石」。曹能始引文中兩部著作均稱曹能始為曹學佺，且「席益」二書均作「席升獻」此處葉昌熾將席升獻改為席益，帶有自己的價值判斷，應是參考了其他文獻〔註71〕；「諸刻今皆不存，所存者孔門七十二子像，石經《禮記》有數段在合州賓館中《語石》錄文刪去「孔門七十二子像」句。

　　再舉一例：葉昌熾在引用《碑版廣例》說明「封禪」的義例時，對原文有兩處刪減，第一處原文「玄宗開元十四年為盛」，葉昌熾刪去具體年份，改為「玄宗為盛」，此處刪去的「開元十四年」有誤，應為「開元十三年」〔註72〕。第二處是其中「自秦刻石意外無聞焉「後原有」司馬班范之紀兩漢封禪，其文辭不概見「〔註73〕一句，《語石》引文中刪去此句。

　　除了刪減的方式以外，葉昌熾還會對原文的行文順序進行改動。再舉《語石》中引《碑版廣例》一則：「漢碑不列書、撰人姓名，而『市石』、『募石』、『石師』、『石工』必謹書之。《樊敏碑》，建安十年造，石工劉盛，息悰書，書人居石工之下。」〔註74〕

　　此則自「漢碑……書之」為葉昌熾引用的《碑版廣例》原文。這一則特殊之處在於其中有一句是在《語石》的清稿本中被刪去，原句為「《武梁祠堂碑》稱孝子仲章等，竭家所有選擇名石，南山之陽」其中「孝子……南山之陽」為該碑錄文，《碑版廣例》原文中此處對該碑錄文結尾處有「云云」以示碑文結束。改動之處為《碑版廣例》原文「偶讀《樊敏碑》書人居石工之下，雖悰固

<hr />

〔註71〕如王鳴盛《蛾術編》，清道光二十一年世楷堂刻本，卷二。朱彝尊《經義考》卷二九一、桂馥《歷代石經考略》卷下等均作「席益」。還有其他如席貢、席旦之名。

〔註72〕《舊唐書・玄宗本紀》中有「十三年……冬十月……辛酉，東封泰山，發自東都。「參見（五代）劉昫，《舊唐書》卷八《玄宗本紀上》，民國十九年商務印書館影印百衲本二十四史。

〔註73〕王芑孫，《碑版廣例》，清光緒吳縣朱氏刻十四年匯印行素草堂金石叢書本，卷十，葉五。

〔註74〕《語石》第 224 頁。

劉盛之子，理不先父然。」〔註75〕此則後附《樊敏碑》錄文，「建安十年造，石工劉盛，息憬書」等信息均出於碑刻的錄文。葉昌熾將其改為碑名加石工信息。此則清稿本的刪除標記佐證了葉昌熾錄文中的刪改信息是有意為之，而非無意之舉。

其刪改也體現在對《萃編》的引用中，如卷一引用王昶《昭陵陪葬考》時，先轉引其中《長安志》對昭陵地理位置的記載。此後總結《關中金石記》中所載昭陵陪葬二十五碑。下文自「今昶所得者……可無遺憾」處，一字不落引用王昶詞句，段末「稽其所在……亦去陵遠矣。」在《金石萃編》的原文中位置在「今昶所得者……」之前。〔註76〕葉昌熾此處按自己的邏輯順序對王昶原文進行順序調整。〔註77〕

因此，葉昌熾在引用文獻中的詞句的改動一般無礙文意，其細節處改動體現在對著者名、字的稱呼。葉昌熾習慣以字稱人，這點在古代典籍中比比皆是，無可厚非。但晁公武為名，而非字。說明葉昌熾對晁公武瞭解有限，所以前後文兩處只能按照原書引為晁公武，這也是葉昌熾此處引文為轉引的論據之一。再者，引文詞句一般都經過葉昌熾刪改，留下的都是有效、與《語石》內容相關度較高的部分。刪去引文中的無效信息，如錢大昕的「未詳其故」、王芑孫的「不概見」；刪去與分目標題無關的內容，如蜀地立石的信息與「前後蜀一則」分目標題信息重複，孔門弟子像作為石像不屬於《語石》研究範圍。將「席升獻」改為「席益」，將「椎招」改為「椎拓」，將「開元十四年」等刪改處，暗含了葉昌熾對引文內容的篩選、改正，這些都是引文背後所隱藏的信息。

這些都說明葉昌熾在引用古代文獻的詞句時，實際上進行了某種「改寫」，他刪改的標準在於三點，刪去原作者的主觀信息、無效信息、刪改自己認為不正確的信息、刪去與分目主題不符信息。這種刪改關係時常未被後人發覺，使得後代學者在轉引中不自覺地引用了葉昌熾改寫的文本，讓清代到民國的金石學著作形成相互繼承的互文文獻。

---

〔註75〕王芑孫，《碑版廣例》，清光緒吳縣朱氏刻十四年匯印行素草堂金石叢書本，卷二，葉十五。

〔註76〕（清）王昶，《金石萃編》，卷八十四，唐四十四，《昭陵陪葬諸碑總考》，清嘉慶十年刻同治錢寶傳等補修本。葉昌熾可能還修改了王昶原文中顯而易見的刊刻之誤，此本原文中「椎拓」誤作「椎招」，《語石》引文中已改。

〔註77〕見《語石》第17頁。

### 3. 篇章的引用

　　《語石》引文詞句與篇章的區別除了篇幅長短有所區別；引文前的言辭也有區別，詞句的引用葉昌熾一般用「某書曰」、「某人云」的方式引出，篇章的引用葉昌熾一般明確表述為「輯錄」、「附錄」。與隨處可見的詞句式引用不同，篇章附錄僅有 7 處，分別是卷一「附」林同人《昭陵石跡考略》十六碑，「附錄」《東湖叢記》中的《禮耕堂叢說》《西湖遊覽志餘》；卷二「錄」鄭珍詩；卷三「輯錄」《潛研堂金石文跋尾》中的宋、金敕、牒；《真清觀牒》中的《本觀置買土地文契》；卷五「附錄」王昶《北朝造像諸碑總論》，「附錄」錢大昕《十駕齋養新錄》一則。〔註 78〕

　　另外還有葉昌熾自己總結搜羅的碑刻題名、錄文、錄文等共計 6 處，卷一有《黑河建橋敕》；卷四有葉昌熾藏襄陽五龍廟十餘通元代皇帝聖旨碑，所見佛經；卷六有對宋代刻工安氏所刻碑的舉證；卷八錄宋代宗室書刻；卷十錄碑俗名。〔註 79〕

　　其錄文刪改情況具體是：《昭陵石跡考略》、鄭珍詩錄文、錢大昕《十駕齋養新錄》錄文與原文基本一致。〔註 80〕《東湖叢記》《北朝造像諸碑總論》《潛研堂金石文跋尾》所引錄文多有刪改，《本觀志買地土文契》引自《金石萃編》，錄文無刪改，段末王昶跋語有所刪改。

　　下文以《潛研堂金石文跋尾》為例，說明葉昌熾對錄文的刪改情況：如卷三中引用《潛研堂金石文跋尾》葉昌熾稱為「輯錄如後」，共輯錄八條錢大昕對宋、金文書格式的考證，現逐一分析此八條與《潛研堂金石文跋尾》原文的關係。〔註 81〕首先對《潛研堂金石文跋尾》的版本作出說明，此書有兩本，一為排印本，其所據工作本為長沙龍氏刻本，以錢氏家刻本為校本；其二為「中國基本古籍庫」中的清嘉慶十年刻本。據《日記》，在《語石》成書前，以上兩本葉昌熾均有過眼記錄，故而無法決斷其引書的參考版本，此處先對照兩書

---

〔註 78〕分別見《語石》第 18、22、64、104、11、158、184 頁。

〔註 79〕分別見《語石》第 29、147、220、260、328 頁。

〔註 80〕陳文和主編，祝竹點校，《嘉定錢大昕全集》增訂本，《十駕齋養新錄》，南京：鳳凰出版社，2016 年，第 408～409 頁，此本斷句作「王處，存賜錢……」，《語石》作「王處存，賜錢……」，《語石》當是。王處存之名於《舊唐書・僖宗本紀》多見；另《嘉定錢大昕全集》中周密引文斷句亦有誤，《語石》當是。

〔註 81〕陳文和主編，祝竹點校，《嘉定錢大昕全集》增訂本，《潛研堂金石文跋尾》，南京，鳳凰出版社，2016 年。(清) 錢大昕，《潛研堂金石文跋尾》，清嘉慶十年刻本。因葉昌熾刪去的原文較長，故不引述。

版本：兩本在文字內容上的差別較為細微，主要體現在第二則《冥福禪院》的題名不同，排印本作《賜冥福禪院地土牒》。以及第四則與第七則中「敕」與「勅」的寫法區別上，剩餘文本幾乎沒有區別。但此八則碑目在兩本中的所在卷目區別較大。在排印本中，第一則在卷十七，第二則在卷十，第三、四則在卷十二，第五、六則在卷十四，第七則在卷十五，第八則在卷十六。而刻本中所在卷目較為集中，其中第一、八則在「續卷五」，第三、四、五、六均在續卷四，第二則在卷四，第七則在卷五。〔註82〕

第一則《宋理宗賜杜範勅》在引用時抄錄了前半部分，刪去了下文錢大昕結合史書對杜範官職升遷變化的考證。

第二則《冥福禪院牒》葉昌熾刪去的內容較多，可概括為四部分內容，第一部分刪去了「後兩行字又大於首行」的格式描述。第二部分是錢大昕對牒文格式中為何次行「樞密……平章事范（延光）」在格式中高於首行「樞密使……都尉趙（延壽）」兩格的解釋，原因在於范延光先入樞密院。刪去的第三部分是錢大昕糾正了顧炎武《金石文字記》中「此牒無押」的說法，認為顧炎武「審之未詳」，指明兩人均有押，押上各用一印；刪去的第四部分是錢大昕「知人論世」對當時官員「無過顢頇」的評價。此牒名稱排印本作《冥福禪院土地牒》。嘉慶刻本作《冥福禪院新寫藏經碑》。還需要注意的是此則時代應為「南唐」，牒中趙延壽、范延光等去世時尚距宋開國二十餘年。

第三則《景德寺中書門下牒並澤州帖》刪去立碑者信息，「碑末有金泰禾八年十一月僧善云立石字……」等內容。

第四則《靈佑觀中書門下牒》刪去上文的地點信息及錢大昕對牒文所錄神景觀的考證信息。

第五則《敕封順應侯牒》刪去錢大昕對此牒來由的考證，及末行押敕者姓名信息及此牒所在地點。

第六則《太原府帖》刪去錢大昕錄列銜者八人的具體姓名和官職信息。及下文對此帖地點內容的考證。

第七則《升元觀牒》，《潛研堂金石文跋尾》作《敕賜升元觀帖》，刪去文中對蔡京的評價。

第八則《提舉常平司公據》，其中「廿二字皆大」，《潛研堂金石文跋尾》

俱作「廿二字，字皆大」，《語石》中脫一「字」。並刪去下文錢大昕對雙塔寺的考證。此則中《語石》均作「勅」，排印本與刻本中均有敕、勅的寫法。因此處行文中有「來長力短」之語，葉昌熾應為有意將敕改作勅。因以上文本中多處用「敕」，此處字形應為葉昌熾有意改正。

綜上，從葉昌熾對此八則的刪改情況來看，他留下的均是敕文、牒文的格式信息，除了錢大昕對牒文格式考證的部分內容外，其餘關於牒文的地點信息、牒文中的人物信息及錢大昕對這些內容的考證一概刪去。這些內容更進一步說明，詞句中刪去的部分也是葉昌熾有意為之。這樣刪改的標準基本可以概括為，去掉錢大昕大多數考證，僅留下對敕、牒文形式較為客觀的描述。且每則材料保留的形式特色側重各不相同，如第二則材料中描述了文書中列銜的高低形式，在第六則中便省去了錢大昕對此八人姓名官職的考證。

葉昌熾給《語石》定義為「非輯錄」體例的著作，那麼就需要考察這些大篇幅的「附錄」這些引文的目的何在？結合《緣督廬日記》來看，葉昌熾上述所引他人資料應是自己未曾經眼過的藏品，從《潛研堂金石文跋尾》摘引的八則敕、牒一方面在形式上各有特色，且在《緣督廬日記》中未見相關經眼記錄。此八則材料在其他文獻中也較為少見，多數文獻僅見錄名，而不見對碑文形式的描述。葉昌熾所錄《黑河建橋敕》的碑文也可資證明，此碑文在《語石》之前從未見載於文獻。又如鄭珍詩，除《語石》錄文外，概不見載他書。因此，在大篇幅的引文中，無論是附錄他人文獻，抑或葉昌熾自己總結附錄的目錄、錄文根本在於這些文獻的「稀有性」。

從以上引書的情況試總結葉昌熾著述《語石》的寫作動機。其一，確如葉昌熾所言，著述此書在於「但示津塗」，作為對石刻學入門者的指南。他在寫作中借鑒了當時諸多學者的研究成果，點評前人金石著作優劣之處，是這一寫作目的的體現。這種效果猶如今日之「教科書」，其中有對學科歷史、學科經典著作的回顧。

其二，在第一章中，提及的「碑目」《唐志跋》等石刻學著作都屬於在傳統金石學藩籬內的著述。而《藏書紀事詩》和《語石》都突破了該領域的傳統範例，葉昌熾在《語石》序中言明此書「非歐、趙之目，非潘、王之例」，否定了過往著述體例，實際上體現了他著述《語石》想要超越前人的野心。對於稔熟於金石著作的葉昌熾來說，他可能也確實意識到當時數量眾多的金石學

典籍中確實缺少此種「通論」型著作,他對《語石》的主題與歷史地位有一定的把握,不過礙於古人自謙的傳統,稱為「聊資談囿」。

其三,引文的刪改之處體現了葉昌熾客觀求實的考據態度。葉昌熾對引文的標準恰恰與《關隴金石志》中他所提及的一條收錄標準相合:「無拓本者即據前人之本」,這條標準在葉昌熾引用「稀見」文獻時體現得尤為明顯,如他引用了錢大昕對宋代敕文格式的描述,刪去了錢大昕的主觀評價。梁啟超在評價《語石》時,稱讚此書有「近世科學之精神」,大抵也是出於葉昌熾這種客觀、求實的態度。在《邠州石室錄》中也有體現,葉昌熾常言「考古者未可師心」,就是這一治學態度的自白。此外,對稀見文獻的抄錄也有一種「存文字之心」在其中,在下文第三章有關《邠州石室錄》的部分也將對其未可師心的治學態度和存文字之心的收藏動機展開詳述。

## 2.5 葉昌熾的治學方法

上文已探討《語石》所引文獻來源及引書的三種呈現方式,還有葉昌熾是如何刪改引文文獻,以使引文符合分目主題。本節將結合《語石》的清稿本、紅本、刻本等多種文本形態,探討《語石》文本形成過程,並從葉昌熾寫作《語石》這一個案中發掘學者如何利用諸多金石學成果對新材料展開考證。

### 2.5.1 文本的來源

在梳理清代金石文獻的知識管理問題之前,有必要對第二節的例證進行方法論和背景的補充。對《語石》引文的考察方法借鑒自對寫本文獻中「衍生型文本」的文學研究。寫本時代,編鈔者通過改筆、綴合、調序、譯寫等方式援據多種文本此功能成新的文本。在這一過程中,無論是作者、編者還是寫手都在嘗試「控制文本」,但由於個人的疏忽等原因,往往最終成形的文本中展現出大量或重複或與原文相異的「失控文本」。〔註83〕這種研究方法多用於重審秦漢文獻中「失控文本」及其文學性,如發掘《史記》《漢書·五行志》衍

---

〔註83〕程蘇東,《激活「衍生型文本」的文學性》,《中國社會科學報》,2016年7月25日,第5版。不過此文中提出這一方法難以舉證文本的改筆究竟出於鈔者之手,還是後代刻工之手的問題在清代文獻中不復存在。因本文提及的大多數文獻距離現今時代較近,再者刻本文獻較寫本文獻已經能較大程度保留作者原文字信息。

生型文本的文學價值。〔註 84〕引入這一方法論的目的在於揭示清代金石學著作作為史學文獻，在秦漢時期即有衍生型文本的傳統，只不過與秦漢時期相比，清代學者展現出對知識嫻熟的管理技能，讓引文文本從「失控」走向「控制」狀態。

這一方法原本用於審視史學文本，金石學著作在四部分目中多數仍屬史部範疇，用於清代金石學領域將更放異彩。上文已在第二節的例證證明《語石》中的異文、重複等大多是葉昌熾主動刪改而成，並非「失控」的結果。下文將借用葉昌熾初稿證明《語石》中成段的文獻引用，是在其他原創內容成稿後專門抄錄的，鈔者在謄清過程中也會產生極少的異文。

《語石》的初稿本見藏於上海圖書館，其稿本的基本情況已在上文有所介紹，稿本上所載錄的文本是《語石》卷八的部分內容。此卷中的「唐宋宸翰五則」中的第二則引自《金石萃編》，在初稿本中，並無此段內容，而上下文初稿與定稿卻沒有太大改動。從手稿中可以看出，葉昌熾此稿在寫成後至少修改過一次，修改部分與初稿的字跡完全不同，初稿用筆較粗壯，毫尖紛披，字形較大；而修改部分字形較小，筆劃細緻入微。兩次的筆跡形態區別極大。

《語石》中第八卷第一則最後一句「嵩山《會山寺沙門乘如表》……元和以後，唐」即第一稿寫成後，以小字批於行列間，這一部分在現今所見文本中一字不差地保留下來，此句為本段最後兩句。文中原本還有兩處應改於同一時期的題詩，詩中詞句有葉昌熾原創，也有集前人聯連綴而成，因題詩未見他錄，此處整理如下：

上部題詩為「襟懷朗若月當天，種樹如培佳子弟，擁書權拜小諸侯。德行人間金管記，姓名天上碧紗籠。□鼎□書自典重，問答翡翠相？新」；其中「種樹、擁書」，「德行、姓名」兩聯均為清代膾炙人口的常見楹聯。

下詩為：「瘦影在窗梅得月，涼陰滿地燭籠煙。萬卷藏書宜子弟，十年樹木長風雲。禹鼎湯盤有述作，珊瑚玉樹交枝柯」其中「瘦影、涼陰」，「萬卷、十年」兩聯為清代常見聯，「禹鼎」「珊瑚」分別為常見楹聯，為葉昌熾連綴。原此段最後一句由初稿中「亦隨國祚為轉移邪？」改為今本「亦隨國祚為消長

---

〔註 84〕程蘇東，《失控的文本與失語的文學批評——以「史記」及其研究史為例》，《中國社會科學》，2017 年第 1 期，該文中還提及諸多文獻對《史記》史源學的考察，在歷史文本的研究中這也並不是新方法了。又程蘇東，《基於文本複雜形成過程的先唐文獻研究——以〈漢書・五行志〉為個案》，《求是學刊》，2014 年第 5 期。

邪？」。從本段最後兩，以及下一段前半部分內容都避讓開了兩處題詩，可以推斷小字內容並非是葉昌熾完成正文內容的全部書寫後添加的，反而是先修改了這部分內容後，再寫了此段最後兩句以及下一段內容。此處兩則詩文在今本中已刪去。

下文緊接第二則為「宋藝祖起自行間，以馬上得天下……曲阜有《文宣》《文（憲）》」此處初稿與今本亦一字不差。〔註85〕今本中在這兩則之間為唐玄宗《裴光庭碑》在《集古目》中的錄文情況。錄文後即為「王昶云……」的按語。此則最後一部分為葉昌熾按語。從這一則的文本成形過程來看，《語石》中長段引文後附葉昌熾按語的文本結構，均非初稿時即寫就。《日記》中常有補《語石》一則之言，此類引文加按語的結構應為其後補《語石》中的常見部分。

又如卷八「詩人一則」，手稿內容為今本「《隱靜寺詩》……余搜訪古刻，泰、華」，此則文本除引文後葉昌熾評語與今本稍有差異外，其餘均一字不差。初稿中共有兩段文獻作小字添加於行間。第一處為「世所傳《白鸚鵡賦》，拳曲臃腫，直是明人筆耳」。第二處為葉昌熾引《唐摭言》，並提及王昶藏石的存文情況。此處手稿錄文與今本有兩處不同，一處為「嶽前大隊（隊）赴淮西」，刻本原作「嶽前大像赴淮西」，今浙江大學出版社排印本據《唐摭言》改「像」為「隊」。原稿小字錄文與旁邊一列文字有所重疊，原文隊（隊）的「阝」部分與其他字重疊，豙與象字相若，因此是謄抄之誤，原稿不誤。第二處異文初稿本：「此前字為可寶。余所得華嶽拓本則並此不存矣。」今本此處作：「此十四字為可寶也。」今本的內容更加具體，且刪去無用信息。可見清代文獻也存在鈔者誤識而造成的文本錯誤，但這種謄抄錯誤在《語石》中並不多見，不再另外列舉。

以上舉例說明《語石》從初稿本到今本的文本形成中，引文多為葉昌熾後來修改時加入的部分，因此不大可能是葉昌熾憑藉記憶，默寫大段原文而附加按語，而是在翻檢原書，作出抄錄後補錄的內容。此外，由於手稿字跡不清等原因，謄抄者在抄錄中亦會產生極少量異文，但這種現象在《語石》中極少見。

形成對比的是，《語石》本身即為札記體，而初稿本中部分文本呈紙片狀，明顯是後來黏貼上的，直接寫在整紙上的形式形成鮮明對比。而這些補

充的段落有的與今日所見文本無異。如其中一篇記為「補鄉先哲書一條之後」，下記「辛丑十一月初九在史館作」。查《日記》辛丑十一月初九確有此事：「史館堂期，午前即往……獨坐無聊，補《語石》二通，即書於牘背，攜以歸。」〔註86〕而這一文本中幾乎沒有引文。

## 2.5.2 《語石》文本的考察意義

《語石》中豐富的引文所體現最直接的文獻價值是引文對佚文的保存。葉昌熾除引用乾嘉學者的經典金石學著作外，還大量參考了當時有所交遊學者的著作，這些時人著作有的沒有流傳下來，如韓小亭《筆記》：「三臺琴泉寺雷雨塔圮，出孟蜀王鍇寫經」。而此碑目僅見繆荃孫《藝風堂金石文字目》，卷七，《上柱國王承肇造陀羅尼經幢》條。又如《語石》中提及「諸城尹祝年廣文輯《漢石存》」，今傳其著作有《山左南北朝石刻存目》《魏晉石存目》等，未見其《漢石存》。〔註87〕不過《語石》距今年代較近，所存佚文數量較少。再者，是對同時代學者文獻的保存：一些流傳至今的著名金石學著作，葉昌熾與這些學者及學者的著作形成了良性互動，記錄了這些文獻的形成、及部分學者的見聞，這些非正式口述引文，也應被視為引文的一種。如《語石》中最常見的葉昌熾友朋著作為陸繼輝（陸蔚庭，1839～1905），以及繆荃孫（繆筱珊 1844～1919）。卷三中提及陸蔚庭著錄龍門石刻較多，葉昌熾未提及此著書名，應為今傳《龍門石刻目錄》，此書關注者甚少。並時常提及繆荃孫訪碑見聞，如（繆荃孫）嘗告余云，「顏魯公《中興頌》，資州有兩覆本，皆在高岩，摩厓深刻，輕舟溯江而上，望之歷歷可見。」《語石》中還提及《藝風堂金石文字目》的前身名為《雲自在龕碑目》〔註88〕，這些資料散見於《語石》各卷。

再則，如上文提及，《語石》中對文獻以記名方式引用時，往往附有葉昌熾對該文獻的評價。這種近乎「讀書札記」的方式，誠如葉昌熾所言，達到了「以饗後學」的目的。相比乾嘉時期的金石學著作而言，《語石》所處的時代中近現代學科已開始嶄露頭角，這一特殊的時代性賦予《語石》超越前代金石

---

〔註86〕《緣督廬日記鈔》，第 313 頁。

〔註87〕尹彭壽（？～1891 後），字祝年，又字慈經，號竹年，諸城人。參見王紹曾，沙嘉孫著，《儒學與山左學術叢書·3 山東藏書家史略》，濟南，齊魯書社，2017，第 286 頁。

〔註88〕以上提及內容分別參見《語石》第 48 頁、第 49 頁，第 322 頁。

著作的總結意義，它就像，為自宋而來的千餘年金石學畫上了一個句號。此後的朱劍心、羅振玉等雖然都對《語石》有所繼承發揚，但依然逐漸邁入西方學科分類思想領域。

以上是對《語石》中原創文本價值的述評，與這些相對固定，沒有異文對比的文本而言，還有一些「流動的文本」。上文提及衍生型文本的研究源於對寫鈔本時代文本異文的研究，「流動的文本」這一概念也是學者對手鈔文本零碎而沒有邊界狀態的描述。〔註89〕在清人的金石學著作中，這些引文也可以看做是流動的文本。在本節的第一部分中，舉例說明《語石》中的引文文本多是在初稿形成後以小字形式錄於行間，與一氣呵成的原創文本有寫作狀態的迥然區別。不是所有著作都如《語石》一般完整流傳了初稿、清稿、紅本、刻本等幾乎囊括了文本從寫到刻的所有文本狀態，這樣的物質基礎為《語石》的文本生成提供了可能性。其各本的保存狀態讓研究《語石》文本生成過程成為可能。當然可能其他清人著作亦有各本流傳者，前人研究多從版本的角度梳理一過，少有對比各文本中異文現象，探討文本生成過程的研究，甚至擴大到清代所有文學、學術的樣本中，有關研究仍然極為少見。〔註90〕

此外，無論是引文文本，抑或《語石》成書前各本，都對現當代文獻整理工作意義非凡。前人在點校相關文獻時，不曾考察引文的邊界，常將引文歸入著者原創文本的一部分，如朱劍心引《碑版廣例》的文本，在句讀時將「唐高宗、玄宗……題額字一尺九寸」點在《碑版廣例》引文的引號之外。又如《十駕齋養新錄》句讀中對周密引文的涵蓋範圍為：「周密《癸辛雜識》云：今人造墓……殊為可笑。」；《語石》中從《養新錄》處轉引周密文的範圍遠大於此，在「殊為可笑」後還有多出一倍的內容均為引周密文，而非錢大昕原創。〔註91〕又《山左金石志》中引《跋尾》作：案《唐六典》「上縣尉……」，如不對比《跋尾》原文，容易將案語誤作畢沅的原創文本，此處句讀尤為重要。這也提醒文獻整理者在句讀時結合 e 考據，對比出引文與原創

〔註89〕柯馬丁提出早期文本是零碎、互相影響的，同一類型文本會出現在不同語境中。柯馬丁，《方法論反思：早期中國文本異文分析和寫本文獻之產生模式》，陳致民主編《當代西方漢學研究集萃·上古史卷》，上海，上海古籍出版社，2002，第356頁。

〔註90〕上海交通大學虞萬里教授有關於高郵二王著作各本及文本生成的研究，其著作尚未發表，在其相關講座中有所聽聞。

〔註91〕此處朱劍心《金石學》，北京，文物出版社，1981，第188頁；《嘉定錢大昕全集》（增訂本），《十駕齋養新錄》，第408頁。對引文的句讀均有誤。

文本的界限所在。新出浙大本《語石》的點校難得處也在於結合引文出處為引文斷句，為讀者呈現出儘量貼合作者和文本本意的句讀。

### 2.5.3 學術閱讀與知識管理——以《語石》與《金石萃編》為例

以上總結了《語石》各形態文本在文獻方面的價值，下文將從閱讀史的角度探討《語石》文本生成的考察意義。近年來對拓片社會史的研究已廣泛運用在清代金石學家、書畫家的個案探討中，對金石拓片的產生、流通以及圍繞金石收藏展開的學者交遊等方面的社會史考察不勝枚舉。〔註92〕閱讀史的材料和方法不一而足，本文主要借用書籍史與閱讀史的兩個視角，一是《語石》作為書籍，其產生、流通及傳播的過程。本文將在第三章闡述葉昌熾晚年與刻工的交往中《語石》一書從謄清到刻印的情況，並已在此章中結合各版本梳理《日記》中所載的《語石》成書過程。在第四章中將探討《語石》的傳播流通情況，包括《語石》在後世傳播中又是如何被不同背景學者閱讀，產生了不同的閱讀反應。二是《語石》之前的學術著作是如何通過閱讀、寫作投射到《語石》的文本中來，這是葉昌熾作為讀者，對前人金石學著作的閱讀反應。此處主要使用《日記》中所載《語石》中引書，如《金石萃編》及錢大昕的著作。〔註93〕

上文提及在手稿中明顯可見引文是後來補入，《日記》中對此也有明確記載，葉昌熾參考前人著作補錄《語石》：「自脫稿後以《金石萃編》《續編》《續語堂碑錄》拾遺補闕，至今日甫畢。」〔註94〕這則記錄可以看作是葉昌熾在校補《語石》時，所列的閱讀書單。根據第二節中對《語石》引書的情況考察，可以發現在這些學術著作中，引用最多的還是《金石萃編》與錢大昕著作。

葉昌熾如何使用《金石萃編》這部工具書的呢？他不僅在編寫《語石》時常以《萃編》補闕，在編寫《邠州石室錄》也以《萃編》相校，如「為《邠

---

〔註92〕有關《語石》的幾篇碩、博士畢業論文已在這些方面有了豐富的總結。

〔註93〕韋胤宗，《閱讀史：材料與方法》，《史學理論研究》，2018 年第 3 期，第 109 ～117、160 頁。該文總結了書籍史與閱讀史的材料來源於社會大眾的私人信件、筆記等材料；並將閱讀史分為三個部分，包括書籍的產生、流通；閱讀作為社會行為時，讀者的方式與心態；以及閱讀對個人、社會、歷史的影響。該文後又為《史學史研究》、《中國社會科學報》轉載，足見其方法論的啟發意義。

〔註94〕《緣督廬日記鈔》，辛丑（1901）十二月廿四日，第 316 頁。

刻》檢《萃編》於秦晉題名」。為著作補闕而檢索《萃編》實際上要遠遠少於葉昌熾在拓片收藏中翻檢此書的次數。早在葉昌熾開始編著《語石》之前，就參考《萃編》對照手中拓本，在《日記》丁亥（1887）中極為頻繁，這一年他作為汪鳴鑾幕賓，查《萃編》多為吳大澂考證拓片，這種實物與《萃編》的對照是互補的，既有從《萃編》中發現拓片的脫誤，也會從拓片勘正王氏著錄之誤。

　　如丁亥三月初七查《萃編》考證《姜行本紀功碑》，拓片脫兩行；七月二十日考同州《聖教序》，《萃編》脫二則；二十一日校《法門寺塔廟記》補《萃編》所闕篆額；八月十四日校《白道生碑》勘誤《萃編》對此碑地點載錄之誤；十月二十日購《萃編》所載經幢拓片一通；十一月初五據《楊孟文頌》補《萃編》闕字、勘錄文錯字。〔註95〕

　　以上是葉昌熾如何利用《萃編》，使得所藏碑拓與《萃編》形成互校，上述活動證明葉昌熾確實在考證個別碑刻時所查證的《萃編》具體內容。下面將對照《語石》，考察這些文本是否對《語石》有所影響。以上所提及諸碑，僅《姜行本紀功碑》、同州《聖教序》在《語石》中引用了文獻，其餘諸碑有的沒有在《語石》中提及，《白道生碑》；有的僅以碑文作例證，不附錄文獻，如《法門寺塔廟記》《楊孟文頌》。

　　如《萃編》在考證《姜行本紀功碑》中引用《唐書·姜行本傳》：「高昌之役，磨去古刻，更刊《頌》，陳國威靈。」〔註96〕與《萃編》中引文一字不差。將此則史料用在卷九作為碑厄的材料。又如卷十舉例說明《聖教序》五本中，所引《古石琅玕》《竹雲題跋》《觀妙齋金石略》均出自《萃編》卷四十九唐九，且《萃編》原引文順序與此處一致。〔註97〕這兩則材料分別體現了葉昌熾對《萃編》文獻的不同運用方式：《聖教序》的引文是出於碑刻考證的目的，直接轉引《萃編》中的相關文獻，與《萃編》原文的主題一致，《語石》中最常見的文獻利用方式。而《姜行本紀功碑》的引文被葉昌熾用來舉證「盡鏟舊文」的碑厄現象，是借用《萃編》輯文，服務於新的主題。古人不似現當代有電子檢索功能，以舊文獻服務新主題重在平日積累。且與其他金石學著作的編纂過程不同，《語石》的寫作幾乎僅憑葉昌熾一人之力，沒有其他幕賓的協助。故

---

〔註95〕　《緣督廬日記鈔》，分別見第129、136、137、142頁。
〔註96〕　（清）王昶，《金石萃編》，清乾嘉十年刻同治錢寶傳等補修本，卷四十五唐五。
〔註97〕　見《語石》，第303、307頁。

而《語石》中的引文內容也多出自葉昌熾自己的閱讀積累。卷九的內容也較為特殊，多為葉昌熾在自己的收藏實踐中總結的碑刻格式，整卷對前人文獻的引用都比其他卷目少，只有此則談及碑厄，所引文獻稍多。而「碑厄」這一現象是葉昌熾自己總結，前人金石學著作中從未有歸納此類條目。此則《唐書·姜行本傳》的文獻利用，說明葉昌熾在收集了平日考證碑拓時積累的前人文獻，將其作為新例的文獻引徵。

以上所舉為葉昌熾在編著《語石》時，搜檢內容概況，其考證碑帖查證《萃編》的現象一直持續到晚年，《日記》中最後一次見其翻查《萃編》「昨宵取《萃編》檢之，惟《魯峻碑》延年二年之外，意字有億字可假……」。〔註98〕

《日記》除了為《語石》中的引文提供了一些直接的閱讀證據外，還為《語石》引書的版本提供了資料。以錢大昕著作為主，《語石》中常引《十駕齋養新錄》與《潛研堂金石文跋尾》。《日記》中常記錄葉昌熾所見、所購書籍，其中《潛研堂全集》其所見版本較多。

戊寅三月廿六記：「得新刻《養新錄》八冊」〔註99〕，戊寅為光緒四年，《養新錄》版本中有光緒二年刻本，應為此本。〔註100〕不過葉昌熾後來又得多部《潛研堂全集》，此本《養新錄》應該不是《語石》所引《養新錄》的版本。

葉氏得《潛研堂全集》共三部：癸未（1883）四月廿九「得屺懷（費念慈）書贈《潛研堂集》一部」；庚子（1900）十二月初三，在古董肆見新書兩架，「選得湘中刻《潛研堂全書》一部」；同年同月廿九，阿和購得「《潛研堂全書》一部十二函」。〔註101〕今傳錢氏全集有三個較為流行的版本：嘉慶十一年（1806）黃鍾等刻《潛研堂文集》五十卷；道光二年（1840）有嘉定錢氏刻《潛研堂全書》；還有光緒十年（1884）長沙龍氏家塾重刊《嘉定錢氏潛研堂全書》。〔註102〕除最後提及的一本信息有限，如果葉昌熾所記其他兩本的書名準確，也可推斷出此三本與錢氏著作全集的對應版本：費念慈所贈《潛研堂集》應為嘉慶十一年本，湘中本為長沙龍氏家塾本。不過上文對比葉昌熾錄文與錢大昕

〔註98〕分別見《緣督廬日記鈔》壬子正月初九，第509頁；癸丑十一月初十，第530頁。
〔註99〕見《緣督廬日記鈔》，第48頁。
〔註100〕《十駕齋養新錄》光緒二年刻本，後收入商務印書館出《國學基本叢刊》中。
〔註101〕分別見《緣督廬日記鈔》第70、295、297頁。阿和為葉昌熾家僕。
〔註102〕傅璇琮主編，《續修四庫全書總目提要·集部》，上海，上海古籍出版社，2014，第163頁。

原文時已考察諸版本在文字上幾乎沒有差別，故而版本區別並不影響錄文內容。

　　無獨有偶，近代學者朱劍心在編寫《金石學》時也從《語石》轉引了大量文本。如前文提到葉昌熾對《碑版廣例》的刪改極有特點，朱劍心從《語石》中轉引了《碑版廣例》文本，其引文與《語石》一字不差：「古稱封泰山者七十二家，勒石千八百餘處；今傳於世，自秦刻石以外無聞焉。」此後與《語石》相同，兩著作均刪去了《碑版廣例》原文中：「司馬班范之紀兩漢封禪，其文辭不概見。」以及下文「玄宗開元十四年為盛」的詞句中刪去了開元十四年的年份信息。可見朱劍心在編寫《金石學》時，此條從《語石》轉錄而出，並未直接參考《碑版廣例》原著。〔註103〕這種現象體現了在晚清金石學著作數量眾多，書籍材料在互相借鑒中往往陳陳相因，並不直言原文的真實出處。

　　在綿延五千年的中華文明歷史中，對前人文獻的利用在各個時代顯示出了不同的特色。秦漢時期以《史記》為例的文本，對引文尚不能完全控制，常有前後重複、牴牾的情況出現，形成「失控文本」。至唐代，以《齊民要術》為代表的類書已經彰顯出彼時學者借助前代著作嫻熟的知識管理技巧。從閱讀史發掘文本生成過程的研究仍然較少，尤其少有學者投眼於清代學術著作的文本生成。實則，還有大量學者如葉昌熾一樣，留有豐富著作、日記、手札等材料，都是閱讀史的史料來源，從而力圖復原學者的閱讀歷程和文本創作過程。雖然閱讀史的研究仍具有一些偶然性，也有不絕的爭議，但仍是一個可供探索的方向。在《語石》的文本生成過程中，完全可以看到葉昌熾對當時工具書《金石萃編》的極度依賴，以及他在彙編各文本的引文時，有意識地刪去原作者的主觀考證與評判，留下相對客觀的描述性語句。這些經過二次加工的文獻再次打上了葉昌熾的個人印記，當朱劍心引用《語石》中的這些二手文獻時，也不可避免地打上了烙印。這些引文好似是散落的「珠子」，儘管著者有時隱去「參考文獻」的來源，但依舊可以通過這些引文的特殊性對比得出著者的閱讀經歷和參考對象。

　　討論《語石》的文本並不只是為了這一個個案的研究，清代是集大成文獻輩出的時期，大到《四庫全書》，小到《金石萃編》《碑版廣例》等金石學著作，都不可避免地大量借鑒前人的文獻。著者如何篩選、刪改文本，都是值得探討的問題，本質發掘的是清人如何進行知識管理，學術寫作的路徑。

〔註103〕朱劍心《金石學》，北京，文物出版社，1981，第188頁。

# 第 3 章　晚年生活與《邠州石室錄》

## 3.1「書淫墨癖」：葉昌熾的收藏觀念

### 3.1.1　兵燹之災中的收藏活動

　　此節對葉昌熾的收藏心理作一總結，尤其回顧葉氏在戰爭期間依舊搜買拓片的心理活動，探索葉氏的收藏動機，以及他對自己進行收藏活動的評價。

#### 1. 財力與眼力

　　首先葉昌熾的收藏動機有一部分出於晚清官場熱衷金石收藏的世風影響，尤其深受潘祖蔭、吳大澂兩位晚清熱衷收藏金石的高級官員的影響。較為顯著的對比是，葉昌熾早年在進入潘祖蔭幕府前並不留心於碑帖拓片的收藏。葉昌熾至遲在葉昌熾原本著意於藏書，在碑帖方面並不留意，早年所購買的碑帖拓片大多數是有助於書法臨習的傳統「字帖」，這些字帖的實用價值往往高出收藏價值。至遲在進入潘祖蔭幕府前，尤其對於經幢、造像等不見於書史的無名書家作品從未見葉氏購買收藏。可以說是在潘祖蔭的影響下，才開始大量購買碑帖，漸漸沉迷於金石拓片的收藏。潘祖蔭在 1883 年丁憂期間延請葉昌熾為其編纂藏書目錄，並於同年三月聘他作弟弟潘祖年的師傅，這是葉昌熾開始留心碑帖收藏的發端。從 1889 年至 1901 年，葉昌熾中進士後留京為官，因碑帖購買更加便利、收入更豐厚，碑帖收藏又進入新的階段。其收藏興趣的轉變除了與潘祖蔭對他的引導外，也有客觀上經濟、地理位置改變的緣故。

　　進入潘祖蔭幕府後，地理位置和經濟情況的改變。在蘇州時期，葉昌熾所購買碑帖往往通過四處遊走的帖估，甚至不曾直接得到帖估的信息還是從蔣鳳藻處聽得。如《日記》辛巳（1881）三月初九：「訪鳳生，據云有閩人攜宋本《九成宮》求售，末有翁覃溪跋，二千餘言，惜不及睹也。」像宋拓這類珍品，帖估往往會前往有財力收藏的大家求售，以葉昌熾當時的地位和實力，只求能得過眼基本沒有收藏的實力。甚至遍尋葉昌熾日記，終其一生所見宋拓數量較多，卻從無機會收藏一二。葉氏在日記中也並未提及這些宋拓的價格，從顧文彬日記中可得一二：1879 年二月二十八日：「見香嚴新押之宋拓《醴泉銘》，每頁有翁覃溪精楷邊題。此帖數年曾有人持來求押，許以五百金未成。」〔註1〕不知此兩本是否為同一翁方綱題跋宋拓《九成宮醴泉銘》，不過可以看出經翁氏題跋的宋拓本價格之昂貴。潘祖蔭給葉昌熾的聘金為二十金，五百金的價格無疑是一筆鉅資。此時收入與收藏之間的矛盾讓他頗感無力，但眼界已經有所提高的葉昌熾也不輕易滿足於普通拓片。

　　對葉昌熾來說，持有珍貴拓本的帖估固然不會找他求售，然而即便有登門求售的外地帖估，所售賣的版本往往他又不甚入眼。如癸未十一月二十日所見曲阜孔某求售裴刻《虞溫公碑》、渤海刻《樂毅論》《黃庭經》等新拓，然而已見過宋拓雙鉤本《虞溫公碑》的葉昌熾早已看不上此等翻刻本。對於葉氏這樣經濟條件一般的士人來說，江南便利、豐富的碑帖市場顯然並不是為他們服務，只有一些有實力的收藏大家、高級官員才能享受到這樣的紅利。〔註2〕對經濟發達的蘇州來說，諸多著名藏家有帖估專門攜帶珍品尋求高價出售，缺少如北京琉璃廠一般供普通士人往來消費的地點。可引以為旁證的是在《日記》前兩卷即同治庚午（1870）至光緒癸未（1883）的 14 年中，葉昌熾也曾在進京考試時有三次機會造訪琉璃廠，所購為《揚州府志》《述學》《漢隸字源》三部著作，至光緒乙酉（1885）時，在琉璃廠多見購買拓片，先後包括《馮君闕》拓本、《鹽池靈慶公神道碑》、經幢二十三種等等。〔註3〕可見跟隨潘祖蔭進京，有機會前往琉璃廠這一客觀因素也極大地豐富了葉昌熾的收藏活動，尤其對

---

〔註1〕顧文彬著，李軍整理，《過雲樓日記》，載蘇州市地方志辦公室編：《蘇州史志資料選輯》，第 37 輯，2011，第 96 頁。

〔註2〕白謙慎，《晚清官員收藏活動研究》桂林，廣西師範大學出版社，2019。其中「拓片市場」一節中詳細討論了向顧文彬、潘祖蔭這樣的收藏大家在晚清的購買情況。但對葉昌熾這樣的士子來說，顯然面對的是不一樣的「拓片市場」。

〔註3〕《緣督廬日記鈔》，第 62 頁、72 頁。

於收藏經幢的葉昌熾來說，琉璃廠對貧寒的文人士子來說，提供了極為便利的拓片收藏市場，有了更多「撿漏」的機會。

正如上文所述，雅好金石之風與乾嘉學派一脈相承而來。實則無論葉昌熾是否投入潘祖蔭門下，在清末風靡的碑帖收藏時風下，他也許遲早會沉迷於碑拓收藏的世界。朝鮮人來訪也以碑拓為獻禮，可見晚清金石收藏風氣之盛連外國使臣也入鄉隨俗。官場上下的酬謝應答，也往往以碑拓為禮品。再者，如不是稀有拓片，普通碑拓的價格都不貴，碑帖收藏的入門門檻較低。〔註4〕這些也是葉昌熾在收藏古籍的同時，也收藏碑拓的客觀原因。

## 2. 戰爭背景中的收藏心理

回顧葉氏中年以來的收藏活動，19 世紀末發生的兩次戰爭背景中的情況尤為值得關注。中日甲午戰敗之後，作為親歷陸戰統帥之一的吳大澂，提出毀家紓難，以自己所藏古器抵償二十分之一的賠款。這一請求最終並未得到允許，卻塑造了晚清收藏家在國難時期的某種正面形象。〔註5〕也許這種請求是出於對戰敗遭黜的政治聲譽的挽回，其目的難以明辨。雖不至於以這樣的要求苛責彼時的每個當局者，至少提供了一個參照，可與下文葉氏所載錄的戰敗國文人日常形成鮮明的對比。葉氏日記中所見的兩次戰爭一次是中法馬尾海戰，另一次是甲午中日戰爭。在《緣督廬日記》中葉昌熾每每記述聽聞敗訊後的悲憤心情，不日依舊購買碑帖。除了對戰爭事件和心情的記載外，在日課與收藏方面，並無其他變化。

《緣督廬日記》中第一次記載的戰爭是中法馬尾海戰的情況。光緒十年（1884 年）六月廿七「總署因基隆一事，移文各國公使詰責，法酋如前桀驚，即行決戰，又聞法人已發兵萬首途，果爾，則利在速戰，待其厚集兵力，國之不易矣。」七月初五：「得電信，知我師大敗，兵輪炮艇幾至全軍覆沒，船政局亦被轟毀……法人只壞船三艘，為之怒眥欲裂。書生憤事，自取之咎，誠不足惜，其如國事何」。不過前一日戰敗的訊息並不影響第二日拓片的採買：七月初六「年幢八幅，熙寧三年幢八幅，均在無錫惠山寺。又龍門造像二十種，拓者甚精。並云電信，法人攻破馬尾後，即以師船四艘進攻長門，為穆將軍轟沉二艘，閩安營沉一艘，有此捷音，差強人意。唐仁齋來購定經

---

〔註4〕白謙慎，《晚清官員收藏活動研究》，第 8 頁，葉昌熾曾用百錢購買《智山城碑》拓片，按當時的物價相當於 50 個菜包子。

〔註5〕見白謙慎，《晚清官員收藏活動研究》，第 291 頁。

幢四種……」〔註6〕其後又記述劉永福在北京受到嘉獎之事，此後再無關於中法戰事的記載。此時葉昌熾尚未中舉，瞭解的信息有限，對於戰爭的喪報憤恨的情緒躍然紙上，從實際情況來看卻並不敗壞他購置碑帖的興致。十年後，甲午戰爭與中法戰爭的戰局迥異，葉昌熾的身份也從「書生」變成了直接參與朝廷是否議和的當事人。

至甲午中日戰爭時期，光緒二十年（1894年）七月至九月，多條日記載錄了葉昌熾在戰事期間的消息。在九月初八，李盛鐸、文廷式遞摺子請聯英抗日時，葉昌熾對此持消極態度：「余謂必當諫。英人助順之說僅有赫德一言，其枋國及議院未必允，未可遽以告。」此一言也說明葉氏對英國政體已有所瞭解，便於九月廿三日，又與諸大臣聯名反對議和。與自己反對議和形成對比的是，他對戰局還是持悲觀態度，借自己身在朝中，瞭解戰況的先機，早日著人安排南下車馬船隻運送藏品。九月廿八曰：「蒿隱來，聞九連城不守，……深恐此信一宣都下振動，車船必致翔貴。訂即日束裝。」並委託王頌蔚先南下雇備船隻，騾馬。十月初六時，葉昌熾整理碑版藏書共計二十四箱，「煩重極矣」。葉昌熾將這些藏品視為自己的新寫，不但率先安排沉重的藏品早日南下免毀於戰火，要準備束裝南下時也尤為珍視，率先將自己所藏經幢南運：「經幢平生精力所聚，尤為可惜，目已校正，開河如尚有南輪，先當馳寄」〔註7〕。此次南下後因簽訂《馬關條約》而並未危及北京，南下之行也未成形。此時葉昌熾已開始京官生涯，也參與到了變幻莫測的官場中。然在危急時刻，還是以保護自己家人、收藏為先，利用官場消息，提前作出離京避難的打算。

《馬關條約》簽訂之後，日記中也記載了葉昌熾「國將不國」的憤恨，這依舊不影響他每日在碑估處購買拓片，但這種情況也是當時京官的普遍現象。葉昌熾在家書中曾憤憤描述當時京官的生活日常：「京僚銷寒如故也，新年之逛廠如故也。同鄉之紙窗竹屋亦如故也，積薪厝火、帖然高臥，有不突如焚如者乎」；「都中士大夫不獨朝貴醉生夢死，清歌漏舟之中，醺睡積薪之畔，十人而九。……貴人子弟謀倭部、謀館差，竿牘不絕，人心澌滅，至於如此。」〔註8〕這些批判當時士大夫生活狀態的詞句僅見於葉昌熾與兒子的家

〔註6〕《緣督廬日記鈔》甲申（1884）六月廿七至七月初五，第82頁。
〔註7〕此則信札落款為十一月十一日，結合信中提及吳大澂打仗一事，及下文提及張樵野訪日一事，應為甲午戰爭期間。
〔註8〕沈麗全整理，《緣督廬家書》，載上海圖書館歷史文獻研究所編，《歷史文獻》2013年第17輯，第121頁。

書。也可想見，甲午戰事吃緊京中朝野依舊醉生夢死，更何況在中方佔據優勢的中法戰爭期間，無論戰事緊張與否，都並不影響包括葉昌熾在內的士大夫們在廠肆採買藏品的活動。

　　當然，葉昌熾自己也有一些戰爭期間採買藏品的理由。在甲午戰爭期間葉昌熾與兒子的家書中，他反而囑咐兒子購買鄉賢文獻充實收藏：「爾在蘇，如在書肆中間有鄉先喆遺書難得而價不甚鉅者，可略購一二。明時桑海諸公，當干戈遍地，尚留心掌故，餘此志雖死不衰也。」〔註9〕從理想的角度來說，葉氏此言可能確實有保存前人文獻的志向，畢竟鄉賢遺書也是他的主要收藏對象。傳統藏書「五厄」中，兵燹之災對文獻有毀滅性打擊。從經濟的角度來說，戰亂時期藏品的售價往往大幅下跌，「撿漏」的可能性加大。這也是葉昌熾在家書中強調「價不甚鉅」的原因。在這兩點上收藏碑帖拓片與藏書的心理如出一轍。在此處也可以看出，葉昌熾雖然沒有像吳大澂、潘祖蔭等名極一時成為朝廷大員，仕途卻為他的經濟狀況帶來了極大的保障，即便處於戰亂時期依舊有財力購買藏品，足見為官之路對收藏活動提供的有力經濟支持。

　　保存書籍文獻是一方面，留存拓片某種程度上也是對文獻的保護，對拓片文字的珍視主要體現在兩方面：既是從時間的角度，保護文字不受風雨消磨而泯滅；還有出於保護書冊、拓片不受兵燹之災。如《日記》，「咸通八年一刻乾符幢，丙戌在滬募衡吟館碑估裹糧往拓，年月尚存，今據碑估云已斑駁無字，僅拓兩面，亦皆漫漶。相隔僅十三年，古刻已有存亡之歎，吾曹斤斤護，惜未為過也。」〔註10〕在《語石》中葉昌熾在古碑七厄中並沒有將「雨淋日炙」「兵燹」等歸在其中，在日記中卻體現出葉昌熾對此兩種災厄對碑刻、拓片、書冊等有所毀傷的擔憂與感歎。〔註11〕

　　甲午戰爭結束後的第三年，葉昌熾作《奇觚廎百衲帖》自敘中有這樣一句：「生民之至艱，荼毒之極哀，天也，不可以言也，不得已而逃於書淫墨癖以自遣也。」〔註12〕從這個角度來說葉昌熾的收藏心理是複雜的，葉昌熾即便在家書中痛斥那些在戰亂時期醉生夢死的士人們，他其實也屬於「逛廠肆如故」者之一，這一「逃於書淫墨癖以自遣」也代表了當時這一群體的自我開解：購買

〔註 9〕此與上文提及「經幢南運」為同一則家書。
〔註10〕見《日記》戊戌（1898）九月十七，第251頁。
〔註11〕古碑七厄見《語石》卷九碑厄二則，第303頁。
〔註12〕《葉昌熾集》，第373頁，此文作於戊戌十月十七日。

排遣焦慮疏解情緒的方式。在這種情緒之外，客觀上戰亂動盪的年代中增加了藏家撿漏的機會，還增添了一層葉氏「干戈遍地，留心掌故」的存文獻之心。此「書淫墨癖」的評價葉昌熾常用來自況，幾可視為葉昌熾對自己收藏活動的自評，那麼該如何解讀這一評價值得深思。

### 3.1.2 從「玩物喪志」到「書淫墨癖」

對葉昌熾「書淫墨癖」的解讀要先回到士大夫對「玩物喪志」一言的普遍焦慮上來。在本文的第一章中，已然追溯了此言出於宋學二程對於讀史、藝文鑒賞類活動的評價。在《語石》中葉昌熾也戲謔，金石尚不如史，伊川先生必定「敬謝不敏」。晚清著名的金石收藏家們時常對金石收藏的動機是否「玩物喪志」有一番辯白。

如陳介祺在給鮑康的信札中稱：「我輩之好古文字，以補秦燔之憾，自不至同玩物，而異於珠玉之侈矣。……愛文字之心，必須勝愛器之念，所望海內君子，日有以相朂耳。同志共從事於斯，則自無世俗之見。」〔註13〕而吳大澂喜好鑽研古玉，大多古玉上並無銘文，他提出：「古之君子比德於玉，非以為玩物也。」〔註14〕沒有銘文的玉器可以用來研究古代的典章制度。葉昌熾之後，又有端方在《陶齋吉金錄》中曾說：「我朝家法不尚玩好」，但端方並未將酷愛金石看做玩物喪志，而是「窺昔賢樸學之門徑」〔註15〕。此三家之言都指向一點：如果收藏活動不以「鑒賞」為目的，就可以擺脫「玩物」的嫌疑；故而紛紛將收藏活動的目的落腳於「文字」「非玩物」「樸學門徑」等小學、史學的研究功用。亦如本文第二章中在回顧諸金石學的在研究內容中有所分歧，對是否將器型、書法、文辭等納入金石學研究範圍莫衷一是，但諸家較為一致地均將證經補史作為金石功用。

此三人之言葉昌熾未必瞭解，從日記中看「玩物喪志」之言也並不讓他焦慮，故而並不因此有過思辨。但從《語石》的收藏標準中可以看出他的「愛文字之心」。《語石》中幾無無字之碑，僅收錄有政治歷史意義的「無字」碑，如南夷銅鼓、銅柱。漢唐時曾立刻字銅柱。在此則中葉昌熾還提及吳大澂在中俄邊界「立銅柱於寧古塔，以拓本徵題」的事件，稱銅柱「雖託之寓言，苟有好

〔註13〕陳介祺：《簠齋尺牘》，轉引自白謙慎，《晚清官員收藏活動研究》，桂林，廣西師範大學出版社，2019，第306頁。

〔註14〕吳雲：《兩罍軒尺牘》，卷十，葉5B。

〔註15〕端方：《陶齋吉金錄》敘，南京私人出版社，1908。

古之士，要未嘗不可物色。」〔註16〕葉昌熾的鑒藏觀大多與陳介祺相仿，收藏碑拓，先是出於「愛文字之心」，其藏品多為有字的碑拓，也說明葉昌熾對文字的看重；但像南夷石鼓這樣沒有文字卻有歷史意義的，他也如吳大澂一樣作為好古者可物色的對象，錄入《語石》；也正如端方對金石收藏與樸學學術關係的解讀，葉昌熾才很少將自己收藏碑拓看作玩物喪志而作出辯駁，以輕鬆之態玩笑伊川先生之言。在《語石》中葉昌熾也明確提出：「金石文字有裨考古如此，豈得為玩物喪志哉？然吾人搜訪著錄，究以書為主，文為賓。」〔註17〕此句可窺葉昌熾對玩物喪志之言的不屑辯駁。另在下文中葉昌熾明確指出王世貞藏碑，評價其文「美惡」，此舉無異於買櫝還珠，否定了碑文作為辭章鑒賞材料的功能，對「鑒賞」活動的排斥，亦可等同於與「玩物」劃清界限。故而可以總結，葉昌熾對「玩物喪志」這種傳統宋學批判是從正反兩方面反駁的，正面以「金石有裨考古」重申收藏的目的，反面是批評將金石作為鑒賞材料的活動，將自己與王世貞等「賞鑒家」劃清界限。葉昌熾將自己的收藏稱之為「書淫墨癖」「石癖」用以形容自己的耽好。

　　從時間線上來看，葉昌熾先以「癖」形容自己的藏書活動，後以「書淫」專門形容自己藏書，改用「墨癖」「石癖」等來形容碑帖收藏的沉迷。其中最早開始以「癖」形容自己的收藏活動是《日記》丁丑（1877）十月三十曰：「余癖嗜墳典，好藏弄古籍。」此則也可引證為葉氏藏書活動的開始遠遠早於收藏碑帖。相比碑帖收藏來說，藏書是古代文人讀書最普遍基礎的收藏活動。「書淫」一詞悠久的歷史也可說明藏書活動的源遠流長。《晉書‧皇甫謐列傳》中稱（皇甫謐）「耽玩典籍，忘寢與食，時人謂之『書淫』」。加之如他在日記中所言，當時海內升平，無論是古籍或是國朝儒士都有著作刊刻，「不患無書可讀」。〔註18〕葉氏晚年在整理藏書時有感而作的兩首詩中有：「此是儒家不二門」一言，也說明其藏書活動依舊為科考服務。〔註19〕故而在《藏書紀事詩》中，「書淫」一詞出現的頻率極高。

　　與早年稱自己「癖嗜墳典」相對比的是，中晚年後轉而以「書淫墨癖」概稱自己收藏典籍與碑拓。對其他藏書家，葉氏多言「書淫」，豐坊首見連言「書

〔註16〕《語石》，第 74 頁。
〔註17〕《語石》，第 206 頁。
〔註18〕《緣督廬日記鈔》丁丑十一月初二：「今海內升平，四方士大夫敦尚樸學，遺經古籍及國朝儒先著述漸次開雕，有志之士不患無書可讀矣。」
〔註19〕《葉昌熾集》，第 108 頁。

淫墨癖」。「書淫墨癖」一詞原本出於黃宗羲《豐南禹別傳》，其後全祖望《天一閣藏書記》中亦沿用以形容豐坊對收藏書籍的癡迷，葉氏在《藏書紀事詩》中化用為「潦倒書淫墨癖中，滑稽世乃有人翁。」在葉氏著錄中，這一詞不僅形容過自己，對潘祖蔭以及自己的兒子都用過這一詞彙形容。在《奇觚廎詩集》中，亦用於形容自己的老師潘祖蔭：「墨癖書淫日幾回，奚奴排闥送箋來。」〔註20〕並注文解釋自己在館時，與潘祖蔭考釋金石，商榷文字，每日通信三四。葉昌熾在其子早殤時曾喟歎：「然書淫墨癖頗有迺父風，學問門徑亦了然洞徹。」〔註21〕感慨自己冷宦十年的收藏將來不知將流落何人之手。不曾想葉氏一語成讖，其去世前只得將自己多數珍藏折價售與劉聚卿。葉昌熾能用「書淫墨癖」之言來形容潘祖蔭、兒子，可見詞意褒揚。

「墨癖」「石癖」等詞葉昌熾也常用以形容熱衷金石收藏的同儕。如《語石》中有「藏石一則」，悉數當時收藏原石的藏家，包括「潘文勤師及貴築黃子壽師、福山王廉生祭酒、德化李木齋京卿、同郡吳愙齋中丞，皆有此癖」，又提及如繆荃孫、梁杭書、徐積餘等偶得一二通。在葉昌熾的語詞中能用「癖」形容的，不止是主觀意願熱衷收藏，還需確實得坐擁諸多藏品，才可稱之為癖。這一形容也有極強的文學色彩，在葉氏的詩文中常用到這樣一語詞，如用以自況的「平生石癖歐趙外，又到招提締墨緣」。〔註22〕稱「癖」是傳統文人的一種雅稱，有「煙霞癖」「泉石癖」等，這些稱癖的背後往往寄託了文人的審美情趣與精神追求。「石癖」於宋代是「泉石癖」或「硯石癖」，尤其是省稱為「石癖」多理解為對奇石、硯石的搜藏之樂，至清代石癖方有「金石癖」的含義。〔註23〕

從玩物喪志到書淫墨癖，不只是語詞的變化，更重要的是語言背後所暗含的收藏心理變化。宋學傳統的「玩物喪志」批判本身像一道枷鎖，文人藏家作為儒生總免不了有自己理由各異的辯白，充滿了無盡的焦慮情緒。此種語境下的收藏活動，在心理上往往自我剖析為對現狀的「逃離」。而「書淫墨癖」則大不相同，它暗含著文人的個性，充滿了主觀的積極性，不是為自己的行為辯解，而是去主動展現自己的愛好。從「癖」這一點來說，晚明與晚清又有了些

〔註20〕《汪子星臺以潘文勤師尺牘裝冊徵題皆致其先人眉伯州倅函也敬賦五絕》，《葉昌熾集》，第132頁。

〔註21〕《緣督廬日記鈔》丙申十月初一，第234頁。

〔註22〕《葉昌熾集》，第250頁。《遊法源寺靜涵上任出「虛心圖」屬題成三絕》。

〔註23〕曾婷婷，《「以癖為美」：晚明生活美學樣態的畸變》，《河南師範大學學報（哲學社會科學版）》，2013年第4期。

許共同之處：物質雅玩都成為了文人宣稱的遁世的途徑，也是末世狀態下文人放飛自我的個性展露。不過對清末文人來說，他們也許早已嗅到金石收藏有滑向晚明鑒賞家「玩物」的趨向，故而早早割席痛斥圍繞金石展開的鑒賞活動，給自己營造了收藏活動的心理「舒適區」。

　　葉昌熾生活的年代在民末清初。他的收藏觀可以看作是清末民初末世狀態下傳統文人收藏觀的縮影。從《緣督廬日記》中可看出，葉昌熾對晚清遭遇的諸多戰爭雖有憤慨之心，收藏活動也並未受到時局動盪的影響，在當時京官士大夫對戰爭普遍麻木的狀態下，這是世風使然無可厚非，葉昌熾在家書中的憤慨最終落腳為逃向「書淫墨癖」。再則，葉昌熾在戰爭背景中的收藏活動或多或少有保存文獻之心，在這種收藏動機的驅使下，戰爭背景中購買書籍拓片，南運藏品等反而會讓藏品免於兵燹之災。結合葉昌熾相近時代吳大澂、陳介祺、端方等收藏觀來看，葉昌熾的收藏活動與其藏書一道，以傳統學問的研究為目的。文人藏家們用有益樸學的理由，避免了傳統儒家思想「玩物喪志」的批判。葉昌熾詩文中不自覺地將同儕的收藏活動總結為「書淫、墨癖」反映了其心理已然卸下玩物喪志的心理負擔，將收藏活動視為個性的主動展現。晚清的收藏家們借金石繼承乾考據學傳統服務於經史之學的理由，為自己營造出了一塊心理舒適區：這裡既能擺脫玩物喪志的批判，又能有別於明末賞鑒家之流。書法作為金石中難以忽視的一部分，金石學家怎樣在「玩物喪志」與「鑒賞家」這兩條紅線中處理書法藝術，是一個值得探討的問題。下文以葉昌熾《邠州石室錄》為例，探討他如何處理金石與書法的關係。

## 3.2　致仕生活：晚清文人與刻工的交往

　　光緒三十二年（1906）清政府裁撤學政，令學政回京供職，葉昌熾不願繼續為官稱病回鄉。〔註24〕以往的文獻對葉昌熾的退休生活乏善可陳，葉昌熾在為官期間收集了頗多藏品，晚年以增補《語石》，編著《邠州石室錄》兩部著作為主要任務，並先後將自己的著作刊刻出版，如《語石》刊於宣統元年（1909），《藏書紀事詩》重刻於宣統三年（1911），《邠州石室錄》刻於民國五

---

〔註24〕葉昌熾的致仕生活於本章第一節中提及其「遺老」自居的心態，另可參見馬洪菊，《葉昌熾與顧燮光交遊考——兼論葉昌熾晚年的政治立場》，《北方民族大學學報（哲學社會科學版）》，2010 年第 6 期，第 102～105 頁。

年（1916）〔註25〕。上海圖書館藏葉昌熾手札中有諸多葉昌熾與汪壽通、潘祖年的往來信件，葉昌熾對刻手提出了許多具體的要求，這一部分資料較為少見，在此通過梳理葉昌熾在手札中論及有關刻書、刻工的評價，透視晚清士人在出版書籍時的審美要求。〔註26〕

### 3.2.1 葉昌熾與蘇州刻工：金緝甫與徐元圃父子

古籍刻本的成書大致可分為定稿、校勘、書寫、刻版、印刷、裝訂等六個環節，其中後四個環節都是由工人完成。選擇合適的寫工、刻工對書籍十分重要。葉昌熾著作中提及有姓名的刻工主要有三位，徐氏父子，徐元圃、徐稚圃，以及陶子麟，寫手饒星舫。〔註27〕徐元圃、陶子麟都是晚清著名的刻工，葉昌熾、蔣鳳藻、繆荃孫等所刻書籍都依仗徐元圃，在徐元圃去世後，繆荃孫與葉昌熾沿用其子徐稚圃。稚圃的水平與其父難以相較，葉昌熾與繆荃孫又紛紛轉向湖北陶子麟。

與刻工相比，寫工往往很少能在書末留下姓名。正如王欣夫先生所言，若非葉昌熾的記載，後人無法得知蔣鳳藻的「鐵華官叢書」由金緝甫寫樣。〔註28〕葉昌熾青年時代在幫助蔣鳳藻刻書時，就在蘇州尋覓寫工，在聽說了金緝甫能寫影宋後，取《郡齋讀書志》讓他先為寫樣，他評價金緝甫的字跡「金君字樣，筆意方勁，雅近平原，極合格也。」關於金緝甫的流傳資料較少，除蔣鳳藻的《鐵華館叢書》外，未見其他書籍。有趣的是，時隔三十年，葉昌熾又遇到了金緝甫。日記中對金氏的稱呼也改為「茂才」，並稱金緝甫已經改業堪輿，請金緝甫作客後為自己家更換樑柱諏吉。〔註29〕

〔註25〕《邠州石室錄》編著於宣統三年（1911），恰逢辛亥革命，以摹勒拓片消磨時光。參見馬洪菊《葉昌熾與清末民初金石學》。
〔註26〕此處的刻工指專門刊刻書籍的刻工，與刻碑帖的刻工有所區別。有關刻工的文獻在書籍史的論述中並不多見，且多關注南宋、明代書籍出版業蓬勃發展時期的刻工，以及書籍中插圖的版畫刻工，如周紹明著作中第一章中構建了晚明中部分刻工的生活狀況與工作情況，分析了刻工的社會地位。葉昌熾的手札也可視為晚清刻工生活的反映。參見周紹明著，何朝暉譯，《書籍的社會史：中華帝國晚期的書籍與士人文化》，北京，北京大學出版社，2009。
〔註27〕有光緒年著名四大名刻，黃岡陶子麟、吳門徐元圃、京都劉春生、南京姜文卿。
〔註28〕王欣夫，《文獻學講義》，有名的寫工與刻工，上海，上海古籍出版社，2005，第143頁。
〔註29〕見《緣督廬日記鈔》辛巳（1881），二月十九日、二十日、廿三日，第65頁；甲寅（1914），二月十六日第533頁。

相比於在葉昌熾日記中的金緝甫，亦為蔣鳳藻刊刻鐵華館叢書的徐元圃相關記載極少。徐元圃早年刻石，後轉為刻版，存世作品較多，較著名的還有《震澤縣志》光緒十九年（1893）刻本，咸豐四年（1854）《玉渹詞》、武進費氏《景宋本中興閒氣集》〔註30〕，以及石刻《蘇州結帽縷公所義冢碑》，（蘇州碑刻博物館），徐元圃鐫。葉昌熾為潘祖蔭校《功順堂叢書》也延請徐元圃刊刻。〔註31〕在費念慈與繆荃孫的信札中也多次提及徐元圃：當時費、孫二人商議盛宣懷出資所刻《常州先哲遺書》，欲請金緝甫寫，徐元圃刻。今所流傳的《常州先哲遺書》由繆荃孫總纂，陶子麟刻，其始編時間約為光緒二十年（1894），從費、孫二人通信中可知，原本欲將此書的刊刻任務交予徐元圃。金緝甫應為徐元圃經常合作的寫工，並將其推薦與費念慈。費念慈提及：「刻書事聞徐元圃，云金緝甫可寫，盡年內可刊成。惟緝甫應試規，榜後方能發交耳。」此處的記載恰好補闕了葉昌熾日記中關於金、徐二人生平的記述相合。此處提及金緝甫「應試」一事，與葉氏日記後來改稱「金緝甫」茂才相呼應，金緝甫未必在此時中秀才，不過金緝甫在作寫工的同時一邊積極應考，最終亦成功考中秀才。而盡年為終其天年之意，可知此時徐元圃年事已高。與葉昌熾1908 年日記中回憶徐元圃「二十年前」為蔣鳳藻刻書時已年逾六十的高齡亦能相應。

關於徐元圃的工價，在繆荃孫信札中有記：「徐元圃在時，刻價每百字百文。今其子不肯，刻手亦差。侍刻《白氏諷諫》，至今無印樣來也。」〔註32〕可見徐元圃當時不僅刻書技術獲得諸藏書家認可，要價也十分公允。不過下文仍提及二人欲將盛宣懷叢書交與徐元圃。費念慈與繆荃孫提及《常州先哲遺書》中具體書目時說道「弟又勸其影刻君堅所藏宋本《毘陵志》，仍屬金緝甫寫，徐元圃刻，亦請兄校定。」〔註33〕此處提及「杏兄刻書事」可知確為盛宣懷刻書一事，今傳《常州先哲遺書》中亦確有《毘陵志》。《常州先哲遺書》後又經十餘年編纂才最終付梓發行，費念慈與繆荃孫此後的信札中再未提及刻

〔註30〕《玉渹詞》與《閒氣集》見博古齋拍賣，《閒氣集》為費念慈出資。
〔註31〕見《緣督廬日記鈔》戊申（1908）四月初四中有提及「二十年前為文勤師及香生太守刻叢書，即由其父承辦。其時年已六十餘。」第 465 頁。
〔註32〕錢伯城、郭群一整理，顧廷龍校閱《藝風堂友朋書札・上》，上海人民出版社，2018 年第九十四札，第 458 頁。
〔註33〕錢伯城、郭群一整理，顧廷龍校閱《藝風堂友朋書札・上》，上海人民出版社，2018 年第九十四札，第 457 頁、463 頁。

書之事，作為吳中著名刻手的徐元圃也再無事蹟傳世。從這些零散的資料中，也可以大致推出徐元圃大約生於 20 世紀 40 年代，卒於 20 世紀 90 年代中期，享年六十餘。

　　與「饒寫陶刻」相仿，徐元圃屬意的寫工為金緝甫，二人也有著較為穩定的合作關係。二人最終未能像饒寫陶刻」那樣達成相對固定合作模式的原因是多樣的，一方面是徐元圃去世後及徐稚圃未能承其徐元圃刻書的名聲，叢書這樣大訂單的減少讓徐氏刻書坊在名聲、收入、技術上均有落差，像「影宋」這樣對寫工技術要求較高的刻書工作不再委託與徐稚圃，自然也就不需要金緝甫這樣擅長影宋的寫工。金緝甫在邊作寫工的同時還在用功科考，故而並不像饒星舫職業。徐元圃去世後徐稚圃並未繼續與金緝甫合作，金緝甫也轉行作堪輿先生，徐、金二人的合作最終走向衰落極其令人惋惜，從葉昌熾、費念慈、繆荃孫三人對金、徐二人的合作成果來看，兩人的寫刻技術絕不在鄂中饒寫陶刻之下。

　　而相比於湮沒在歷史中的徐元圃與金緝甫，葉氏留下了的書札中多有提及與徐元圃之子徐稚圃的交際過程。從以上費念慈對徐稚圃的微詞中早可窺見徐稚圃並未能很好地繼承父親的聲名。從葉昌熾與徐稚圃的交往中也可看出作為文人的葉昌熾對刻工徐稚圃交往態度，為傳統書志學研究增添充滿人情味的增色。

　　與徐元圃形成對比的是其子徐稚圃，學者們對徐稚圃不滿處主要有兩點，如繆荃孫所說，徐稚圃的問題主要在於要價與刻工。對繆荃孫、葉昌熾部頭較大的著作來說，刻工價格甚至直接關乎書籍的出版週期。葉昌熾曾言明《語石》成書數年，卻一直未出版，原因就在於「鉅款難籌」，潘祖年願為葉昌熾出資刊刻，葉氏感激不盡，稱其「高誼可感」。〔註34〕徐稚圃的要價在《日記》中有明確記載：「以《語石》一冊付之，先寫刻一葉看樣，仲午處工價每百字二百文。」此時距繆荃孫所說的「徐元圃百字百文」的情況二十年有餘，徐稚圃的工價比徐元圃漲價一倍也是合理的，這個價格在當時應該屬於優質刻工的價格。結合劉承幹刻《嘉業堂叢書》時，癸丑（1913）劉承幹為上海鴻文齋開出的定價為千字二元五角，這一價格還是受到時局不穩等因素增加補貼後的

〔註34〕見《緣督廬日記鈔》，戊申（1908）四月二十日：「得仲午書，願為鄙人刻書，司收發。並願墊刻資。其意似欲任棗梨之責。……拙稿烏置篋中已久，所以不即付雕者，正以鉅款難籌耳。」第 466 頁。

價格，蘇州的刻價本身比上海低廉，劉承幹雇傭的蘇州刻工穆子美工價為二元整。千字二元左右的價格直至己未（1919）方漲價至接近千元三字的價格。〔註35〕徐稚圃的要價在當時應該也屬於較為公允的價格。與嘉業堂叢書這種大型書刊的刊刻過程相比，葉昌熾、潘仲午的刻書過程體現了更多核價過程中的細節。如在實際在給徐稚圃結帳時計算的方式多樣，可能並非完全按字結算，如序跋、目錄需要加倍算錢，重刻的價格以半價折算，一般由徐稚圃報總價後，再與潘祖年商議，有時葉昌熾還會要求以八折結算總價。〔註36〕

　　徐稚圃的結算方式與當時其他刻工一樣，一般為先行預付定金，設立帳目然後按字數抵扣，不過在實際操作的過程中刻工往往有較多「透支」，這種現象極為普遍劉承幹、葉昌熾在刻書中都曾遇到。這種預付抵扣的方式帳目混亂，葉昌熾偶然失記刻價時徐稚圃會蒙混帳目，這讓葉氏所警醒，提醒潘祖年「此後事事宜防之矣」，在上海圖書館的《語石》朱印本卷四中，夾有「計八千五百七十字」的簽條可能是給徐稚圃核算工價時留下的記錄。〔註37〕在帳目尚有餘款時，所剩刻書內容往往無多，帳目「透支」。〔註38〕一般情況下，出資者似乎礙於情面也並不會討要這些透支的款項，只在有所察覺後不再另付。如信札中葉氏兩次提及透支情況：「約計透支五十元，所餘無幾」；「稚圃已透支四十元，未刻無幾，不可再付。」劉承幹對這種情況也有生動的記載：「殆款已支完，則從無結束，遇有諮詢各事置之不理，甚有私自出售，損失書板等事，不一而足。」〔註39〕從這個角度來看，無論是像徐稚圃這樣的小刻坊主，還是劉承幹所面對的各地大型刻書坊，即便以千字二元的價格報價，但實際所獲取的工價應該遠超按照字數所計算的工價，頻繁支取刻資已經是刻工行業的「潛規則」。文人學者也深諳此則，在核算字數、帳目的同時，決定是否再繼續兌付刻資。與劉承幹交往的較大刻書坊相比，徐稚圃的經營規模極為有

〔註35〕陳誼，《嘉業堂刻書研究》，復旦大學中國古典文獻學博士畢業論文，2009。
〔註36〕徐稚圃工價見《日記》戊申四月初四，其價可換算為「千字兩元。」第三札：
　　　　「稚圃需款，可照八折付之。」；第七札：「稚圃序跋、目錄照常例皆加倍算，
　　　　結帳時稍抑減之最善。」第十四札：「其所開字數增入重刻半價及魚尾象鼻。」
　　　　見梁穎整理，《緣督廬遺札（上）》見載於《歷史文獻》，第18輯，上海古籍出
　　　　版社，2014年，第203頁。
〔註37〕《緣督廬遺札（上）》第十札：「稚圃敢於蒙混，由於支折未寫明價目」
〔註38〕此處透支指刻工所支取款項高於實際所產生的工價。
〔註39〕轉引自陳誼，《嘉業堂刻書研究》，復旦大學中國古典文獻學博士畢業論文，
　　　　2009。

限，從兩者帳目情況也可見一斑：徐稚圃與葉氏的賬款至多在八十元左右，而劉承干與諸刻書坊的賬款一月流水以數百元計，對比極為明顯。故而徐稚圃的生活情況也較為窘迫。葉氏曾言徐稚圃：「規模隘、本錢短」，應是對徐氏刻書坊的客觀評價。清末民初的刻書坊的傳統手工業作坊經營模式，文人與刻坊主人還並不像現代社會一樣有著規範的「客戶」關係，對刻書質量的把控還需仰賴出資者與刻工帶有策略的交往。

葉昌熾對徐稚圃的情感十分複雜。博覽群書的藏書家葉昌熾自然對自己經手刊刻的書籍有嚴格的質量要求，而徐稚圃的工作質量讓葉昌熾時憂時喜。《日記》中有關稚圃為葉昌熾刊刻《語石》的評價消極一面較多，常有「詰責」「警告」之言，最嚴重時甚至發出「天良喪盡，悔已無及」的喟歎。〔註40〕在上海圖書館藏的《語石》朱印本上，葉氏多有標出需要修改的字口。張炳翔、葉昌熾在校訂《語石》紅本時，對字形的要求著眼於字口的清晰度，檢查字口的斷筆處、字形正誤等問題。不過從最終成稿的效果來看，確實如葉昌熾所言「壁畫破碎」。經過多年歷練，葉昌熾寓居上海時的手札中對徐稚圃刻工質量雖然依舊有所不滿，但語氣已然緩和，如「部面紅樣亦領到，小字優於大字，年月一行尤勁不露骨，精蘊內含，鈍齋書法似小唐碑，稚圃尚能奏刀（「紀」字一乙、事字一」為敗筆，餘無可挑）」。〔註41〕

即便是出色的刻工在刻書時也會出現怠惰，如何督促刻工以較高質量完成刻書需要學者有智慧的斡旋。如嘉業堂叢書，已斥鉅資挑選各地最出色的刻工，還是需要劉承幹監督刻工質量，必要時有所「申斥」。〔註42〕除了語氣嚴厲的斥責外，在書籍即將刻完時，葉昌熾對此次紅樣較為滿意，告訴潘祖年「乞飭稚圃圓此善果，到底勿懈，至感至感」也有語氣緩和的時候。刻工與文人之間並不只是冷冰冰的金錢關係，如何讓刻工保證質量地完成刻書工作，也需要人情的潤滑，如葉氏囑咐潘祖年不要催逼徐稚圃太急「叢書裝訂既遲至初十必有，亦不必再催，催至過急，恐其出於草率，亦非所宜也。」

由此可見，刻工的社會地位不一定高，一旦進入刻書的工作中，學者與刻工的工作關係還是充滿迂迴的人情，這些與刻工的交往細節也都是《日記》中不曾表現的，這些書札為刻工這一少為人關注的群體提供了更生動的資料。

---

〔註40〕葉昌熾對徐稚圃刻《語石》的感歎可參見《日記》己酉正月至二月，亦在王立民《〈緣督廬日記〉研究》中有輯錄。
〔註41〕見《緣裂廬遺札（上）》，第三十札。
〔註42〕參見陳誼，《嘉業堂刻書研究》，復旦大學中國古典文獻學博士畢業論文，2009。

## 3.2.2 從「饒寫陶刻」看葉昌熾的刻書標準

　　與徐氏父子、金緝甫相比，近代古籍刻本中署名的饒星舫、陶子麟聲名赫
赫，二人與葉昌熾的交往並不篤厚，卻在清末民初諸多文人墨客的著作、筆記
中留下濃墨重彩的一筆，將二人譽為近代最著名的寫工、刻工也毫不誇張。葉
昌熾的《邠州石室錄》即是二人合作寫刻，此處考察饒寫陶刻有一根本目的：
眾口稱讚的「饒寫陶刻」還原度究竟如何？葉昌熾對刻書的標準與要求何在？

　　有關陶子麟資料中有一最難得的一手資料，即其子女陶敏所撰《懷念父親
陶子麟》，記錄了陶子麟的生卒年為 1857 至 1928，並提及一些陶子麟與楊守敬
交往不為人知的細節。〔註 43〕文中提及陶子麟早年便離鄉前往省城謀生，在族
人刻字坊中作童工，除了木刻外，還自學石刻、骨刻等技術。師傅去世後，由陶
子麟接管的刻書坊在楊守敬的賞識下方才打開新局面。迄今所傳陶子麟最早的
刻書作品為 1875 年為崇文書局刻《李太白文集》，其後為 1877 年為楊守敬所刻
《楷法溯源》。在與楊守敬結識後，陶子麟多向楊守敬請教書法之道，楊守敬亦
慷慨出借多種碑帖。此後又得繆荃孫指點，多見習金石碑帖，故而在刻字審美上
有了更深的領悟。儘管作為對父親的回憶此文或有溢美，至少說明陶子麟為晚清
文人稱讚背後的深層原因還在於研習書法中獲楊守敬、繆荃孫等大家的指點。

　　陶子麟早在 1891 年就為繆荃孫刊刻《雲自在龕叢書》中一卷，陶子麟仍
以武漢地區的生意為主，吳中地區尚以徐元圃為尚。葉昌熾第一次發覺陶子麟
刻工之精是在《日記》庚戌（1910）二月十一記載收到徐乃昌的《隨庵叢書》
十冊，又聯想到劉世珩的仿宋叢書亦為陶子麟所刻，評價陶氏刻書「雕造精美，
吳中無此良工也」。等到葉昌熾與劉承幹議定要刻《邠州石室錄》時，葉氏對
陶子麟每每提及都有讚譽之詞：至甲寅（1914）得知《邠州石室錄》由陶子麟
刻，葉昌熾評價此人「善之又善」。次年，劉承幹邀請陶子麟到上海，正式開
始刊刻宋本「四史」，以葉昌熾的《邠州石室錄》為發軔。葉昌熾評價：「陶為
鄂渚手民，善仿宋，精妙不弱於東鄰。」讚譽陶子麟刻書精緻不亞於日本刻工。
〔註 44〕從葉昌熾的角度來說，對陶子麟的刻書技藝無疑是極為滿意的。甚至晚

〔註 43〕陶敏，《懷念父親陶子麟》，載中國人民政治協商會議武漢市武昌區委員會編，
　　　　《武昌文史》第 5 輯，政協武漢市武昌區委員會，1989。
〔註 44〕見《緣督廬日記鈔》甲寅 1914 年，十月十二日，「劉翰怡刻叢書，徵鄙人撰
　　　　述……但有《邠州石室錄》尚可質諸當世。……」；十月廿二：「益庵來告《邠
　　　　州石室錄》將寄鄂，付陶子麟刻，此善之善者也。」；《緣督廬日記鈔》乙卯
　　　　（1915）三月二十二日，「先以拙稿《邠州石室錄》付之，為發軔之始。」

清鼎鼎有名的諸位大藏書家，也對陶子麟的技術極為認可，葉德輝曾在《書林清話》中總結陶子麟在近代刻書事業中的地位：「以恭影宋刻本明，江陰繆氏、宜都楊氏、常州盛氏、貴池劉氏所刻諸書，多出陶手。至是金陵、蘇、杭刻書之運終也。」〔註45〕諸多藏書家願意將叢書的刊刻工作交予陶子麟刻書坊充分說明了陶氏書坊的規模、技術都在晚清時期屬於一流水平。

不過在一眾好評聲音中，也有部分藏書家對陶子麟刻書的質量提出質疑，其中以傅增湘、吳昌綬為代表。在傅增湘見到陶子麟為繆荃孫所刻《賓退錄》曾評價：「亦嫌寫樣純是陶派筆意，殊欠古雅，恐寫字人未多見古刻耳。」後來陶子麟為傅增湘所刻宋本《方言》，傅增湘「不合意」甚至要在北方另覓刻工重刻，繆荃孫卻誤以為傅增湘不願兌付刻資，傅增湘多番致函解釋。吳昌綬在與繆荃孫通信時，也指出「陶子麟所刻太標緻（此吳諺），已成一派，無可獻疑問。」〔註46〕不過這些認為陶氏失真的評論並沒有影響繆荃孫對陶子麟的信任。在繆荃孫眼中，他認為陶子麟所刻已完全達到標準，且後來繆荃孫刻書依舊委託陶子麟，在與友朋的往來書信中還對陶子麟多有推薦：「如刻仿宋，該匠亦能之。此匠人頗好」。

這一現象上海圖書館郭立暄研究院曾撰文專門對「饒寫陶刻」版本與原版進行過對比，指出饒星舫寫樣、陶子麟刊刻的過程中與原本均有一定程度的失真。饒星舫寫嘉業堂翻刻紹興淮南西路轉運司刻元明遞修本《史記集解》寫樣時間長達一年，依舊與原本有所差距。而陶刻本大多字口棱角分明，還有類似唐碑意味的秀逸風格字口，如他為劉世珩刻《大戴禮記》。刻本失真的原因是多方面的，如傅增湘所言，字形與原本的失真和寫工、刻工所見宋本古籍較少，缺乏相關素養脫不了干係。其成因很可能是多方面作用的結果，作為翻刻書籍工作的參與者，出資人、寫工、刻工、市場接受等因素在共同作用下都會「鼓勵」刻工在原本的基礎上進行一定程度的創作發揮。〔註47〕不過從市場結果來看，諸多藏書家對陶子麟作品的稱讚說明其「陶氏風貌」即便與原本有一定差

〔註45〕葉德輝，《書林清話・書林餘話》，長沙，嶽麓書社，1999，第211頁。

〔註46〕錢伯城、郭群一整理，顧廷龍校閱《藝風堂友朋書札・下》，上海，上海人民出版社，2018，傅增湘致繆荃孫第四札，第717頁。吳昌綬致繆荃孫第四十四札，第1080頁。

〔註47〕郭立暄，《陶子麟刻〈方言〉及其相關問題》，《文獻》，2011年第1期。在這篇文章中郭立暄將饒寫陶刻與原本失真的原因歸咎於饒星舫寫本，並引梁穎《說箋》中市場因素對刻工風格的影響，認為刻工自成一派是多方面共同的作用結果。

異，卻依舊獲得了一眾好評，陶氏筆意也許刻畫出了眾人心目中「宋本」的理想模樣。

陶子麟日益上漲的刻字價格也側證了其市場歡迎程度。陶子麟的老顧客楊守敬與羅振玉的信函中多次提及陶子麟的工價。他回憶二十年前為汪康年刻書時陶子麟的工價為每字三文，加上寫工與板片的價格在每字五文。至 1911 年時，刻工價格為每字五文。〔註 48〕1915 年他在上海時期的工價為「每百字索值至六角五分，兩《漢》字差小，減一角，可謂善價矣。其所刻《嘉業堂叢書》已有十餘種。」〔註 49〕如果將其單位換算為洋元與千字，大約為 1911 年千字價格約為 3.9 元；1915 年千字價格約 5.3 元，而這個價格基本是其他地區的大型刻書坊工價的兩倍。〔註 50〕一般情況下，宋體與活體字價格相仿，仿宋字刻價稍高，即便排除字號大小、字體等因素，陶子麟的工價仍屬於較高水平。這樣的價格雖然葉昌熾稱之為善價，還有諸多學者為之不滿。在 1913 年時楊守敬就抱怨陶子麟要價太高：「亂後工價極奇昂，不止三倍往昔。陶子麟亦顧攫錢，純無感情，故所刊後半部，朱墨不能合套，而刻字之惡劣，猶其小焉者。」〔註 51〕王國維欲刻《學術叢編》刊物時，也感歎陶子麟刻價太高。〔註 52〕

從陶子麟的刻價一路走高卻一直受人追捧的情況看來，他對宋本字體的改造也頗受市場認可。葉昌熾對陶子麟的刻工也始終持稱讚態度，未有微詞。不過若將饒寫陶刻的《邠州石室錄》題刻與今傳拓片、照片相比，面目大相徑庭。在討論葉昌熾本人的摹寫水平如何之前，根據饒寫陶刻翻刻古籍失真的情

〔註 48〕郗志群考釋，《楊守敬致羅振玉的一封信》，《文獻》1998 年第 4 期。其核算羅振玉《國學叢刊》三種五十五葉，共一萬九千一百五十七字，每字五文，總價為九十五千七百八十五文，計洋銀七十六元。

〔註 49〕《緣督廬遺札》第五十六札。結合《日記》乙卯三月二十二日有「陶子麟到滬」之語，可知此報價應為 1915 年左右。經 1911 辛亥革命後經濟不濟，已與徐稚圃 1908 年千字兩元的價格不可同日而語。葉昌熾與潘祖年此時信件往來中依舊有關於徐稚圃刻書之事，可見徐稚圃與葉昌熾往來亦有十餘年。

〔註 50〕二十年前與洋元兌換方式不明，且有時局影響，故不計入。1915 年價格根據葉昌熾所言，陳誼《嘉業堂刻書研究》均可得出千字價格為 5 元左右。陳誼文中同期嘉業堂其他刻書坊價格約為千字 2 元。其他文獻中轉引韋力先生對陶子麟刻價的結論亦相仿，不過該文未注明引文出處，筆者亦未能參考該文。

〔註 51〕劉信芳整理，《楊守敬函稿》，《東南文化》1989 年，第 10 期。

〔註 52〕王曉清《陶子麟與雕版刊刻》，《武漢文史資料》，2015 年第 3 期。可能指王國維與羅振玉通信中饒星舫「千字須五元九角，殊太昂貴。」不過未說明此價為寫刻一體抑或僅為寫價，此信札見房鑫亮編，《王國維書信日記》，杭州，浙江教育出版社，2015，第 300 頁。

況來看。二人也要為《邠州石室錄》中的字形改變承擔些許責任。畢竟單從寫、刻的實踐經驗來講,即便技藝再高超的工匠其摹寫只能無限趨近原本,達不到攝影技術一模一樣的地步。從寫工到刻工又經一層詮釋,故而也難以避免離原本風貌更遠的結果。形成對比的是,楊守敬三十年前在日本刊刻《古逸叢書》時,日本刻工已開始將攝影術運用於翻刻古籍,以求極力趨近原本面貌。〔註53〕陶子麟雖然在 1914 年前後以攝影方法為商務印書館製成鉛活字,但其畢生未將此法用於古籍翻刻,也許其內心也深知自己的翻刻屬於「意臨」。

　　對比葉昌熾對徐稚圃、陶子麟刻本評價的不同可以發現,刊刻所用字體著實是影響葉昌熾對刻工、刻本的評價標準之一,筆劃有力是衡量版刻字體的要求之一。當然像陶子麟這樣能有機會學習書法知識對其刻字審美的影響是潛移默化的,他的翻刻書籍能受到諸多藏書家的追捧和推薦與他對書法字體的熟識密不可分。再者,版刻的精緻程度是葉昌熾極為看重的,筆劃須要完整、版線須要一致。這些細節處其實無關工匠的能力,而是與職業精神相關。是否能始終如一,不懈怠是委託人極為看重的部分。

　　刻工群體一直是湮沒在歷史塵海中的小人物,書籍史研究的興起讓更多學者開始關注刻工的生活與組織。葉昌熾及其友朋與刻工的交往提供了豐富又殊為可貴的資料。以上以葉昌熾日記中的刻工形象為線索,對晚清藏書家與刻工的交往作一鉤沉,期望還原出文人與刻工群體生動鮮活的日常形象。

# 3.3 《邠州石室錄》與葉昌熾的書法實踐

　　《邠州石室錄》一書極少為學者關注,多是在研究中作簡單梳理,一筆帶過。馬洪菊摘錄了《緣督廬日記》中有關此書的成書部分,其中常青《彬縣大佛寺造像藝術》將大佛洞譽為貞觀盛世的藝術傑作,並結合長安造像,展開對大佛寺的時代地域風格分析,在對歷代文獻的綜述中將葉氏的《邠州石室錄》稱為「前人所作有關彬縣大佛寺碑刻文字的最系統的資料」,並另撰《彬縣大佛寺石窟所見正史人物銘記》一文,考證大佛寺題刻。〔註54〕陳磊《彬縣大佛寺石窟再研究》探討了彬縣大佛寺石窟的開鑿時間、緣由,並針對其中的千佛洞、羅漢洞造像藝術展開的研究,文後附錄有《彬縣大佛寺石窟題記、題刻一

〔註53〕陳捷,《關於楊守敬與日本刻工木村嘉平交往的考察》,《中國典籍與文化論叢》第七輯。

〔註54〕常青,《彬縣大佛寺造像藝術》,北京,現代出版社,1998,第 25 頁。

覽表》將《邠州石室錄》所載大佛寺題刻，與常青《彬縣大佛寺造像藝術》列表對比異文、存文情況，並對題刻在洞內的位置進行了還原。〔註55〕常青與陳磊的研究較為詳盡，多是從藝術考古的角度對洞窟的造像造型進行時代、風格的分析，較少關注到題刻部分。此處第一部分從探討此書的主旨，第二部分就《邠州石室錄》體例和考證方法展開，並與《語石》等進行對比，討論此書的體例與內容特點；第二部分集中對葉昌熾所摹題刻的字形與原刻展開對比；第三部分借葉昌熾信札、日記中的內容探討葉氏的書法實踐觀念。

### 3.3.1 《邠州石室錄》的宏旨：清遺民的歷史興歎

《邠州石室錄》的版本較為單一，僅存民國四年（1915）劉氏嘉業堂叢書本一版，由饒星舫寫樣，陶子麟刊刻，劉承幹本人校訂。再無他本流傳，另有《續修四庫全書》《石刻史料新編》影印本，屬史部金石類，第 909 冊。〔註56〕此書僅收錄彬縣大佛寺題刻考證，在內容與體量上難與《語石》相較，卻帶有極強的歷史考證特色，是較為傳統的石刻證史著作。在走向這部著作的宏大旨趣前，有必要先從作者樸素的寫作動機說起。

先從葉氏編著《邠州石室錄》的起因開始說起。《邠州石室錄》前後共附文四篇，按順序分別為葉昌熾元默困敦（壬子）自序、劉承幹乙卯（1915）序文、葉昌熾光緒二十八年（1908）《遊邠州大佛寺記》，後有孫德謙乙卯十月所作後序。〔註57〕葉昌熾在自序中詳細記錄了自己寫作此書的緣起：葉昌熾對大佛寺的關注承自吳大澂。同治十二年，吳大澂三十九歲時，八月初一奉旨出任陝甘學政。葉昌熾稱吳大澂「例以一年駐蘭州」，於光緒乙亥（1875）在前往蘭州途中路經邠州，手錄其字清朗者。後來葉昌熾在廣東館於汪鳴鑾府中時，吳大澂囑葉昌熾編纂《關隴金石志》，葉氏原本已經擬好凡例，因拓片字跡不清、與吳大澂意見不統一等原因未能成書，反而收穫了吳大澂所贈大佛寺題刻。此書的編著頗有繼承吳大澂金石興趣的起緣。

---

〔註55〕陳磊，《彬縣大佛寺石窟再研究》，西安美術學院藝術學理論博士學位論文，2018。

〔註56〕《續修四庫全書》編纂委員會編，《續修四庫全書·909·史部·金石類》上海：上海古籍出版社，1996；《石刻史料新編》第二輯一五，臺北：新文豐出版有限公司，2006。

〔註57〕陳磊《彬縣大佛寺石窟再研究》誤劉承幹序文「乙卯」為「己卯」；其中葉昌熾自作文又收入《奇觚廎文集》中，今有王立民、徐宏麗整理《葉昌熾集》點校精良，下文所引葉昌熾自作文以此本為準，劉文與徐文無點校本，以原書為準。

　　吳大澂、葉昌熾對大佛寺的關注還有客觀原因：兩人都曾出任陝甘學政一職務，大佛寺作為度隴必經之地，往來職官多在此處歇腳。正如常青在研究大佛寺造像時強調彬縣的地理位置處於絲綢之路東段北道的第一站，是重要的軍事重鎮，絲綢之路上西來東往的各國商人都會在旅途中見證這座莊嚴寶剎瑰麗風姿。彬縣在絲綢之路上作為必經之路的重要地理位置一直延續到清代，歷來前往陝甘上任的官員也勢必要經過此地。葉昌熾在自序中稱「邠為通道，行李往來皆憩息於此」，邠州大佛寺受到諸位學者的青眼相加，與它作為陝甘連接必經之路的特殊地理位置密不可分。

　　再者，葉昌熾在《語石》中「分地」方式下又將金石著作細分為以「一省、一府、一邑、一隅」為斷的分類，並稱自己「欲為《伊闕石刻考》，以附諸君之後，有志未遂」。說明葉氏早有著錄「一隅」金石考證的研究興趣，且這些「續補」之作多有發前人未發的補白意味。自序中所謂：「不以菅蒯見棄，篳路藍縷，願為前馬」也是他對自己首著「邠州石室題刻」的謙辭。《邠州石室錄》的寫作延續了他早年期望考證一隅金石的興趣，卻將主題從《伊闕石刻考》改為《邠州石室錄》與他出任陝甘學政獲得大佛寺題刻拓片材料不無關係。

　　最後，《邠州石室錄》還有一重葉昌熾情感上的寄託，長子葉恭彝去世前幾日曾摩挲《金石苑》，並建議葉昌熾可循此書體例著述。《邠州石室錄》從刻例到體例對《金石苑》的仿照，也有葉昌熾延續亡兒遺志的情感寄託在其中。葉昌熾在脫稿後，自己曾有所期許，日記壬子六月十五：「告以（星臺）《邠州石室錄》將脫稿，鄙人不敢望阮亭、竹垞，若願為林鹿原，敬以相浼。」此處的阮亭為王士禎、竹垞為朱彝尊、林鹿原為侯官林氏林侗之弟林佶。三人的治學方向各不相同，葉昌熾以林佶作為楷模，實際上也希望能成為如他這般名望的藏書家，本質上仍是希望此書作為學者的考證著作，而非書法家或鑒賞家，這是他對自己學者身份定位的明確表達。

　　除了以上這些在寫作《邠州石室錄》之前的客觀條件與心理動向外，孫德謙為該書作的後序中又為葉昌熾著述平添幾分以史為鑒，憂國憂民的寫作目的，確實實現了他在後序中所說「竊窺其閎恉」。這樣的解讀與題刻材料的內容也有關係，此處作為連接陝甘的交通要道，也是遭逢戰事通向西陲的必經之地，每當邊境不寧時，多有遠道而來途經此處題名者。〔註58〕孫德謙將

---

〔註58〕豆文凱，《彬縣大佛寺題刻內容所涉時空分布及原因探析》，《咸陽師範學院學報》，2019 年第 3 期。

葉昌熾跋尾內容也與當時清末民初戰亂頻發的時代背景暗合一處。他在百餘通題刻跋尾中發掘其中三刻，作為對葉昌熾著述主旨的總結：首先是題跋中葉昌熾的「憂患」之心。孫德謙結合書中高叔夏造像跋尾中葉昌熾感歎：「是時女主臨朝，政綱峻急，作者其有憂患乎」。以及李齊造像中葉昌熾在考證李齊世系時表現出對武后牝雞司晨，武氏子弟禍亂朝綱導致唐王朝「大運凌夷」的感歎，將葉氏的著述主旨落腳在對家國、朝堂的「憂患意識」上；其次葉昌熾對歷史之歎息。孫德謙據題跋中考童貫之敗導致宋王都慘遭劫掠，點明此處即便沒有直接闡述葉昌熾的恨痛之心，依舊可以體會到葉氏歎息中的隱含心意。需要指出的是，此處孫德謙提及的題跋並不可與晚清歷史對號入座，葉昌熾眼中既沒有晚清的「武后」也沒有「童貫」。他提及武后牝雞司晨，絕非暗指晚清慈禧垂簾一事，在其日記中對太后相當恭敬，他眼中的「憂患」全然是中西之間文化與武力的碰撞，這種恨痛之心更應理解為他對清廷覆滅定局的喟歎。

此番總結不由讓人想起上文提及葉昌熾的平生經歷，其著述《語石》恰逢庚子國亂，避禍昌平；《邠州石室錄》又寫於辛亥年間，難免與葉氏自稱「逃於書淫墨癖」之中產生聯繫，便也知道孫德謙並不是過度解讀。孫德謙總結，《邠州石室錄》作為題記，僅僅載錄姓名、年代等信息，葉昌熾依舊能考據職官、鉤稽歲月，達到「刻石文字有裨史學」的目的。借用科羅齊：「一切歷史都是當代史」的觀點，孫德謙後序中對葉昌熾主旨的總結也落腳到他們所處的「當代史」。這從葉昌熾晚年的保守的政治態度依舊可窺一斑：他在推辭編修《蘇州府志》時曾感歎「大清何在？」。在葉昌熾生命的最後一兩年中，他在丙辰（1916）的最後一日著大清章服，發願：「祝王室再興，祈人心向善」。沒想到這一願望在次年丁巳果然得以實現，在五月十四日的日記中他記錄了自己初聞皇帝復辟的憂喜交加的複雜情感：喜在「還我大清」，憂在海內「逆反」者的鼎沸之聲。這種對大清追念不止體現在日常的記錄中，在文字的寫作儀式上也處處可見。如日記中所見「大清」「皇太后」「諭」等詞都畢恭畢敬空出一格以示尊敬。《邠州石室錄》刊刻時大清已亡，行文依舊遵守嚴格的避諱，甚至較晚清更加嚴格。〔註59〕

〔註59〕鄭曉霞，《淺談清末民國圖書的版本鑒定》，《圖書館論壇》，2010 年第 2 期。其中談到「清嘉慶朝以後，避諱漸寬……而民國刊印的書籍卻會出現避清諱的情況」，文中舉繆荃孫主持的刻書其避諱嚴謹程度甚於許多清刻典籍。

　　《邠州石室錄》在體例、內容、寫作主旨等各方面與《語石》有極為顯著的區別。如果說《語石》是葉昌熾石刻通論著作，那麼《邠州石室錄》則是葉昌熾石刻學的「個案研究」。在經歷數次清廷戰敗、王朝顛覆後，清代金石學的「刻石文字有裨史學」在葉昌熾筆下已從「考古」上升為對歷史的感歎，儘管史實依舊重要，這把歷史明鏡不僅照見了古人的身影，也映像了葉氏內心對清廷的懷念。

### 3.3.2 《邠州石室錄》的收錄情況與考證方法

　　以上是對《邠州石室錄》寫作動機的分析，這一部分將探討《邠州石室錄》的內容與考證方法。

　　首先是此書的收錄情況，葉昌熾的大佛寺題刻拓片除了從吳大澂處獲贈外，多數來源於大佛寺寺僧。《日記》及序言中均詳細載錄了葉昌熾題刻的獲得途徑：他本人在造訪大佛寺時未及拓得題刻，只能囑咐寺中僧人。光緒三十一年（1905），六月廿一日，大佛寺主持天緣將所得拓本送至葉昌熾手中，約八十份，每份四通，賞給主持二十金，路費四金。在後來日記中葉昌熾提及自己翻檢收藏時，大佛寺題刻為「八十五通」後有雙排小字注「尚有石柱刻字六種」。儘管此八十五通的數量與後來葉氏錄入《邠州石室錄》的一百餘通有所出入，但仍是其著錄的主體部分。

　　那麼葉氏的著錄數量與今見大佛寺題刻數量出入如何呢？在自序中葉昌熾稱此書著錄「唐二十二通，宋六十四通，金一通，元十六通，共百有三通。」常青著作也摘錄了此句，作為大佛寺題刻的情況概覽。不過這並不能代表葉昌熾收藏大佛寺題刻的數量情況，葉昌熾在撰寫「邠刻」時，繆荃孫認為明代刻石數量眾多「以其浩無津涯也」，從而摘去了明代二十二通題刻，後來將這些明刻歸入《奇觚廎百衲帖》。〔註60〕根據陳磊文後附表，在經過90年代的考古發掘保護後，大佛寺共存有題刻215通，囊括近現代人所刻題名，表中「大佛寺其他題刻、題記遺存」共計30通，為明至近現代題刻，未在佛窟內，葉氏未錄；大佛洞中5通題刻，這部分題刻為尋常難以看到，多為上世紀90年代在清理保護大佛時發現，這部分葉氏自然也未能錄入。〔註61〕千佛洞中心柱北

---

〔註60〕《藝風堂友朋書札》，與葉昌熾第49通，繆荃孫回信見《日記》。

〔註61〕另有孫彬榮編著，《邠州石室全錄——彬縣大佛寺石窟區額題記石碣石碑考釋》西安，三秦出版社，2017。其中共收錄159則，其中石碑7通、石碣14方、區額14塊，題刻共124則。以此書對照葉氏著作，更見葉昌熾收錄全面。

壁題刻共計 31 通，葉氏僅錄其中兩通，是遺漏最多的部分。其餘二十餘通葉氏未收錄的題刻除了部分明清題刻外，明以前未收題刻占極少部分。除明及以後刻石外，葉昌熾還「去其無可考證者」，這一部分恰好對應了表中題刻內容較短，無年月人物姓名難以考證而未被收錄者，可見書中所收錄的題刻是較為全面的。

辛亥（1911）十一月廿一日，葉昌熾為此書編目，以時間為序編排碑刻名目，「無年月者審其筆勢，以定時代。」〔註62〕在碑刻名目下以雙行小字標明字數、書體、字數及碑刻漫漶情況。正文在碑名後以雙行小字注明行數、每行字數、字徑大小，界格情況等刻石形制，再以縮臨謄錄文字，連文字駁漶處依樣摹寫，其後附按語考訂內容。葉昌熾在完成對拓片的鉤摹後，寫作跋文的速度較快，除少部分稿件前後有所增刪修改外，大多數跋文幾乎是一日一篇。日記中詳細記載了葉昌熾撰寫跋文時所翻閱的書籍：如《續資治通鑒》、《金石萃編》、《元祐黨籍碑》及《武威》、《秦州》、《涇州》地方志。在翻閱這些書籍資料的過程中並不一定均有查獲，如《元祐黨籍碑》即無所獲，其餘諸書在《邠州石室錄》的跋尾中均可見摘引。不過和《語石》中大段節錄前人著作的引文不同，《邠州石室錄》的行文幾乎簡要概括從材料中所得出的結論，極少引用原文，根本上依舊是兩書寫作初衷相異的緣故。

如果將《語石》與《邠州石室錄》的體例、內容進行對比，則會發現兩書有極大的不同之處。內容的側重不同。在《語石》序言中葉氏已指出此著作與書法有關，但在閱讀《語石》內容時見其考釋文字、考稽史實掌故頗疑是否出於以書法為主要品評對象。而《邠州石室錄》內容則幾乎完全以考證史實為主，全書涉及品評書法處共計 10 通。現將所提及書法品評處臚列入腳注處。〔註63〕

---

〔註62〕《緣督廬日記鈔》，第 507 頁。
〔註63〕元□造像：「體勢遒宕，頗似章草。元下草押似嚴字。……所謂署字者，皆草書其名，俗之謂畫押」
　　　　豳州司馬漢川郡開國公造像殘碑：「書法古拙，兼有分隸筆意，頗似趙文淵《華嶽頌》，及匡喆經像諸碑。」；李秀喆題名：「右十字下闕，筆勢攲斜，淺率類於胥書市籍，不足觀也。」；房亶造像：「書法遒麗，亦有初唐之風」；解禮君題名：「書勢遒美，氣息甚古，非宋以後人所能。」；附杜良臣題名：「書跡雖拙率，自然佚宕，亦宋人筆也。」；安頔題名：「安頔將家子，而書法似端人正士，入顏平原之室。」；宇希大同雲鵬題名：「但以小篆圓勁似徐鼎臣兄弟，定為宋刻。」；了然獨遊詩：「草書遒峭，亦非俗筆。」；董祐題名：「寫刻淺劣，甚於胥書市牘」

其中最特殊的一通為「李秀喆題名」，這則題刻只有區區十餘字：「京兆人李秀喆，大曆二年」下闕。這則題刻特殊之處在於兩方面，一方面是葉昌熾曾提及所錄題刻刪去了實在無法考證的數通題名，這則題名如此短小，其後仍有百餘字跋尾，葉昌熾明言「以其為唐紀年，姑著於錄」。再則，因題寫者為「李姓」，葉昌熾展開了對唐代李氏世系的考證，根據《新唐書‧宰相世系表》推演隴西李姓諸房中的丹陽之李，居京兆山北等，認為李秀喆雖郡望署「京兆」，也是出於「隴西」帝裔，不過屬於「式微之裔」。另一特殊之處在於葉昌熾評價它「書劣不成字」「筆勢欹斜，淺率類於胥書，市籍不足觀也」，「傖書猥下」等，即這幅題剋實在過於草率，從書法角度根本沒有可觀之處，他還在短短跋尾中多次表明對此則題刻書法的厭惡。

從這則題刻的收錄可以反推葉昌熾在《邠州石室錄》中並未言明的兩條潛規則：一是書法好惡並非著錄與否的唯一標準，這一點從收錄同樣寫刻差勁的董祐題名也可資證；二是以古為尊，並推崇「考古未可師心」的方法。這與《語石》撰寫所提及的碑刻材料顯示出了本質區別：作為碑刻書法鑒賞書籍的《語石》，不提及此類「醜書」，所提及的書法作品只有高下之分，整體都是優秀的石刻書跡。在《語石》中碑刻的欣賞功用要強於歷史考據作用，即便書中仍有諸多有關小學、史學的內容，與《邠州石室錄》這樣嚴肅的金石史學考證著作對比來看，《語石》中關於書法的篇幅佔據絕對優勢。而在《邠州石室錄》中，葉昌熾對一些寫刻不精的題名資料的予以充分顯示了此書不以品評書法為主要目的。百餘通石刻中提及書法的僅有 10 通，又多服務於為資料不足的題名斷代，少數情況對書法的優劣作出評價，說明葉昌熾將《邠州石室錄》其視為考據家之著作而非鑒賞家的著作。難以忽視的是，即便此書題刻的收錄都是為「考古」而服務，但從葉氏的角度來看，必須要經眼、考證這樣的醜書絕對是一種「精神折磨」，不然他也不會在短短百餘字跋尾中多次強調此書作之差。這在某種程度上也算是一種「心猿意馬」。

借助書法為題名斷代也是葉昌熾「考古未可師心」方法的體現。此處的「考古」主要指唐宋古物。對清人來說，唐宋亦是近千年之前，葉昌熾即將其稱為「考古」，並在《邠州石室錄》中多次強調「考古者未可師心而臆說也」的觀點。對唐宋題刻的關注源於收集大佛寺拓片之初，在翻檢寺僧天緣送來的拓片時，葉昌熾由衷為所得唐宋題刻較多而感到高興，這種指向與晚清翻刻宋本書籍一樣，也是晚清「好古」風潮下的衍生。從上文提及葉氏儘管對李秀喆造像

的書法極為嫌棄，仍然因其是唐刻而收錄，可知材料的年代也是能否納入葉昌熾研究範圍極為重要的因素之一。「考古未可師心」之說葉昌熾多有強調，在《日記》他將依據書跡判斷題名時代視為「未可師心」的方法。在劉承幹為《邠州石室錄》作序中亦以此言誇讚葉昌熾的治學態度。這種態度在《語石》中也有體現，上文曾對比《語石》引文中的刪改現象，葉昌熾時常刪去原作者的考證態度和主觀評價，也是這種考證歷史理性、客觀精神的體現。

### 3.3.3 《邠州石室錄》的刻例與葉昌熾的臨摹工夫

上文已闡述此書交與饒星舫寫、陶子麟刻，並收入《嘉業堂叢書》的情況，此處對《邠州石室錄》的刻例再作一補充說明。〔註64〕再結合刻本與今傳拓片進行對比，考察葉昌熾書法臨摹的水平。

甲寅（1914）劉承幹欲刻《嘉業堂叢書》徵葉昌熾著作，葉昌熾欲將《邠州石室錄》付梓，此時距離《邠州石室錄》脫稿已過兩年。與劉承幹議定後的第二年，與陶子麟商定刻例，此書刻例頗費周折，前後改例三次。〔註65〕首次定例日記中未載，二次定例為乙卯（1915）三月廿三葉昌熾重定刻例：「出邠州石室錄，重定刻例，全書分三卷，以序冠首，序後目，目後遊記，皆直接而下，不分葉，石刻即以響拓本上版，占半葉者跋語從後半葉起，占全葉者，下一葉起皆低一格，石文外皆宋體，字以瘦勁有生趣，如仿宋槧精本為合格」五日後，葉昌熾想要為此書尋找一書為例，便前往吳石潛（吳隱）處借書，不料並未借到心儀的《三巴𦾖古志》，只好在《金石苑》中的《攀古樓彝器款識》與《長安獲古編》中選擇一本，並和吳隱約定第二天見陶子麟。次日，葉昌熾便以《長安獲古編》為例，告知「板口高下廣狹即據此為度，中線但有魚尾無象鼻，魚尾之下第一卷旁書邠一、邠二字，二三卷仿此，葉數距下橫線約寸許，亦旁注撰人姓名，列於目錄之前，次行增校訂姓氏，為翰怡而設也。」

---

〔註64〕鄭幸，《清代古籍刻工組織形式的轉變與刻字店的興起》，《中國典籍與文化》，2019年第4期。文中提及「關於清代刻書者委託刻字店代刻書籍的具體流程與個中細節，由於資料的缺乏，很難獲知詳情。」書籍史研究中關於文人如何與刻工交代刻例的史料較少，故此處作一輯錄以資補充。

〔註65〕甲寅十月十三：「劉翰怡刻叢書徵邠人撰述，介益庵屢言之……但有《邠州石室錄》尚可質諸當世……」此處益庵為孫德謙，多次作為劉承干與葉昌熾交往的中間人。

在交代給陶子麟後，又收到劉承幹信函稱要將宋體改為活體字。葉昌熾對字體的改變也有一定的要求：「刻書活體字須近歐虞，或仿趙承旨，生動勁拔，有碑版氣，非下工所能也。」次日與陶子麟定下用活體字。此處極為詳細地展示了葉昌熾作為委託人與刻工交代的細節，主要涵蓋排版與字體兩方面。排版包括序言、目錄、作者、校訂者的編頁順序，還有版面設計的細節，如象鼻、魚尾、卷數、頁碼的位置。較為特殊的是，此書因有響拓摹錄，葉氏還特別交代了跋語與石文的排版方式。最後是葉氏對字體的要求，從陶子麟的刻書成果來看，其活字體也完全達到了葉氏「近歐虞」的要求。這些細節說明在刻書過程中，委託人對排版設計、字體等已向刻工有明確交代，有時還會以現成的書籍作為援引的書例。

在《邠州石室錄》寫樣完成後，葉昌熾非常滿意：「仿《金石苑》，嶙峋露骨，瘦硬可喜」。可見此書不僅在體例上仿照劉燕庭著作，連刻書風格也依例仿作。〔註66〕如將《邠州石室錄》與《金石苑》的成書字口進行對比，實際很難發現刻字風格對《金石苑》的模仿，只是確如葉昌熾所言，兩種刻字風格都有「露骨、瘦硬」整體風貌的相似處。這也印證上文「饒寫陶刻」的活字體刻書風格已經自成一體，這種書風較受市場歡迎，卻並不一定與仿刻對象完全一致。

評價葉昌熾的臨摹水平之前，有一複製技術的問題需要釐清，畢竟選用何種複製技術也會直接影響複本的相似度。葉昌熾在《緣督廬日記》中對複製邠刻的方式說法不一，既有縮臨、又有摹寫，一時難以分清葉氏的複製手段。在開始著錄《邠州石室錄》之始，葉昌熾在日記中提及因身體條件放棄了雙鈎之法，辛亥八月初二日記：「取邠州大佛寺石刻雙鈎宣和一通，老目昏眊，未能纖毫畢肖，如欲著錄，只可援劉氏《三巴春古志》之例，縮臨較易。」

儘管葉昌熾在剛開始摹畫拓片時聲明目力不及，放棄了雙鈎的方法。其複製手段多樣，既有臨，還有雙鈎、影拓等複製手段。在後來複製拓片的過程中仍多有鈎畫工作，如針對剝蝕較多的字採用雙鈎方式將駁泐處鈎出，日記中載《李承基造像》「剝蝕已甚，雙鈎缺筆，滿紙如蠱」。雖然日記中常見「摹邠刻」數通，也有「寫邠刻」「臨邠刻」之詞。尤其明確記載了背臨《高叔夏造像》三日，又有「臨邠刻三通」之語。〔註67〕「邠刻」的記載多見於辛亥八月，後

---

〔註66〕王家葵，《劉喜海「金石苑」考略》，《中國書法》2018年第4期。認為《三巴春古志》為今傳《金石苑》，二者為一書而葉昌熾日記中兩書名均提及。
〔註67〕《緣督廬日記鈔》辛亥七月十七、十八。

來在十月至十一月時，多為摹邠刻。此外，葉氏還可能用了影拓之法。引證之一是在鉤摹完畢題刻拓片後葉氏於辛亥十一月二十總結自己兩月工作，感歎兩月摹寫拓片，工夫漸長不但風格有了較大的變化，字形大小也有差別，「屢欲做《三巴雟古志》影拓成帙」。〔註68〕此處明確將《三巴雟古志》定義為影拓，與《語石》稱其為雙鉤、八月日記稱其為縮臨有別。不過，在具體實踐過程中臨、摹的手段均有用到。

　　從技術上講，摹與臨為兩種手段，摹的方法更接近於雙鉤或影拓，能較好地還原字形；而臨的方法多是對臨，在縮小字形的同時有走形的風險。論證葉氏《邠州石室錄》複製手段多樣還需結合《語石》中葉昌熾對雙鉤與縮臨兩種方式的態度作出補充說明：在《語石》中葉昌熾明確表示了自己對雙鉤之法的偏愛。《語石》中葉昌熾引用了費念慈「不如雙鉤本之傳神」，他十分贊同費念慈此言，還強調雙鉤的效果如何還要視技術巧拙如何，且在《語石》中將劉喜海《金石苑》歸於「雙鉤一則」中。與對雙鉤之法的稱讚形成對比的是，葉昌熾本人批評了縮臨失真的問題。《語石》中他將「玉枕蘭亭」視為縮臨的濫觴。又提及錢泳的「漢碑縮臨本」，但評價錢泳「隸法從唐碑出，豐贍有餘，遒古不足……仍是我行我法耳」。又言縮臨的方法並不能展現出繁重篆籀，飛動隸草的神采。認為歐洲的攝影術，可大可小，筆墨不到之處也能傳神，堪稱「古人續命第一妙方。」〔註69〕此處可見葉氏對雙鉤方法的推崇和縮臨之法的保留態度。

　　那麼《邠州石室錄》是否如葉氏所願，還原了拓片的原貌呢。如果將《邠州石室錄》成書後的效果與《三巴雟古志》進行對比，兩書均為縮臨之法，臨本與原本的模樣卻千差萬別。林均《石廬金石書志》評價劉喜海的著作：「縮豐碑於尺幅，大小真行，各極其態。鉤摹之精，鑴刻之細，得未曾有。」從今見《金石苑》本與拓片相比，二者相似度較高，如此書中「東漢益州高頤闕題字」，與劉喜海摹本的對比較好地還原了拓本的形貌。《邠州石室錄》與題刻原

〔註68〕原文為「邠州大佛寺石刻共百二十有五通，一律寫完。初試筆十餘通，未能合格。《王鴻業題名》尤劣，燈下重摹一通，以先後兩本互勘，不獨雅鄭有別，字形大小亦有視差，始知兩月工夫積薪居上，晚學其可忽？……寺僧摹拓越境齋送行轅，屢欲做《三巴雟古志》影拓成帙，藏之笥中，越五年而願始償，無負阿師矣。」此處阿師為「僧人」之意，馬洪菊釋為吳大澂，有誤。且葉昌熾日記行文中從未以「師」稱吳大澂。

〔註69〕《語石》，第315頁。

貌，頗顯差距。如《程畿題名》與《元思叡題名》，其原刻的風格差別較大，而葉昌熾對風格豐富的各題刻縮臨的面貌較為相似，抹殺了原刻的各自特點。（見附錄一圖4、圖5）

造成這種差距的原因很可能是多方面的，除了葉昌熾目力不及、拓片模糊不清外，還有葉氏自己的書寫習慣影響，楷書還原度較差，無論摹錄哪一題刻最後在《邠州石室錄》的印本中都呈現相近面貌。楷書的面目與葉昌熾本人的書寫習慣有較大關係，葉氏作楷書字形較為瘦長，在縮臨過程中他也不自覺地代入了這種用筆習慣，縮臨本字形也較為瘦長，且尺幅的縮小讓他在縮臨間也減少了原刻筆劃肥瘦對比，使得原本豐妍各態的字形更顯平直。而劉喜海縮臨本還原度更高，除將拓本縮臨於一頁外，還有每頁兩字的「雙鉤」字形，儘管細節處仍有筆墨不到處，但基本還原了原拓的外形特點。顧燮光在《夢碧簃石言》中稱讚葉昌熾縮臨「精雅絕倫」之評價如果只針對葉昌熾鉤摹駁泐處的細心態度來說並不為過。但從字形來看，《邠州石室錄》與原拓的字形相差極大，與劉喜海《金石苑》的還原度相比有一定距離。

需要單獨指出的是，《邠州石室錄》中與原題刻字形最為接近的三副篆書並非出自葉昌熾之手，為孫宗弼摹寫手筆。《日記》辛亥十二月廿八：「得伯南一函，摹邠州篆題名三通見寄，較拙書自工，亦未可鑱木也。」這一點葉昌熾在與繆荃孫的通信中也提及，此三通出自孫宗弼之手應確屬實。〔註70〕葉氏也許在摹錄題刻上付出了極大的努力，但其結果卻令人惋惜，《邠州石室錄》中除去這三幅篆書題刻外與拓片字形風格迥異。（見附錄一圖6）

此外，不同書體與原本形成的差異很可能還有寫工與刻工的責任。如饒寫陶刻的《對雨樓叢書》本《賓退錄》就較好地還原了黃丕烈、王芑孫兩人帶有行草意味的跋尾。〔註71〕說明寫工與刻工在「軟刻」中反而更易書體的風格。而面對平時已有強烈個人風格的楷書書體，從摹寫的葉昌熾到上版刊刻的寫工、刻工，每人都增添了一份個人的書寫風格，在這一過程中失之毫釐謬以千里，最終形成了與原碑迥然相異的面貌。而葉昌熾本人的臨摹技術可能要為失真承擔主要責任。

〔註70〕孫宗弼亦為吳縣人，今有多幅篆書作品傳世。
〔註71〕郭立暄，《陶子麟刻〈方言〉及其相關問題》，《文獻》，2011年第1期。

## 3.4 從葉昌熾石刻學著作看其書學觀

　　葉昌熾所傳書法作品並不多見，僅傳的極少數作品真偽尚且存疑，而手札、手稿較多。與吳大澂、翁方綱等在學術、書法方面均享有極高聲譽的狀況相比，這樣的局面很難將葉氏定義為「書法家」，他並不能像書法家一樣提供諸多臨池技法的不傳之秘，但借其日記與書札，可以還原清末士子在走向翰林之路中的臨池實踐，以及他對書法實踐的觀點。

### 3.4.1 兼容碑帖的書學觀

　　《語石》的體例決定了它並非如《廣藝舟雙楫》等專論書法的著作一樣，其內容雜糅了經史考證、書法鑒賞等於一體，葉昌熾的書學觀念也散落全書各處，須從各卷輯錄，並未形成完整體系，且在行文中簡札的體例對諸多觀點一筆略過，留下許多審美留白處。以往對葉昌熾的書學思想研究往往對他金石學家的身份先入為主，過於強調他的「碑學」立場以及「碑學化」的書法史觀，這是承襲自阮元至康有為北碑南帖的二元對立觀點，實際上在《語石》卷一中即否定了碑帖的絕對對立。〔註72〕

　　在卷三「論碑帖之分一則」中，葉昌熾提出對以往的「碑帖」名實概念需要加以區分，他指出即便是士大夫對碑帖也不加區分，將石刻統稱為碑，卻又將這些碑的拓片通稱為帖，提出「碑之不可為帖也，石刻之不盡為碑也。」不過可惜的是，這一問題提出後並未在下文展開進一步明確碑帖的概念。此卷「書札一則」中舉顏真卿《與郭僕射書》《奉使蔡州書》分別為王昶、孫星衍作為碑刻錄入著作，實則與《鹿脯帖》一樣，應該視為刻帖。

　　那麼葉昌熾如何看待碑、帖之間的關係，在審美中是否有所偏好呢？這在葉昌熾論及隋碑時，提出了針對阮元和翁方綱的質疑，其一是隋碑繼承了南北古法，卻喪失了精華，可見南北書風並不是完全對立的，對阮元南北書派的觀點提出質疑。他認為隋碑上承六代，下啟三唐，「承險怪之後漸入坦夷，而在整齊中仍饒渾古，古法未亡，精華已泄。」這裡的精華是什麼，葉昌熾並沒有展開。後人在評價隋碑時，對此作出了補充，如柯昌泗在評《語石》時，對此條的注解引用趙孟頫《蘭亭十三跋》中：「陳隋人結字非不古，而無俊氣。」認為此處「俊者，俊邁之氣也。」他認為包世臣將「俊」誤解為妍美，郢書燕

〔註72〕李永，《葉昌熾書學研究》，西南大學美術學碩士學位論文，2008，其中有「第二章 葉昌熾書法品評的碑學立場」、「第三章 葉昌熾碑學化傾向的書法史觀」。

說。無獨有偶，祝嘉在《書學史》中評價隋碑，亦稱「隋雖統一嫩被，……不復有飛逸雄強之美也。」〔註73〕柯昌泗、祝嘉的觀點補充了葉昌熾文本中的留白，隋碑所洩的精華就是二人所說原本北碑中的「俊邁」「飛逸雄強」之氣。《語石》中雖多見葉氏對阮元的引用，但他並不將兩種書風對立起來看，認為兩種書風在隋代達到了融合統一，卻丟失了古法中的俊邁之氣。因此，並不應該簡單將葉昌熾的書學審美簡單看做「碑學」或「帖學」的，他是站在書法風格史的角度，綜合地看待兩種書風，而非視兩種書風為水火不容的對立。

其二是在隋碑統一風格的基礎上，認為隋碑上至廟堂，下至閭巷的碑刻中沒有當時所傳法帖面貌的作品，故而對《閣帖》提出質疑，認為帖中鍾王郗謝之作「半由虛造」，並對翁方綱將初唐歐、褚歸為羲之一脈的觀點提出了質疑。此處葉氏提出了兩方面質疑，一是針對南北朝到隋代書風的不連貫對世存晉帖真偽的疑問，二是批判翁方綱將唐碑盡歸山陰門下。

如果將眼光僅放在石刻中，那麼書法史的撰寫大約會出現與葉昌熾此處相仿的結論，如《中國書法史·隋唐五代卷》中指明，隋的時間較短，且紙壽千年，所見隋朝書法大多是銘石書，分析隋時書法只好囿於楷書，分為「斜畫緊結」與「平畫寬結」兩類〔註74〕。如果將敦煌寫經等納入，葉氏的疑問就有了答案，一些隋代罕見墨蹟本如《隋科判殘片》等即承江左之風而來。〔註75〕葉昌熾親歷了敦煌石室的發現，也見到了部分唐人寫經，終未能觀其全貌。自然容易對閣帖與隋碑之間風格的斷裂產生疑問。近代對隋唐墨蹟的發現，補白了葉氏關於南北朝到隋朝書法風格流變斷裂的疑問。彼時晚清學者們已然普遍意識到刻帖存在著輾轉翻刻失真的問題，與碑刻直接保存了古人書風的原貌有所區別。葉昌熾這樣的觀點也是受到了歷史材料的局限。

在《日記》中葉昌熾也提及類似觀點，《語石》中對晉人法帖的疑問自若干年前日記中已有端倪，葉氏在《日記》甲申（1884）正月已意識到原刻拓片的重要性，在觀曲阜帖估孔某所示裴刻《虞溫恭公碑》時感歎此本雖未翹楚，但和宋拓雙溝本相比已然「神韻大遜」，繼而發出「古人臨池必求原刻精拓，信有以也。」同年九月初七，在觀《梁永陽昭王》及《永陽敬太妃墓誌銘》時，他感歎「觀此知南北書派本出一原，後人執唐臨晉帖，拘拘域南北

---

〔註73〕祝嘉，《書學史》，北京，中國書店出版社，1987，第151頁。
〔註74〕朱關田，《中國書法史·隋唐五代卷》，江蘇教育出版社，1999，第8頁。
〔註75〕虞曉勇，《隋代書法研究》，首都師範大學博士畢業論文，2003。

之界，陋矣。」〔註76〕在葉昌熾親眼見證過法帖質量參差，導致原作筆墨神韻盡失的親身經歷下，他對法帖的不信任感自此延綿至《語石》的寫作。葉氏對阮元對立南北書風的觀點頗有微詞，卻並未否定阮元對南北書作傳世形式、傳世原因的判斷。

葉昌熾在《語石》中對翁方綱多有讚譽，也不乏多次批判翁方綱以二王風格唯尚作為選唐碑的標準。這種質疑的觀點在《語石》中出現多次，不僅在此處述及隋碑時提及，在卷七「總論唐書人一則」中又有批駁：「覃溪宗門老宿，自是正法眼藏，惟不喜北書，又惑於王侍書之說，以山陰為海若，所選諸碑，一歸之二王法乳，是其蔽也。」葉昌熾評價翁氏對二王的推崇仍屬於「町畦未化」，町畦即田界，比喻規矩。意指翁方綱本人的審美取向仍在「帖學」範疇，不越雷池一步。在卷一談到唐碑時，葉氏又提出翁氏的《蘇齋唐碑選》忽略了諸多方嚴遒整的碑刻，建議學者根據個人情況選擇唐碑學習：「重定蘇齋之選，學書者視其資性所近各專一家，以是求之，有餘師矣。」此處也可見葉昌熾並非一味貶損翁方綱對二王的推崇，而是建議各人根據自己情況選擇不同風格的唐碑。他對後學學習書法的這點建議也可以看出他並非是站在「碑學立場」上，與當時甚囂塵上一味否定刻帖或是康有為「唐碑不可學」的全盤否定態度迥然相異。

除了以上在《語石》中所見葉昌熾對北碑南帖的持中態度外，在《日記》中也可見他對當時一味推崇北碑的包世臣、康有為的不以為然。在《語石》中葉昌熾提及包世臣將《元公》《姬氏》兩志定為歐陽信本書，「則臆見耳」。在《日記》乙酉（1885）十二月十二日，葉昌熾記載：「訪屺懷（費念慈），屺懷論包慎伯《藝舟雙楫》甚不以為然。」葉昌熾恐與費念慈持同樣觀點，對包世臣《廣藝舟雙楫》不屑一顧。

葉昌熾對康有為的態度更加敵視，戊戌六君子之一的楊銳為葉昌熾好友。《日記》戊戌八月十三日中記載了他親眼見到楊銳被斬首示眾，「驚慘急欲放聲」，其中楊銳（叔喬）與葉昌熾相熟，楊深秀為葉昌熾同年，對此六人他深感惋惜。他評價這六人：「此數人者，雖良莠不一，要之皆中國之雋才也。」並在下文錄當時聖諭，痛斥康有為包藏禍心，並直斥「康長素新著《新學偽經考》，鄙人一見即洞見其奸」，葉氏對康有為可稱是咬牙切齒。雖然《廣藝舟雙楫》成書付梓於 19 世紀末，但在這種情況下他很可能受到政治觀念的影響排

〔註76〕《緣督廬日記鈔》，第 87 頁。

斥對《廣藝舟雙楫》的接受，遑論在《語石》中參引此書。葉昌熾對阮元、包世臣、康有為三人的碑學觀點都有不同程度的反駁，故而決不能簡單地給葉昌熾貼上金石學家的標籤後將其書學思想放在「碑學」的審美立場上。

綜上來看，葉昌熾並沒有單獨站在碑學或帖學任何一個絕對視角，他是兼容碑、帖，以變化的書法史觀對碑、帖作出評價，既不對立碑帖，也不排斥任何一方。在清末帖學衰微的時代背景下，包世臣、康有為等一味捧碑貶帖則顯得有些矯枉過正。柯昌泗在《語石異同評》中也稱葉昌熾的臨池觀為「持平」之論，這一評價較為中肯。下文將結合葉昌熾的臨池實踐說明葉氏在書法臨習中對碑、帖的結合。

### 3.4.2 兼臨碑帖的書法實踐

現存最早可見的葉昌熾日記始於同治戊辰（1868）閏四月初三，為《梨雲仙館日記》手稿，又有《逝波小錄》日記自庚午孟冬（1870）始，直至葉昌熾身故，筆耕不輟，記錄了葉氏生平讀書日課、朝野見聞、金石鑒藏、遊歷訪學等包羅萬象的從學術到生活的大小事件。個中也有關於葉昌熾書法臨池情況的載錄。

《逝波小錄》庚午未記字課的內容，只是大約記錄日課情況，如「字課、雜課全，餘曠」。〔註77〕至《日記鈔》中第一次提及臨帖情況是在庚午（1870）孟冬廿二曰：「明日為始擬改課例，單日理經史百家，雙日攻帖括，晨臨篆楷，夜作鈔胥逢十作時文逢五作散文。」並按時間稱為晨課、午課、晚課、夜課，臨池對應的是晨課。〔註78〕此處為《日記》中第一次記載日課的讀書臨帖內容。除了讀書、作文等傳統科考工夫，臨帖也是日課的重要內容。不過從後續的日記來看，葉昌熾並未完全按照自定日課嚴格執行，依舊多是以讀書為主，幾乎每日簡單記錄「讀郝書（郝懿《續後漢書》）幾卷」偶見鈔書，碰上鈔書之日，達到「晨興夜綴，手腕幾脫」的地步。

此時所購買的字帖以傳統名帖為主，如虞世南《孔子廟堂碑》《智永千字文》、褚遂良、董其昌書。至癸酉孟冬十五日，楷書臨寫顏體，「自月朔為始，日寫魯公書七八十字作為日課」，此年日課幾乎均記載校《史記》的情況。這一年冬天大寒，葉昌熾稱之為「十餘年來僅有之冷」，葉昌熾記仲冬十三日「晨

---

〔註77〕《緣督廬日記鈔》，第 7 頁。
〔註78〕《緣督廬日記鈔》，第 3 頁。

起硯池冰凍不能作楷，改校《史記》」〔註79〕，直至天氣稍暖硯池方能解凍，一周後，天氣稍有緩和，二十日記「晨起仍作楷書，夜校《史記》。」從《梨雲仙館日記》的筆跡中看來，早年葉昌熾筆法生疏，儘管多寫魯公帖，卻未入門徑。至《逝波小築》方有好轉。（見附錄一圖 2、圖 3）葉昌熾與蔣鳳藻交往甚密，蔣氏曾將自己的臨作寄予葉昌熾：「鳳生寄餘冊頁十二幀，雜臨鷗虞顏褚各種，清勁渾厚，直入諸賢之室，信尤物也，瓊瑤之報，俟之後日。」從蔣鳳藻與葉昌熾的實踐可以看出，彼時諸生為應試需要，對唐四家楷書多有涉獵，並不囿於一家。

　　甲戌（1874）仲夏葉昌熾開始學作隸書，自此後隸楷兼寫。〔註80〕葉昌熾的臨池興趣與碑帖的購買往往是同一主題，同年十二月十三日購買漢碑數種，包括《孔宙》《禮器》《孔彪碑》等，次年乙亥（1875）七月初十又由友人芾卿代購漢碑《西狹頌》《石門頌》《郙閣頌》。同年九月廿五購入碑帖較多，包括《魯峻》《範式》《鄭固殘碑》《武榮》《朱君長》《孔子見老子畫像》《嵩山三闕》《請雨銘》諸碑，次日又購入《顏魯公集》一部。

　　葉氏尤其偏愛工致風格，如錢灃篆書，《日記》丙子（1876）正月十八日「書估念椿攜書畫數冊來，有金冬心對、毛大可行書立軸……鄙人所最嗜者錢十蘭小篆六條，結構精嚴，筆如鐵，墨如漆，真斯入後身也。」不過在《日記》中所見他本人學習篆書的時間較晚，臨習時間也不長，只在癸未（1883）七月廿八，「學作篆隸，定為日課」，有短暫學習篆書的時間。不過葉昌熾的篆隸作品並無傳世，至中老年後亦未見其再於此處用功。對篆隸的臨習只是一時興起。

　　葉昌熾早年臨帖主要以工致之風為主，其根本目的還是服務於科舉考試能有整潔的卷面。毋須贅言在科舉考試中，卷面書法甚至成為了能否中舉的決定性因素。儘管日記中事無鉅細，內容豐富，也僅尋得葉昌熾在篆書、隸書、楷書三體的臨習過程。未得其行書從何處出，癸卯十二月三十日，葉昌熾收到鈍齋所贈蔡元長《趙懿簡碑》時，談及此碑尺幅巨大，不便臨池，而邊地又沒有好的裱工，只好親自上手剪裱。〔註81〕可推測其行書可能臨習過蔡京，除日常書寫的手札、日記、手稿外，極少見到他作為藝術作品的行書傳世。

〔註79〕《緣督廬日記鈔》第 118、119 頁。
〔註80〕《緣督廬日記鈔》第 14 頁。
〔註81〕《緣督廬日記鈔》第 384 頁。

在中舉為官後，隨著葉氏收藏的豐富及對碑帖的認識加深，所選擇的臨本除了歷代名帖外，每新見碑，有所好尚時，也將其付諸筆墨。葉昌熾在《語石》序言中開宗明義地寫道，寫作此書也是緣於「見世之號能書者，其臨池槧几唯有晉唐法帖及《醴泉》《皇甫》《聖教》諸碑而已。」有為學書者拓寬取法對象之意。葉昌熾本人在晚年的書法實踐也是如此，遇到自己喜歡的拓片則動手臨摹。如庚子（1900）十二月十四曰：「前所得《淮南公杜君墓誌》絕似《陸先妃碑》，但陸碑稍有寒儉之色，此碑勁拔之中更饒腴潤，晴窗展玩，對臨一葉。」丙辰（1916）廿一曰：「汲縣新出《六度寺侯莫陳大師塔銘》，行楷清峻，唐石之精者，對臨一通今晨畢。」〔註82〕與不時臨一臨藏品拓片相穿插的是，葉昌熾對《九成宮》曾有持續的臨習。在丙午（1906）年春天，葉昌熾通臨《化度寺》近二十本。在二月期間，接連臨第十六、十七本。三月初一記：「臨《化度寺》第十八本畢。」〔註83〕

作為金石學家，體悟碑刻中的書法之美是一方面，在臨摹之後，葉昌熾往往將其作為考證材料，以資著錄，在葉昌熾晚年的臨池活動中尤為常見。如《日記》乙巳（1905）十一月初四，「臨化度寺碑一本、一萃編對勘，始知王氏釋文據一剪裱之本，顛倒迷謬不可僂指，作一跋正之。」同年十二月初三「端居謝客，出落水真本禊帖，摩挲終日不自量，蚍蜉撼樹，對臨一本，並錄宋元以來諸家題識於後」其後錄數頁歷代考證蘭亭跋語，自姜夔至葉應新數十家之言。又如《日記》戊申（1908）三月二十日「惟熊碑（《熊本碑》）孫、趙兩家均未著錄，雖以藝風收藏之富亦未見，可知其難得矣。今日出以摩挲試臨六十餘字，並據以補語石一則。」〔註84〕據此則所補的內容為《語石》卷七「蔡京、蔡卞二則」中的第二則，載錄熊本情況，評價此碑書風「筆勢飛動，妙極妍華」，稱潘祖蔭所書《馬貞女碑》即師此碑。〔註85〕此處三則日記也可補證前文《語石》成書的過程，葉昌熾確實時時翻檢《萃編》，而非依仗個人記憶作出判斷，也的確出於對材料是否「稀有」的考慮而選擇是否將這些材料錄入《語石》。

以上是葉昌熾在日記中記錄的臨池活動，其臨池大抵出於書法文字的求美之心，尤其是在篆隸、新出碑刻的臨習上顯得尤為明顯，在臨帖的同時，葉

〔註82〕《緣督廬日記鈔》，第 295 頁、第 565 頁。
〔註83〕《緣督廬日記》第 8 冊，第 5169 頁。三月初一的日記內容與《緣督廬日記鈔》內容出入甚大，關於臨《化度寺》的內容，《日記鈔》中並無記載。
〔註84〕《緣督廬日記鈔》，第 466 頁。
〔註85〕《語石》，第 251 頁。

昌熾也關注將這些碑刻材料資以學術。體現了書法實踐的另一重學術目的。此外，與兒子的家書中也有少許臨池心得。如針對大字、中字、小字各有不同要求：「既從先生習字，要作正經事，日日認真。大字請先生寫樣，中字則究以臨帖為宜，請先生批可也，小字寫卷格亦不可間斷。爾近來寫信潦草不堪，可見平日全不用心，殊可恨也。」其後在考差過程中還與兒子感歎，自己在臨池作書上並不用功，導致現在考差時悔之晚矣：「就此七人，段春岩字不甚工，其餘皆各擅勝場，所見摺卷實能推倒一時，可見當翰林究以寫字為第一義。余少不努力，至此悔已無及，爾不趁此時及早用功，畫蚓塗鴉，何時是了。大約作字先講間架，間架不好，譬如造屋無樑柱，雖加修飾，無濟於事。尤須臨帖，久久無間，自有進境，勉之勉之。」〔註86〕從葉昌熾對兒子書法的諄諄教誨上可以看出，早年葉氏的臨池活動也大抵出於當翰林須要寫字好的第一要務，本質上是服務於科考功名的實用途徑。由日記中所載臨池時間也可看出，對一些新出土的不知名碑刻的臨摹活動也多是晚年摩挲賞玩拓片後的活動，與早年將顏楷作為日課大相徑庭，體現了葉氏書法活動目的的不同，所引發的興味與臨書頻率有天翻地覆的變化。

　　作為金石學家，在書法上多以帖學為宗並非葉昌熾一人，阮元、翁方綱、潘祖蔭莫不如是，他們在金石考訂、書法理論上無不表現出對石刻的欣賞，但在個人書法作品的實踐中依舊以帖學為宗。誠如葉昌熾所言，早年需要借秀美工致字跡在科場博得名次的需要，促使士子們即便好尚金石之風，也依舊在實用書法中踐行帖學。博得功名後，方才追求藝術上的自由，達到人書俱老，碑帖融合的全新面貌。對以帖為尚的科舉考試中，將碑刻的金石韻味納入實踐也並非輕易之舉。清代金石學搜藏的蔚然成風並未促使每位藏家在書法實踐上取法碑刻，還有大量和葉昌熾一樣，熱衷金石收藏，在實踐上遵從帖學的文人學者。由於書法本身具有極強的實用性，傳統士人在科考中不得不以美妍工整，取法帖學的書體方能獲得考官的垂青。直至中舉為官後，方擺脫實用的桎梏，以藝術的眼光追求書法中的金石氣。

---

〔註86〕沈麗全整理，《緣督廬家書》，載上海圖書館歷史文獻研究所編，《歷史文獻》2013 年第 17 輯，第二十一札。

# 第4章 葉昌熾石刻學的影響與傳播

## 4.1 《語石》的評價與續作

葉昌熾的石刻學著作以《語石》尤為出名，此處對葉昌熾石刻學的影響與傳播的討論也是圍繞諸家對《語石》的評價與續寫、翻譯展開。

### 4.1.1 後世對《語石》的評價

#### 1. 梁啟超：「有近世科學之精神」

梁啟超在評價《語石》時將清代金石學分為碑目、考釋、書法、拓本、碑版文義五派，認為《語石》集合了諸家之長：「王蘭泉、孫淵如輩廣搜碑目，考存佚源流，此一派也；錢竹汀、阮雲臺輩專事考釋，以補翼經史，此又一派也；翁覃溪、包慎伯輩特詳書勢，此又一派也。近人有顓校存碑之字畫石痕，別拓本之古近者，亦一派也。其不講書勢，專論碑版屬文義例者，亦一派也。此書專博不及諸家，而頗萃諸家之長，獨出己意，有近世科學之精神，可以名世矣。」〔註1〕

以往對《語石》的研究中往往強調它是第一部石刻學通論著作，其在體例上的開創地位毋庸置疑。梁啟超讀後，贊其有「近世科學之精神」。如何理解梁啟超給《語石》留下了「科學之精神」這一注腳呢？還要把「科學」一詞還原到當時的時代背景中，梁啟超對科學本身有一番具體的解釋。借用梁啟超在

---

〔註1〕（清）梁啟超，《梁啟超全集·9》，北京，北京出版社，1999，第5261頁。此文作於戊午（1918）。

四年後 1922 年的演講《科學精神與東西文化》中對科學一詞的定義：「有系統之真知識，叫做科學」，他又專門講解了這一概念中的兩個關鍵：真知識和「系統」。他指出中國學術界的傳統病症有籠統、武斷、虛偽、因襲、散失等弊病。那麼返回梁啟超對《語石》的評價來看，此書何以能獲得「科學之精神」的評價大約也在於這本書具有了與其他金石學著作相區別於知識的客觀性和系統性上。〔註2〕

正如梁啟超在此演講中批評傳統學問中「籠統、武斷、因襲」的病症，而《語石》恰恰一反這種傳統學問的病症。《語石》內容雖然豐富，但每卷都有明確的主題，且每札之後都有該札的副主題。這得益於葉昌熾在撰寫此書時的體例創新，在第 1 章梳理歷代金石學的著作內容和體例中，葉氏各卷綜合了傳統金石學著作的體例，將原本用於整本著作的分目方式運用於一卷，其體例博採歷代金石學之長，也正合此處梁啟超「頗萃諸家之長」的評價。

其次，從第 2 章對《語石》引書和引文的梳理來看，葉昌熾並非武斷、因襲了前人舊說，而是對前人的著作有所批判，在行文間多有對傳說的駁斥之言。同時葉氏在引文時注意一些材料的客觀性。如葉昌熾在引用錢大昕考證時，僅留下了錢大昕對石刻材料客觀形制的描述和考證，刪去了錢大昕個人的主觀評價。這樣的規律說明葉昌熾並非僅憑一時記憶遺漏錢大昕的原文內容，而是刻意作出刪改。

梁啟超所評價的「科學之精神」並非籠統的空話，而是可以落實到《語石》具體細節中的真切評價。從當今來看，著述的體例和引文的規範似乎是較為普遍的學術規範。但若放到一百多年前，那個梁啟超仍在振臂高呼「科學」的時代，《語石》所體現的科學精神是值得關注的，這種頗具現代學術精神的雛形尤須發掘。儘管《語石》中仍有些許錯誤與不足，但它在內容設計編排上的先驅作用依舊能夠為後世諸多學者提供標本。不過，需要注意的是，梁啟超評價此書的科學精神並不意味葉昌熾的學術精神和寫作規範來源於西方，恰恰相反的是這些著述方式是沿襲乾嘉學者而來，只不過這種嚴謹的學術態度被梁啟超冠以「科學精神」便顯得更能與現當代接軌。

民國時期歐陽輔在《集古求真》中即將《語石》視為近代金石學研究的重要學者，並將《語石》與《廣藝舟雙楫》相比，「康有為鼎鼎大名，《廣藝舟雙楫》炫博市奇，實則放誕矛盾，不勝指謫。前唯覃溪、潛研、蘭泉、虛谷諸老，

〔註2〕（清）梁啟超《梁啟超全集・7》，北京，北京出版社，1999，第4001頁。

近唯鞠裳葉先生一人，且應後來居上。」〔註3〕與《廣藝舟雙楫》對唐碑的全盤否定和偏頗態度相比，此番評價《語石》能勝出之處，恐怕也在於此著作的客觀持中與「科學」精神。

### 2. 啟功：書法與文章的「櫝、珠」之辯

啟功《論書絕句》中有單獨一首專論《語石》：「買櫝還珠事不同，拓碑多半為書工。滔滔駢散終何用，幾見藏家誦一通。」〔註4〕下文對此詩作出了解釋：他肯定了葉昌熾《語石》內容豐富，細大無遺，開闢了「樂石之學」，但葉昌熾收藏也始終如翁方綱、孫星衍一樣，將書法好壞作為收藏的標準，似乎與骨董家淪為一道。文章與書法卻又是相互依存的關係，是以造成「藏碑者多而讀碑者少」，文託書傳的現象實際上是「珠輕櫝重」。換言之，啟功認為刻石的目的在於紀功傳文，後世藏家卻多著眼於刻石書丹的好壞，相當於「買櫝還珠」。這段論述中啟功對《語石》的微詞之處有二，其一是傳統金石學家僅以書法美醜作為收藏標準與骨董家無二；其二是書法與文字的關係中，書法反而佔了重頭戲，與立石者本意相違背。姑且不論啟功的評價是否公允，卻能從另一個角度引發對葉昌熾石刻學的思考：書法與文字哪個更應該成為石刻研究收藏的主要內容這一議題的背後，實際上潛藏著收藏家如何定位自己的身份問題？

啟功此論並非無源之水，他是針對葉昌熾在《語石》「輯錄碑文」一則中提及「吾人搜訪著錄，究以書為主，文為賓」，而王世貞藏碑「評驚其文之美惡，則嫌於買櫝還珠矣」的觀點作出的反駁。對於啟功的這些評價，有必要重新回到葉昌熾的文本中，考察他對書法、文本的態度以及對金石學家身份的定位。上文中已經探討了葉昌熾的收藏動機和收藏心理，那麼他對自己的藏家身份是如何定位呢？骨董家在《語石》中的形象頗為有限，僅有兩次寫到：當時骨董家一擲千金收藏的文徵明、周天球作品未必真蹟，遠不如石刻可信；再者是骨董家收藏雜項較多，不僅有碑版、還有秦漢金玉之類。這是骨董家收藏時財力雄厚、興趣廣泛的特點，但在收藏過程中，不止藏碑版者有流於骨董家的擔憂，藏書家也有這樣的隱憂。《藏書紀事詩》中為葉名澧所作的詩後，引用葉名澧《橋西雜記》中一則故事，葉名澧以「彭元瑞染骨董家氣」須著眼於校書，有功於先賢一事勸誡當時過於用心版本、鈔法的邵蕙西，不應過分關注書

---

〔註 3〕歐陽輔編，《集古求真續編》，開智書局，1933，卷十。
〔註 4〕啟功，《論書絕句》，北京，三聯書店，1990，第 84 頁。

籍版本等問題。〔註5〕從這則故事可以看出文人對骨董家之流心存芥蒂，如果過分關注書籍、古物的外在形式等內容而忽視了書本內容則易流於骨董家習氣。

　　提及有葉昌熾在自己的著作中其實也時常注意到，他時刻注意不讓自己淪為「賞鑒家」之流。《語石》中的「賞鑒家」的形象有兩個特點，其一是沉迷於後世輾轉鉤摹的碑帖。如《語石》中言新羅人「篤嗜右軍過於中土賞鑒家津津閣帖矣。」而學者與賞鑒家的區別在於，賞鑒家對後世輾轉鉤摹之帖津津樂道，但像孫星衍、王昶等學者並不以此為尚。其二是注重評騭書品高下，意在「拓本先後，析其豪芒」。〔註6〕葉昌熾將朱長文《墨池編》、盛時泰《元牘記》等均歸為此類，稱其為「賞鑒家而非考據家」。顯然，從《語石》《邠州石室錄》等作品中證經補史的內容來看，葉昌熾更願意作考據家而非賞鑒家。

　　從上述資料中文人對賞鑒家、骨董家的態度來看，文人無形中為自己的收藏活動作出了諸多「潛規則」，無論是藏書還是收藏金石碑版，都不應過度關注這些古物的外在形式，而應出於證經補史、校勘文獻的宏願。從這個角度在回到葉昌熾對王世貞的批評，他主要著眼於王世貞對「文辭美惡」的關注，強調金石「有裨考古」的作用。儘管《語石》中葉昌熾將自己朋輩的收藏活動都簡要概括為「以書為主，文為賓」，但從《語石》中大量證經補史的內容，以及後來《邠州石室錄》中對「粗淺書法」的收錄考證來看，他們的主觀願望與實際學術研究是有所偏離的。究其原因，文人將「學術研究」視為自己與骨董家、賞鑒家之流的界限所在，即便主觀上以書法作為收藏與否的標準之一，但書法內容反而被主流學術內容沖淡了。〔註7〕

　　古人受制於文人士大夫的風雅身份，不願過於沉溺於古物形制、文辭書法等內容。今人沒有了這樣的觀念枷鎖，在當代的學科分類中石刻的形制、文辭、書法恰好又歸入不同的學科，都獲得了相應的重視，也就自然消解了書法與文章何者為櫝、何者為珠的問題。

〔註5〕彭元瑞（1731～1803）曾為《四庫全書》副總裁，博學多識，精於古代器物、書畫鑒定，先後參與編成《西清古鑒》、《秘殿珠林》等。葉名澧（1811～1859）、邵懿辰（1810～1861）號蕙西，二人均為藏書家。
〔註6〕前所引諸言分別見《語石》卷一，卷二。
〔註7〕這種對收藏活動合理性的辯解在3.1中也有提及，可以說這種焦慮一直貫穿在葉昌熾及其同時代藏家的收藏活動中。

　　《語石》將石刻從金石學中分離出來，成為第一部石刻學通論著作，其開山之作的地位毋庸置疑。也誠如葉昌熾在序言中的發願一般，此書也被後來學者視為入門必讀之作，如劉節《中國金石學緒言》：「而通論石刻為初學入門之書者，則有葉昌熾《語石》及顧燮光之《夢碧簃石言》……而今後之治斯學者，則當隨近世考古學之新趨勢以求其方法之進步焉」〔註8〕也誠如梁啟超、劉節等學者的評價，《語石》確也在傳統金石學轉向現代考古學之路上扮演了難以取代的重要角色。

　　此外，《語石》還意外對拓片市場產生了影響，因此書卷二中有言：「得宋碑難，元碑抑又難矣。」柯昌泗在《語石異同評》中形容：「昔在民國初年，購碑者竟尚六朝，多執《廣藝舟雙楫》碑目以求。近十餘年，改趣宋、元，又案《語石》所舉而索。」〔註9〕可見學術著作對收藏市場的指導作用。

　　借助輯錄諸學者對《語石》的評價，今人得以再一次反思葉昌熾石刻學的治學理路，也能更立體地看到彼時這部著作引起的關注與重視。誠如前代經典金石學著作被一續再續，有如此影響力的《語石》亦有兩部續作，一為顧燮光的《夢碧簃石言》一為柯昌泗的《語石異同評》。像朱劍心《金石學》《書林清話》等著作又分別在內容和體例上借鑒了《語石》。當代趙超《中國古代石刻概論》依舊可見對《語石》的借鑒。

## 4.1.2 《夢碧簃石言》與《語石異同評》

### 1. 顧燮光《夢碧簃石言》

　　顧燮光（1875～1949）與葉昌熾志趣相投，也多有交往。二人結識於乙卯（1915），潘祖年代為轉交顧燮光家刻毛鳳枝《關中金石文字存逸考》以為羔雁，索《語石》一函以為報。葉昌熾初見即評價顧燮光「以是好古之士，詩筆亦不俗。」〔註10〕葉昌熾日記乙卯八月廿七中載，《夢碧簃石言》在成稿後顧燮光邀請葉昌熾為此書作序，只是今傳葉氏文集與《石言》刊本均未見葉昌熾所作序言。據此可以推斷《夢碧簃石言》的初稿成稿時間應該也在乙卯前後，而今傳本《石言》提及此書共有三版，分別為丁巳（1917）石印本、己未本（1919）、乙丑（1925）本，每版變化都比較大。

---

〔註 8〕劉節，《中國金石學緒言》，《圖書季刊》，1934 年第 1 卷第 2 期。
〔註 9〕柯昌泗，《語石異同評》，北京，中華書局，1994。
〔註10〕《緣督廬日記鈔》乙卯二月二十日，第 549 頁。

　　《夢碧簃石言》出版後，諸多學者將其與《語石》相比較。在報紙上刊登的新書推薦語稱：「專言石刻佚聞瑣事，雋永有味，足與《語石》相頡頏。繆筱珊稱為金石學中蘭泉派，信不誤矣。」〔註11〕在《石言》的序言中也有「《語石》之外，又樹一幟」的評語。而顧燮光自己在己未（1919）初版序言中也肯定了《語石》的地位，並謙言不敢和《語石》相媲美。〔註12〕在自己後面的行文中也不吝讚美之言，並分別專列一節介紹葉昌熾的金石學和《邠州石室錄》。在「葉昌熾之金石學」評價「（葉昌熾）所著《語石》八卷……精博詳贍，體例完善，實為金石書中空前絕後之作。」〔註13〕

　　實際上無論是體例、體量還是內容的完善程度上，《夢碧簃石言》與《語石》仍有很大的差距。《石言》並未完全遵循葉昌熾的分目方式，而是分為碑刻類、墓誌類、造像法帖類、區域類、金石家類、金石書類六卷。這樣的分目方式與《語石》的體例相比，優缺點並存。缺點在於此種分類方式並不如《語石》的內容廣泛，基本上將石刻體例、刻工等問題排除在研究範圍之外。且分目多有重疊，如將卷一籠統稱為碑刻，既囊括了獨立的石碑，也包括了塔銘、石經、題刻等石刻形式，本質上並沒有對石刻的形製做出明確的區分。其優點在於碑刻、墓誌、造像法帖等卷多從單個碑刻、金石家、金石著作的角度出發，能對一碑一石及學者、著作有較深入立體的解讀，比《語石》僅提及碑名或某碑的某種特點更有直觀全面的印象。在內容上新增了不少新出土的碑刻，並在「區域類」中記載了「山東圖書館藏石」「開封圖書館隋唐墓誌」等收藏情況，將金石目錄的體例融為著作的一部分。有關龍門造像的收錄情況受到了柯昌泗的讚賞，在《語石異同評》中，讚譽：「考石窟寺造像者，莫備於鼎梅之書矣。」〔註14〕在寫作方式上，顧燮光對《語石》頗有繼承，行文間也有大量的引文。尤其是卷六中提及《邠州石室錄》，他全文摘錄了劉承幹、葉昌熾在《邠州石室錄》前的序文，還全文收錄了葉昌熾所作《遊邠州大佛寺》的散文。在本卷中還摘錄了錢大昕《竹汀日記》及潘祖蔭《秦輶日記》中有關金石的部分。這些對前人文獻的摘錄與引用說明《石言》和《語石》一道作為札記體例的金

〔註11〕　《大公報》，1932 年 7 月 2 日「新書簡訊」欄目。
〔註12〕　（清）顧燮光撰，王其禕點校，《夢碧簃石言》，瀋陽，遼寧教育出版社，2001，第 9 頁。原文為：「古無言金石札記隨筆諸書也，有之，自葉鞠裳先生《語石》始。其書學博思精，融會修潔，非數十年讀書讀碑之功，未易臻此。」
〔註13〕　《夢碧簃石言》，第 145 頁。
〔註14〕　《語石異同評》，第 314 頁。

石著作，是作者在一定收錄標準下摘錄自己過眼的典籍，有邏輯、有組織地將這些札記彙集為著述。與葉昌熾喜好引用稀見文獻不同的是，顧燮光的引文是完整的錄文或輯錄。這種標準更接近《金石萃編》的錄文方式，也無怪繆荃孫會將《石言》稱為「蘭泉派」。

還有一點較有特色的是卷五顧鼎梅在概述諸金石家收藏情況之後，往往一併附上藏家所作的跋文，這些跋文可能源於對方饋贈給顧燮光拓片上的題跋，行文中常有「贈鼎梅先生清鑒」的字樣，這種錄文在「徐以愻藏漢樊毅修華嶽廟碑及各碑拓跋」一則中尤為常見。畢竟《萃編》或《語石》中大多錄文都是源自碑刻拓片或是已刊行的典籍，《石言》中此類跋文的錄文來源更像是流傳非常有限的手札、拓片等極具私人性質的文獻。此外，卷五中提及的金石家除毛鳳枝、趙乾生、端方三位藏家外，其餘著錄藏家均與顧燮光有交集，提及徐以愻以「吾友」相稱，可見親昵。毛鳳枝，趙乾生又與顧燮光有世交緣分：毛鳳枝的《金石文字存逸考》即為顧燮光之父刻於長沙，顧燮光任校讎之役；趙乾生又與顧燮光先伯祖為「文字至交」。故而卷五所收錄的這些「金石學家」多出於私交緣故。

誠如上文提及，《語石》《廣藝舟雙楫》等金石學著作在刊行後都對拓片市場有所影響。顧燮光將諸多他人贈與自己的拓片跋文錄入此著，又在著錄金石藏家時多收錄與自己家族有所交遊的藏家，很難說其中沒有為自己藏品增色的目的。這種將藏品刊入學術著作而助長藏品身價的方式在當代的收藏市場也是極為常見的現象。從這個角度說，如果《語石》的著述目的是為了惠及後學，而《石言》的著述動機除了存文錄目外，也可能包含幾分影響市場的個人目的在其中。

顧燮光的《夢碧簃石言》在形式、寫作方式上對《語石》都有不同程度的借鑒。且其成稿時間與《語石》最為接近，是與《語石》時間最接近的仿製之作。容庚將林鈞《石廬金石書志》二十二卷也視為仿《語石》之作，已是十載之後了：「此書分類略仿之……而其自序亦仿葉氏，語焉而加詳，可為全書之綱領」。〔註15〕從當代對《石言》的寥寥關注來看，此書並不能算一部成功的續作。此書與《語石》相比，其特色和價值在於收錄了諸多未見刊行的手札、題跋等文獻。顧燮光除了《夢碧簃石言》六卷外，還有《劉熊碑考》《河朔新碑目》等金石著作。

――――――――――――――――

〔註15〕容庚，《評金石書目四種》，《北平圖書館月刊》，1929 年第 2 卷。

## 2. 柯昌泗《語石異同評》

柯昌泗（1899～1952）為著名歷史學家柯劭忞長子，十二歲時起拜入羅振玉門下學習，《語石異同評》中所提及諸多實例也是源自柯昌泗於羅振玉處見聞。其著作雖多，但刊行傳世者較少，《語石異同評》自成稿後未經刊印，其原稿藏中國科學院考古研究所，共十卷六冊，迄今僅有中華書局本一部《語石‧語石異同評》點校本，盧芳玉及王其禕均對此本作文勘誤。〔註16〕

評本《語石異同評》，作於 1943 年，在《語石》正文後作出補充，其篇幅不亞於《語石》正文。主要內容包括兩方面，一是補充了新見材料和新成果，擇其要點作簡要摘錄附於文後。如卷三「石經二則」之後補充了有關石經的最新研究有羅振玉《漢西平殘字集錄》，以及張國淦《漢石經圖》，並總結了二人有關石經經數、石數、字數、章節等等的最新研究成果。又如葉昌熾卷十「精拓二則」中有「陳簠齋前輩拓法為古今第一」之說。柯昌泗在其後補充了當時擅長各類古物拓法的工匠：如高翰生之拓磚瓦、王念庭之拓泉幣。並附錄了吳式芬《金石匯目分編》中的「拓碑七則」，所述紙墨器具的要求與拓碑技巧。

此外，柯昌泗還較為關注外國學者的研究成果，對日本、法國人的相關成果也有引述。如鞏縣石窟寺的研究情況，他提及大村西崖《石窟寺記》、內務部《河南古物調查表》等。還有法人沙畹發現雲岡石窟的情況，以及梁思成、日本關野真等對雲岡石窟的詳細記載。當代人評價多以柯昌泗出任偽職而對其頗有微詞，《語石異同評》中也多見日本學者的考古、研究成果。這樣的現象與時局密不可分，諸多外國人在取得了令人矚目的考古發現，但時局動盪的局面加劇了這些文物的外流。《語石異同評》在記錄當時外國人考古發現的同時，也一併記錄了古刻失竊的情況。不過可惜的是這些碑刻當時的流轉收藏情況時代性較強，其中流轉狀況多是記述聽聞，從當代已然難以稽考，或有闕誤。如卷五中載河南汲縣之《東魏武猛從事李道贊等率邑義五百人等造像》將此碑的出土地點「封崇寺」誤作「崇封寺」。〔註17〕

---

〔註16〕關於《語石異同評》原稿的情況參見，趙超，《中國石刻學的奠基之作——介紹「語石」和「語石異同評」》，載於《雪泥鴻爪‧中國古代文化漫談》，太原：三晉出版社，2015 年，第 201～209 頁。《語石異同評》一書的標點勘誤參見盧芳玉，《〈語石〉標點錯誤舉例》，《古籍整理研究學刊》，2006 年第 3 期；王其禕，《中華書局本〈語石〉標點匡謬釋例》，《中國典籍與文化論叢》，2000 年 00 期。

〔註17〕關於此碑的立碑地點考辨參見宋雪雲鶴，《美國大都會藏「赫蓮子月碑」考評》，載《「魏碑聖地」第三節魏碑聖地‧全國書法暨魏碑論文大賽作品集》，河南美術出版社 2017 年。參考縣志及同時代文獻，柯昌泗此處寺名記載有誤。

　　柯昌泗見識極為廣博，對葉氏未見之例也舉實例作為補充。在卷八中，葉昌熾未見年月姓名有與碑文字體不同者。柯昌泗舉出後魏韓顯宗、北齊房仁兩志等四刻中年月姓名均為大篆，並指明這種程序至元代便不多見，僅有元《虎丘靈嚴禪師興造記》，碑末年月用小篆寫就。此碑篆額者為當時以篆書出名的泰兼善，在寫就碑額後一併篆書碑末年月。他指出用不同書體是作為標識的目的，而非用兩種書體寫一種碑文。葉昌熾在《語石》中僅是指出了同一碑刻用兩種書體的現象，柯昌泗則是解讀了這種現象，作出補正。

　　二是柯昌泗對《語石》中的觀點或有改正或有深入，尤其在書法方面亦有不少真知灼見。首先，柯昌泗所見新出土碑刻證實了葉昌熾的部分推論，卷一葉昌熾寫至昭陵諸碑時，根據《唐會要》推斷陪葬的一百五十餘人，其碑沉埋，且《金石錄》中尚載有魏徵、程知節、尉遲寶林諸碑。柯昌泗，評「果如此書之言」，其時昭陵新出五碑中即有程知節。柯昌泗根據羅振玉、毛鳳枝等人的文獻推斷新出碑刻的大概存逸時間。柯昌泗還對《語石》收錄明碑的情況深表認同：「此書云：宜兼收明碑，其說甚暢。」並舉諸多明碑實例，如安徽鳳陽明太祖御製的《皇陵碑》，他稱讚此碑文書俱佳，甚至稱「古今帝王宸翰石刻，從無若此本色者。」不過，柯昌泗對葉昌熾的觀點也不盡然認同，如卷二「直隸四則」中葉昌熾提出「北人簡質，留題頗尟鐫石」，柯昌泗認為這個儘管有一定道理，但不盡然。柯昌泗認為還有諸多北人題刻是葉昌熾未見，他舉今存趙州洨水橋題刻尚有七八種為例。又分析南宋使北無題刻的原因在於士大夫感慨時境，「名蹟經過，無心染翰」。

　　與葉昌熾寫作《語石》仍要時時強調「金石有裨考古」，將自己與賞鑒家、骨董家作出區分的態度不同。柯昌泗評卷二「中州二則」時，提到建德周氏藏漢晉石刻二百餘方，其中十之七八都是殘石，幾乎沒有幾塊可以連綴文義。對此情景，柯昌泗甚至直言「此等雖無裨於考據，而有益於書法」。與葉昌熾對比起來，柯昌泗在寫作中對書法的賞析毫無心理負擔。

　　柯昌泗的書法立場與葉昌熾相似，都是兼納碑帖的包容態度，不過他已然能完全能跳脫出尊崇碑學的時風，看到葉昌熾、翁方綱對碑、帖風格的不同偏愛。在卷一葉昌熾批評翁方綱《蘇齋唐碑選》之後，他不贊同葉昌熾以為《陳諫南海廟碑》為重刻的觀點，認同翁氏此碑為古刻。柯氏認為翁方綱「深於書學，耄年不衰，論書精詣具出心得」，而葉昌熾可能受到當時碑學風行的影響，

而對翁方綱取法山陰而有所非議。柯昌泗還是認同葉昌熾建議學書者根據性情各專一家的持平之論。

柯昌泗所載或也有舛誤，卷一中葉昌熾稱「隋以前碑無行書，以行書寫碑，自唐太宗《晉祠銘》始。」這一觀點頗為深入人心。柯昌泗對此持不同觀點，他舉出在唐太宗之前，有《梁始興王》碑額、高昌朱書磚志等均有行書。又稱《乞伏保達墓誌》「字體即全行書，中有『騁』字極似蘭亭，以行書寫碑之先河也。」此碑無論是今傳拓片抑或清人記載，均顯示為正書。不知此處柯昌泗是否對墓誌之名記錄有誤，且無論拓片或錄文中此墓誌均無「騁」字。

《語石異同評》所著時間較《語石》晚了數十年，他所處的時代讓他有更開闊的視野和更豐富的資料補充《語石》。後來《語石》的各注本及研究《語石》者多是一筆帶過少有參考，尚未能完全發掘柯昌泗著作的價值，他在葉昌熾的結論中，還有諸多深發之言。柯氏的這種解讀實際上也為當代研究《語石》提供了可能的方向：《語石》作為葉昌熾寫給後學同好的通論著作，在描述石刻義例、現象的同時還留有無限解讀空間。

## 4.2 跨文化視域下的葉昌熾石刻學——以《支那金石書談》為例

### 4.2.1 《支那金石書談》的翻譯背景：十九世紀末日本的中國學與書法

十九世紀六十至九十年代，日本明治維新獲取了巨大的成功，為甲午戰爭的勝利埋下了伏筆。甲午戰爭的勝敗刺激中日兩國有了相應的舉措，一方面是 20 世紀中國興起了赴日留學的熱潮，另一方面日本反而加強了對中國的關注，促進了日本中國學的建立和繁榮，大量日本學者、留學生前往中國實地考察。

日本學者來華訪書有以下幾個特點，其一是所訪書籍種類豐富，既包括小說戲劇等藝文書籍，又包括敦煌文獻、內閣檔案、甲骨等中國學者尚未開始關注的材料，金石碑帖的拓片是日本學者來華訪書活動中的一個內容。其二是來華訪書活動本質目的還是服務於政治目的，最為明顯的是日本考察團對歷史地圖的重視，尤其重視在實地考察的基礎上，結合古代輿圖，研究中國古代滿蒙地區、西北地區的史地變遷。這些對中國邊疆地理的考察為日後的侵略活動

做了充分準備。在客觀上這種對歷史地理的考察無意中也形成了對中國各地古刻古蹟的搜訪，如柯昌泗提及造像時所說的內務部《河南古蹟調查表》就是這一時期的產物。其三是中日兩國的典籍流通情況實際上是對兩國日益懸殊的國民經濟情況映像。如湖州皕宋樓藏書為日本三菱財團收購即是一例。庚子賠款又被日本用於在華文化事業，用於資助留學生和學者前往中國學習。此外，日本人還善於使用當時的攝影技術，在一兩日內便可拍攝 4、5000 張所需文獻的圖片資料。且日本領事館還會在當地協調官員，方便日本團體的訪書活動。這些客觀因素都極大地提高了日本訪書活動的效率。〔註 18〕儘管楊守敬曾自日本歸國後也帶回不少珍貴古籍，但與日本學者以團體形式，多批次往返中國的規模相比是杯水車薪，珍罕古籍、書畫、拓片在 19 世紀末至 20 世紀初期大量流入日本。這些古籍的外流從客觀上促進了中日文化的傳播，但不免讓人為國寶流失而扼腕。下文也將以葉昌熾與島田翰的往來，一窺日本來華訪書學者與中國藏書家的交遊細節。

　　此處先簡要梳理日本書法史的特點，以及明治、昭和時期中國碑學書風東傳的影響。日本書法完全來源於中國書法，隋唐時期，使節和僧人們作為中日交流的媒介為日本引入了王羲之、顏真卿等書法大家，在書體上也偏好行草書路線，楷書不多見，篆隸幾近絕跡的不平衡現象。而日本的文字源自草書字符，假名文字本身的特性加劇了它與行草書相互依存的狀態。這種現象最終又進一步加劇書法中帖學與碑學的不平衡狀態。日本人對中國書法的學習幾乎與日本學者來華訪書潮同時進行。

　　楊守敬於 1880 年東渡日本，促使日本書壇面貌一新。楊守敬帶去了大量碑帖拓片，在日本引起軒然大波，為長期由帖學佔據的日本書壇注入了新鮮的血液，當時日本書壇稱之為「楊守敬旋風」。楊守敬在日本期間，廣收學生，其中不乏一些後來被視為明治書壇泰斗的書法家，如日下部鳴鶴、岩谷一六等人。而當時駐於日本的清政府總領事，在日本時向友人贈送的北碑拓片，引起了書家對碑刻的熱情。〔註 19〕而碑學在日本的興起，也讓日本書法家著眼於碑版上更古老的書體，能擅長篆隸、金文者能獲得比傳統行草書家

---

〔註 18〕 如內藤湖南 1906 年在黃寺崇謨閣、文溯閣拍攝諸多滿蒙文獻，（日）內藤湖南，（日）長澤規矩也等，錢婉約、宋炎輯譯，《日本學人中國訪書記》，北京，中華書局，2006，第 26～29 頁。

〔註 19〕 （日）佐佐木佑記著，程俊英譯，《康有為〈廣藝舟雙楫〉在日本的接受和影響》，《中國書法》2019 年第 2 期。

更多的榮譽。〔註20〕昭和初期（1926～1941），日本書道團體紛紛成立，並舉辦了大規模書法展覽。

　　日本漢學家對中國金石著作的熱情，日本書壇中碑派書法的風靡是《語石》得以進入藤原楚水視野的背景。雖然在傳統社會中，日本學者型書法家往往善書法，通漢學，但明治以降（1868～1912）日本的學術和書法都向專業化方向發展；到了大正時期（1912～1926），作為文化研究的漢學與書法逐漸分離。〔註21〕這種現象在幾位學者為《支那金石書談》作序的不同側重也可窺一斑，如中村不折與神田喜一郎主要從金石學史的角度評價《語石》，樋口銅牛與藤原楚水從書法角度評價《語石》也可以看出日本當時漢學與書法的分離趨勢。無論如何，《語石》能為藤原楚水譯為日文整體上較為符合當時日本漢學、書法的研究熱潮。

## 4.2.2　中日學者的交流個案：以島田翰與中國學者的交流為例

　　彼時中日學者的交流較為普遍，葉昌熾也有一位日本友人島田翰（1879～1915），不過二人多交流校勘、藏書的學問。葉昌熾兩人結識緣起蘇垣（蘇州別稱）日本領事白須直，島田翰是白須直的友人，葉昌熾在回贈書籍的日記中寫道「未知其字」的情況可知，二人交往應約在丙午期間。〔註22〕島田翰通過白須直向葉昌熾贈書。日本在華領事往往在中日學者間充作中介，像葉昌熾這樣賦閒在家的藏書家以學術之名互通信函並無阻礙。像張之洞這樣的當朝大員，日本學者想直接登門拜見，卻不見得順利。日本學者常借助領事以外交手段試壓，早在光緒六年（1880）竹添光鴻遊歷中國時，求見當時身居四品的張之洞，遭到拒絕，後經日本總署為介方得拜見。〔註23〕又如內藤湖南在中國訪書時，也是幸得日本領事打點當地官員和管理書庫的職官才得以在數日內拍攝內府秘藏文獻（見上文）。日人來華遊歷的過程中，小至地方藏書家，大到當朝官員，日本在華的當地領事都在其中扮演了不可或缺的交際角色。

---

〔註20〕中國教育學會書法教育專業委員會編，《日本書法史》，天津：天津古籍出版
　　　　社，2010年。國內介紹日本書法史的書籍較少。以上日本書法史內容均引自
　　　　此書。

〔註21〕祁小春，《日本當代中國書法史研究綜述》，見載於范景中、鄭岩、孔令偉主編，
　　　　《考古與藝術史的交匯》，杭州，中國美術學院出版社，2009年，第261頁。

〔註22〕1887年，陸元鼎等與日本通商領事簽訂《中日通商蘇州租界章程》，清光緒二
　　　　十八年（1902）在租界建蘇州日本領事館，今該址仍存。

〔註23〕許同莘輯，《張文襄公年譜》，民國二十八年武漢舍利函齋排印本，第23頁。

　　兩人書信往來贈書記錄分別見於《日記》，丙午（1906）二月廿八：「島田君贈《古文舊書考》四冊，宋本《寒山詩》、永和本《薩天錫逸詩》合一冊」。次日葉昌熾回贈自己的《藏書紀事詩》及莫高窟唐碑四種。

　　在二月廿八的日記中葉昌熾關於島田翰的生平經歷俱出《古文舊書考》，記述了島田翰之父號篁村，言父子二人俱為校勘家，島田翰跟從竹添光鴻學習，並得青山相公之命校勘內府簿錄等信息。結合後來葉昌熾日記與各文獻來看，葉氏與島田翰未曾謀面。此處的信息也多有部分不確切處，其一是葉昌熾從《古文尚書考》中引述的人名多為字號，而非原名。島田翰之父名為島田重禮（1838～1898）；其師俗名為竹添進一郎（1842～1917），光鴻為其字，井井為其別字〔註24〕；「青山相公」名為田中光顯（1843～1939）。島田翰系出名門，其父島田重禮有「解讀漢書籍第一人」之稱，母親為江戶末期漢學家鹽谷宕陰之孫，家藏極富，其所藏唐鈔宋槧本流傳至今，東京大學綜合圖書館南葵文庫藏「雙桂樓遺書」即為其父遺留。他的老師竹添光鴻也是日本漢學史上有名的學者，藏書多為宋元舊刻。〔註25〕島田翰的家藏與諸日本學者的情況都未見葉昌熾日記載錄，可見葉昌熾對這位海外友人的瞭解極為有限，但這並不妨礙他將島田翰視為同好。

　　葉昌熾首先肯定了島田翰的學術成就，尤其稱讚了島田翰在書籍裝潢方面的關注：「楮印精惡，版幅寬廣，行字之大小疏密，宋諱誤奪辨析，毫芒精謹，無與為比，不侫幼耽此學。」《古文尚書考》中確有《書冊裝潢考》《雕版源流考》兩文，行文中也多有論及書籍制度的片段。因此，在《古文舊書考》的排印本序文中，杜澤遜給予島田翰「中國書史研究的開拓者」這一極高的讚譽，指出中國學者王國維《簡牘簡署考》、葉德輝《書林清話》等有關書籍裝潢的研究都在島田翰之後十餘年方才問世，葉德輝的著作更是受到島田翰影響。儘管不可否認島田翰的確是日本漢學研究中的佼佼者，為漢學古籍的整理作出了難以忽視的貢獻，但島田翰能佔據書史研究的先機根本原因還在於中國學者觀念上的故步自封。上文曾提及葉昌熾《藏書紀事詩》中曾引葉名澧的典故（見 4.1.1），強調不應多關注書籍裝潢形式等問題，以免沾染骨董家習氣。

〔註24〕　（清）俞樾，《春在堂隨筆》，光緒二十五年刻本，卷七。其中載「別字曰井井，……其在本國則尚有俗稱，曰竹添進一」。

〔註25〕　（日）島田翰撰；杜澤遜，王曉娟點校，《古文舊書考》，上海，上海古籍出版社，2014，其中杜澤遜序文中有關島田翰家世、學術論述極為相近，與錢婉約文可互為校閱。

也是出於這樣的觀念，晚清藏書家在實踐中已然積累了大量鑒識版本的知識，而鮮有學者在著作中專論。

葉昌熾觀島田翰著作後更多的是聯想到自身與時局。葉昌熾感歎三十年來自己的師友同好大多都已亡故，所偏愛的校勘學將成絕學，與外世格格不入，沒想到海外島國竟然有和自己相同愛好之人，可見島田翰其人其書為晚年寂寥的葉昌熾帶來極大的驚喜和鼓舞。〔註26〕島田翰對校勘古籍等舊學的耽迷卻也給葉昌熾帶來了錯誤的信號，讓他對日本變法維新產生了懷疑。葉昌熾稱「此種舊學即我中國亦在懷葛以前，如島田君者真舊到家矣！人謂日本盡變舊法，本不敢信，我今乃愈不信矣。」葉昌熾這樣的觀點猶如盲人摸象，只看到了島田翰對舊學的堅持，殊不知島田翰在日本國內的尷尬處境。19世紀末，東京大學和日本京都大學先後成立，日本社會上出現唯學歷是舉之風。畢業於東京外國語學校，學習日漸衰微清語學科專業的島田翰即便出身於顯赫之家，也面臨著極大的壓力。這種個人興趣與社會時風格格不入的矛盾困境其實與葉昌熾彼時的境遇如出一轍，就連島田翰的老師竹添光鴻也為此困擾，於數十年前在俞樾面前大倒苦水。

在俞樾《春在唐隨筆》中，在二人筆談中竹添光鴻有對當時日本時局的描述：十年以前，封建為治時，列國有學宮，士人從學宮肄業後根據學識深淺而得位，文學頗盛；自從封建廢除，諸侯、士人或失去封地或削去俸祿，學宮也改為西學，甚至有「焚書」的議論。這種境況近來才有所好轉，竹添鴻光稱「近時風俗偷薄，廟堂亦頗悔悟，稍知聖道。」〔註27〕從竹添鴻光的話語間，依稀可以瞭解在19世紀末日本學者中國訪書多半也出於「廟堂悔悟」的緣故。不過從後來島田翰的境況來看，西學始終在日本社會中略勝一籌，漢學家在日本的地位雖然尷尬，卻受到了諸多中國學者的理解與歡迎。

除了葉昌熾在日記中所載錄與島田翰的書信往來外，島田翰贈與葉昌熾的這部宋本《寒山詩》也發揮了它的價值。在葉昌熾編著《寒山寺志》時，卷三中摘錄了島田翰宋本《寒山詩集》序言，豐富了此書的徵引。島田翰在中國將的宋本《寒山詩集》贈與諸學者，對一般人來說此書甚為少見，尤其是書前有朱熹、陸游兩札。辛亥（1911）時，葉昌熾受程德全之請編纂《寒山寺志》，

〔註26〕其日記原文為：「三十年來師友凋落殆盡，自謂寂寞草元，將成絕學。閉門造車，出門不期合轍，不意海外島國乃有斯人。」
〔註27〕根據竹添攜夫人遊西湖一事知他與俞樾相見約在1876年左右。

「中丞見寒山詩文，喜為未曾有此，何足喜耶？朱晦翁、陸放翁兩札，東瀛島田翰本摹刻於簡首，昨以告，今日即索觀。」〔註28〕根據張鈞衡擇是居叢書本《寒山詩》前繆荃孫的序言來看，島田翰的《寒山寺志》為鉛印本，只不過前附朱、陸二人手札，又摹勒半葉，遠非宋本面貌。〔註29〕即便如此，也足以成為島田翰謁見諸藏書家之「贄雁」，讓繆荃孫、葉昌熾等為之津津樂道，爭相傳看，並在後來自己參與的刻書活動中翻刻島田翰之作，無形之中又助益了島田聲名的遠播。

實際上，葉昌熾只是島田翰在中國結識的眾多學者之一。《古文舊書考》由民友社出版於 1905 年，島田翰留有 150 餘部分贈中日各處，除了日本的東京大學、早稻田大學等圖書館外，還有中國學者楊守敬、張之洞、俞樾等，葉昌熾也屬受書學者之一。經由日本領事白須直介紹，島田翰在乙巳九月至丙午三月之間遊歷中國江南地區，他到訪之處多為當地有名藏書家，包括俞樾、蘇州顧氏過雲樓、湖州陸氏皕宋樓等。從《日記》來看，似乎島田翰與葉昌熾之間有著純粹的學術友誼，以書會友，實現了跨國交往。實際結合島田翰與其他藏書家的交往來看並非如此，錢婉約將島田翰評價為有文化的掮客，以交遊為幌子充實自己的收藏，他除了購買一些古書外，還以秋季再訪中國為由，借走一些藏書家的珍本古籍，而這些古籍最終有去無回，如從蘇州顧氏過雲樓借走元刊《古今雜劇》、明本《十段錦》、殘宋本《聖宋文選》等。〔註30〕

《日記》中僅記錄葉昌熾贈以《藏書紀事詩》，而《語石》此時尚未刊印，無論如何兩人的交往為我們展示了中日學者間藏書的來往。儘管 19 世紀末 20 世紀初中日國家層面的摩擦不斷，兩國同樣面對來自西學的衝擊，在日本與中國的變法浪潮之下，篤好舊學的中日學者在文獻交換中意外獲得了海外「知音」。

## 4.2.3 《支那金石書談》的概況與序文

### 1.《支那金石書談》的概況

《語石》的日語譯本名為《支那金石書談》，因此本在國內研究中從未有介紹，此處對該本的情況作一簡要介紹。藤原楚水譯，大東書院刊行，前附中村不折、神田喜一郎、樋口銅牛三人序，昭和己巳年（1929 年）版。

---

〔註28〕《緣督廬日記鈔》辛亥五月十八。
〔註29〕（唐）釋寒山撰，《寒山詩》，民國十五年吳興張氏刻，擇是居叢書本。
〔註30〕參見錢婉約，《島田翰生平學術述論》，《中國文化研究》，2009 年，第 3 期。

先從目錄情況簡要暸解譯本的結構。譯本保存了原書的分卷與目次，並未改變目次名稱，其目錄與漢語本無異。分卷目錄後為漢文插圖目錄，共附插圖97幅，分為兩種錄目方式，一種是某某書，如朱熹書、蔡君謨書等，除作者姓名外再無其他信息；第二種是清楚書者情況的於題名下以小字錄撰文者或書者姓名、書體，整個插圖目錄體例不統一，如《晉祠銘》，太宗御製並行書；《孔穎達碑》于志寧撰，正書。

書中譯文正文分為三部分，將原書卷次下的分目標題從段後挪至每段正文前，作為正文的二級標題。均為日文縱向排印，譯文上有對漢文專有名詞的眉注，部分行文中結合文段內容附插圖，這些眉注主要包括人物、地名、典故等，如第十頁中的眉注包括，《昭明文選》、江左、嚴子進等的注釋。值得注意的是，藤原楚水還還原了葉昌熾原文中轉述的前人話語，如《語石》原文為「阮文達謂南書長於簡札，北書長於碑榜，是已。」眉注為：「阮文達曰く，江左風流疏放妍妙、長於啟牘、減筆至不可識。北沠則是中原古法、拘謹拙陋、長於碑榜と」〔註31〕

其中葉昌熾在正文中的雙行小字注用括號與正文區分，依舊保留雙行小字的漢文形，未經翻譯。在行文中對提及碑刻旁注帶括號數字，作為在書後附《引用碑目一覽》中的檢索依據，所標注的碑目不僅有葉昌熾明確提及的碑刻，如《萊子侯刻石》《禪國寺碑》等；還將葉氏提及的沒有明確列出碑名的也歸入附錄，如原文中的「鬼方紀工之刻」，附錄中注出為「紅厓古字」；「箕子就封之文」在附錄中注出為「錦山摩崖」。

書後附有《引用碑目一覽》，分目次臚列該目下提及的碑刻，標注序號以與正文對應，序號下為碑名，與碑名平齊處於底部注明立碑地點，部分明確知曉作者的碑刻，用括號將作者姓名、書體、年代或某學者考為某年代，等信息置於碑名與立碑地之間，其格式大體如「（一）琅琊臺刻石（李斯篆書・二世元年）山東諸城；（五）甘泉山元鳳刻石殘字（篆書　翁方綱考為昭宣之間）江蘇江都」。次行以小字補充相關資料。此處藤原楚水為碑刻補充的資料較為豐富，有多種說法的一併列於其後，還能旁徵其他文獻，如對《岣嶁碑》的注釋中引用劉禹錫、韓愈的詩，並說明此碑字形奇特，學者多認為是偽託之物。不過能有附帶文獻注釋的碑刻還屬於少數，大部分碑剋實際上只列有碑名、書體、年代、立碑地點等基本信息。這些信息一般通過碑目著作即可索得。

---

〔註31〕見《語石》，第4頁；藤原楚水譯，《支那金石談》，大東書院，昭和乙巳（1929）。

　　整個譯本用詞古雅，基本實現了信、達、雅的譯文要求，展示了藤原楚水的文字水平以及在中國學領域的造詣。

## 2. 日本學者對《語石》的評價——《支那金石談》的序文

　　中村不折（1868～1943）本人受康有為碑學思想影響，無論在收藏還是書法實踐，都踐行著碑學的審美理想，他本人將康有為的《廣藝舟雙楫》翻譯為日語，更名《六朝書道論》於大正三年（1914）在日本刊行，一時成為競相爭購的熱門書籍。〔註32〕中村不折本人還是收藏家，富藏古籍、經卷、拓本、鏡鑒、璽印等不一而足，是日本書道博物館的創始人。在《語石異同評》卷二「日本二則」後，柯昌泗悉數中村不折所藏稀見漢碑可資考證。藤原楚水《書道金石學》中所使用的大部分材料多取自書道博物館。以下將簡要概括中村不折序言的內容：

　　中村不折在第一段中將日本書家學習明清書法的濫觴追溯至德川時代，但他認為這些書家所學淳化閣、戲鴻堂法帖等「惡刻」而無法直追漢魏，碑碣才是追求魏晉風度的正途。在第二段中他指出德川至明和時期，即便富藏之家也少見六朝碑刻，到現代交通便利，中國出土碑刻數量大，讓更多的碑拓資料有機會流入日本。他統計的所見碑刻數量大致為，漢碑一百五十餘，六朝碑三百，唐宋元明諸碑一千種。在第三段中他將書法學習的路徑分為，法帖、碑刻和墨蹟三方面，他最為推崇碑刻，並列舉了歷代金石學著作，如《集古錄》《金石錄》等。第四段他列舉了清代的著名金石學著作，包括《竹雲題跋》《金石萃編》等等，但他認為這些都不夠徹底。引出對葉昌熾及《語石》的介紹，他認為《語石》載錄碑刻極為準確，稍有懷疑核查後才錄入。他以第八卷外國人一則中，葉昌熾以精拓核對《寰宇訪碑錄》中的信息為例。〔註33〕在文末他還指出現在有石印、攝影等技術更加方便了名帖的傳播，與此書相輔相成，更能助益書道。

　　神田喜一郎（1897～1984）漢學家，是日本漢學家內藤湖南高足，與羅振玉、王國維等交好，曾在造訪中國期間參觀藏書樓，包括涵芬樓、密韻樓等，

---

〔註32〕（日）佐佐木佑記著，程俊英譯，《康有為「廣藝舟雙楫」在日本的接受和影響》，《中國書法》2019 年第 2 期。

〔註33〕此處又誇張或誤讀信息，中村不折稱葉昌熾特派人前往山東製做精拓後進行考證，實則無論《語石》原文，抑或藤原楚水譯文都沒有遣人至山東這一信息。

通曉宋元版本之學。饒宗頤稱讚他的學問，「目錄校讎學堪比顧千里，撢精藝事類董香光」，稱其為「東洋學第一人」。〔註34〕

　　神田喜一郎的序言寫得非常簡短，大略講了金石學發軔於宋、元明衰敗、清朝興起，並指出清代金石著作或是便於檢索的目錄，或是注重闡明義理。他勾選提要地引用葉昌熾敘目中對《語石》體例非歐趙、非潘王的論述，指出葉昌熾意在開宗立派。從體例、目錄的角度盛讚《語石》。

　　樋口銅牛（1866～1932）也是碑帖的擁戴者，他曾在《東京朝日新聞》上連載《碑帖書法談》，介紹中國書法動向，後來他又在明治四十四年將此連載整理成書出版發行。

　　樋口銅牛的序言中稱《書苑》雜誌已經將其中一部分翻譯為日語並連載，由自己翻譯「書勢」中國的一部分，他將《語石》視為關於石刻文字最可信的通論著作。但他對藤原楚水將《語石》改名為《支那金石談》並不滿意，認為這一名稱簡單通俗，未免過於隨意。而《語石》的原名是金石和連言並舉。下文他認為井土靈山將康有為《廣藝舟雙楫》改名為《六朝書道論》也有兒戲意味（狡獪な意味），不應該混為一談。最後他提到《語石》在中國自刊刻出版後已經重印多次，此書對中國讀者有價值處，日本也可借鑒。

### 3.《支那金石談》的譯者及譯者序

　　譯者藤原楚水（1880～1990）出生於大分縣後高田市，小學畢業後在家務農，十九歲至二十一歲先後至關西法律學校、明治法律學校學習，後又在英語學校學習兩年。二十五歲時進入》「實業之日本社」，任《徵露（鄂）戰報》編輯，後為《實業之日本》雜誌編輯至 1928 年從該社退職，次年自費出版《支那金石談》，此後潛心研究中國書法與文化，又於 1936 年至 1945 年擔任三省堂發行的《書苑》雜誌，隨著中村不折之死及日本在二次世界大戰中的戰敗，雜誌停辦。先後有相關著作、譯作出版，如《書道金石學》（三省堂，1953 年）、《中國書道史》（三省堂，1960 年）、《法帖と碑帖》（三省堂，1953）、《寰宇貞石圖》（1940 東京興文社）、《中國碑碣書談》（楊守敬著，藤原楚水譯，三省堂，1956 年）、《書道六體大字典》（三省堂，1961）、《圖解書道史》（省心書房，1971～1973）、《注解漢詩歌譜樂府朗詠選》（省心書房，1977）、《譯注集古求真》（歐陽輔著，藤原楚水訳，省心書法，1982）《中國石刻書道史》（名

〔註34〕饒宗頤著，胡曉明編《澄心論萃》，上海，上海文藝出版社，1996，第 397 頁。

著出版，1986 年），除著作外還發表有多篇書法論文。〔註35〕

　　藤原楚水的譯者序，其序文最長，共有九頁，分為五段，現簡要概括各段內容於下：

　　第一段解釋雖然明知道《語石》以石刻為主，但還是以「金石」命名的原因。譯者考慮到大多數人對碑碣以外的石刻文字並不熟悉，或者簡單將石刻與金文對立起來，因此採用「金石通論」之意為題。

　　第二段主要詳列了金石學著作的類別：藤原楚水將平津孫氏（《寰宇訪碑錄》）、偃師武氏（《授堂金石跋》）、青浦王氏（《金石萃編》）這四家為海內廣布的鴻篇巨製，這些也是《語石》中常引用的金石學著作。此外列舉了如顧炎武《金石文字記》、錢大昕《潛研堂金石文跋尾》等著作外，還列舉了一些《語石》中未引的金石學著作，如馮雲鵷《金石索》、張燕昌《金石契》，以及與葉昌熾時代相近的端方的《陶齋吉金錄》（筆者按：應為《匋齋金石錄》）、楊守敬的《望堂金石初二集》《三續寰宇訪碑錄》、李遇孫的《金石學錄》等著作。藤原楚水還指出金石學著作有以地域、朝代、類別等為題目，如畢沅《關中金石記》、翁方綱《兩漢金石記》、王懿榮《漢碑存目》等著作。這些著作的撰寫目的，有的為鄉邦保存文獻，有的為御府藏品，有的輯錄私家藏品。還有些專攻某類器物的，如陶弘景的《古今刀劍錄》、羅振玉的《地券徵》（筆者按：應為《地券徵存》）等。有的帶有圖譜，有的帶有釋例，如《隸釋》《隸韻》專門研究漢碑，吳氏的《金石存》篆隸兼收。有如錢氏《金塗銅塔考》、徐渭仁《建昭雁足燈》等針對某一器物的考證，還有如張、汪、翁、吳（筆者按：不知具體為哪四家）的瘞鶴銘研究等對書法的研究。此段最後總結近年中國出土的古物，如粵東的木刻，四川山東的封泥等等，僅用金石的名稱難以概括，已經涉及史學、考古、風俗等各方面，豈是楊氏所謂許學和書法能概括的？

　　第三段開篇藤原楚水評價《語石》一書將這門學問全景式地展開，開拓了金石著錄的獨特天地。以往的金石家或舉證不全，或言辭冗長。題跋家又以書法優劣為主，《語石》終結了這種現象。他引用歐陽輔在《集古求真》序中批評康有為《廣藝舟雙楫》自相矛盾，名不副實；以及歐陽輔將葉鞠裳視為後來居上，近代可與翁方綱、錢大昕、王昶等齊名的金石學家，這便是本書的價值

〔註35〕李慶，《日本漢學史・第三部》，上海：上海人民出版社，2016 年。不過在《日本當代中國書法史研究綜述》中對藤原楚水的書法史著作並無評價，其在日流行程度比較有限。

所在。入主出奴的現象在書法家群體中也極為常見，學習歐虞的人對學習顏柳的不以為然。〔註36〕

　　第四段借用沈德潛《古詩源》序中之語指出學習書法應該追溯源頭，直追秦漢篆隸。以紙張為載體的法帖難以流傳千年。而至於商周秦漢的書法就需要追溯鍾鼎彝器上的款識，好的拓片也難以覓得。故而學習書法應該碑帖兼修。不過雖然口頭上提倡學習碑碣的人多，但是能真正習得漢唐古刻神髓的人少。此後講述了一些實踐的方法，如觀摩諸家碑帖後先廣臨摹，之後再選擇一家專精。

　　第五段說金石碑刻浩如煙海，需要博採眾長。且在入手碑帖時就需要選擇上乘精拓。對一些難有良師的人，學習了這本書就能掌握正確學習方向，事半功倍。現在學習書法的人不再注重培養人格，以及探索古刻的情趣，反入歧途。此書的目的在於為初學者提供指導，讓奸商能力一般的人提高甄別書法的能力。再有讓史學、考古學等專家讀到此書也有別樣收穫。

　　以上四位學者的序中他們都盛讚了《語石》兩方面的價值：與清代前中期的金石學著作相比，《語石》的體例與分目開闢了新的天地；學者們葉昌熾所引用的，無論是材料的豐富程度還是可信程度都表示了肯定。而藤原楚水將《語石》的著書意義向前推進了一步，甚至超越了葉昌熾本人對《語石》的期待，與前三位立足漢學的學者相比，藤原結合了西方的學科分類思想，看到了《語石》的內容及近代出土文物已不再囿於傳統金石學的範疇，其內容實際上已經涉及考古、宗教、風俗等學科，具有超越金石學學科外的資料價值；再則，藤原深化了《語石》在書法實踐方面的指導意義，在原書的敘目中，葉昌熾只是自謙說道，「余不善書而好論書，莛撞蠡測，舉古今書家進退而甲乙之，只見其不知量而。」並未具體到學者應如何使用《語石》來指導書法的問題。藤原結合自身的書法實踐經驗，向日本讀者展示了應當如何利用《語石》。首先他從冷靜客觀的角度對當時無論在中國還是日本都極為流行的碑學理論作出評判，借用歐陽輔在《集古求真》序中的言辭批評了《廣藝舟雙楫》「放誕矛

〔註36〕按：藤原楚水此處引用了《集古求真》序的原文：「康有為鼎鼎大名《廣藝舟雙楫》炫博世奇。實則放誕矛盾。不勝指謫，其他純盜虛聲，實繁有徒。求其具有門徑，大致不差者，已不數見。求其考核精當。不愧名家者。前惟覃溪、潛研、蘭泉、虛谷諸老。近惟翰裳葉先生一人。且應後來居上。」下文「入主出奴」的觀點也引自《集古求真》序文，序文中「入主出奴」的內容原在評《廣藝舟雙楫》之前。

盾」的理論觀念，和學習書法時「入主出奴」的現象。下文藤原楚水談到了學習書法中「博」與「精」的問題，主要集中在序文的第四段與第五段中，他提出學習書法需要碑帖兼及，先要博覽碑帖，增加見聞提高眼力，而後再根據個人喜好與性情選擇一家精研。翻譯此書意在幫助後學提高鑒別碑刻的能力。藤原楚水的這部分內容立足於書法實踐，賦予了《語石》在書法實踐方面的指導意義。

# 結　語

　　葉昌熾在藏書史、金石學史上都有舉足輕重的地位，其《藏書紀事詩》《語石》《邠州石室錄》等多部著作有重要的文獻、學術史價值。葉昌熾及其著作的經典地位與他所處的特殊歷史時期、個人經歷密不可分。結語部分將從橫向總結，本文的內容可分為四大主題：晚清時代背景下葉昌熾的生平與收藏心理；《語石》的文本研究及其海外影響；歷史語境下的《碑目》等未刊石刻學著作；以及《邠州石室錄》與葉昌熾的書法實踐。

　　葉昌熾石刻學繼承了清代重視「經史」的學術根柢，吸收了乾嘉時期金石學的學術傳統。在清末內憂外患的時代背景下，葉昌熾的收藏活動並非出於玩物喪志，而是以「存文字之心」為出發點，懷抱復興傳統學問以應對西學衝擊的抱負進行著述，他也將收藏活動看做逃避亂世的情感寄託。

　　他得以在學術、收藏上取得巨大成就與其個人經歷也密不可分：早年編修《蘇州府志》、《鐵琴銅劍樓書目》的過程中造訪鄉邦石刻，經眼宋元槧版的經歷都為日後著述積累了寶貴的材料，編著書目、府志的過程精進了校勘、目錄等之力。在中進士之前遊幕於潘祖蔭、汪鳴鑾府上以及在諸多富藏好友府中開館的時期，為幕主整理藏品考證碑拓的同時，通過購買、受贈等方式也豐富了自己對碑拓的見識，擴充了個人藏品。在出任甘肅學政的經歷中，葉昌熾得以訪查陝甘地區的碑刻，得到了許多帶有地方特色獨一無二的藏品。雖然敦煌文獻發現於葉昌熾任學政期間，但他並未關注敦煌文獻的獨特價值，與這些珍貴的文獻失之交臂。自致仕卸任後葉昌熾專注於校刻自己的著作，從其信札、日記中所見對《語石》與《邠州石室錄》兩書刊刻刻工的要求補闕了學者與刻工間的交往細節，以及兩部著作的成書過程，為書籍史提供了寶貴的史料。

　　葉昌熾的石刻學著作《語石》今存多種形態版本，包括手稿、清稿、紅本及先後兩種刻本，展現了此書從草創到刊刻成書的各個階段，另有歐陽輔、章鈺兩個批校本，為《語石》的文本作出較早的勘定補充。從20世紀初至今共有包括建國後三個標點本在內的五個排印本，一個影印本，這些版本中以新出浙江大學出版社出版姚文昌點校本最為精善。另有韓銳注本與藤原楚水的譯本。這些版本為《語石》的文本研究提供了充足的材料。本文附錄二對浙大本《語石》作出進一步補充勘正，又在韓銳注本的基礎上補正了文獻、拓片材料，力求勘正文本之誤，為書中提及的著作找出相應的碑刻。這一部分內容較為零散，在校補過程中可見新本《語石》校勘之精。又在古今實物文獻對照中，反而更見葉昌熾在行文中對碑刻錄文用字的謹慎。

　　在《語石》成書之前，地不愛寶近出文物材料種類的增多，讓金石研究逐漸以物質形態為據，細化了研究分類，石刻材料開始獨立於金器；雖然歷代金石研究內容並不重視書法這一主題，在清中後期的金石學著作在客觀上也或多或少納入了書法鑑賞的內容。《語石》能以石刻與書法作為兩大主要研究對象與以上金石學的學術史背景密不可分。《語石》彙集葉昌熾畢生所見一千餘種石刻材料，包括石鼓、碑碣、經幢、石盆、敕牒、摩崖、造像等多種形式，書中還引用了前代四十餘種著作材料。《語石》中將這些實物、文獻材料靈活運用於十卷四百八十四則有關石刻的主題中。其成書的體例集前代金石學著作之長，它擺脫了傳統金石學目錄、存文、摹寫、跋尾的形式，雜糅諸家之長，在著述體例上別開門徑。其體例創獲之處主要體現在擴大了石刻著錄的範圍，將以往金石研究中關注較少的義例研究，以及前人著作中總結較少的拓片收藏等內容納入著作，使得在學術史上出現時間較晚的鑑藏、書刻、形制等內容與傳統金石研究中的考證、書法等融為一體，分時間、地域、形制、義例、書法、鑑藏等主題。因此，《語石》堪稱體例完備，內容豐富，故而有第一部石刻通論著作之稱。

　　從《語石》的引書來說，其引書共計四十餘種，涉及四部，以明、清及同期金石學著作為主。各引書之間又呈嵌套關係，以《金石萃編》與《潛研堂金石文跋尾》引用頻率最高，許多僅見載一次的引書大多轉引自《萃編》。在行文中，引書形式以記名、詞句、篇章三種方式呈現。其中記名方式主要以目錄類金石著作為主，包括歐趙二目、《寰宇訪碑錄》《補寰宇訪碑錄》四部，目的在於評價碑刻材料是否易得。或對提及著作進行評價，起到為後學以示門徑的

指導作用。詞句及篇章的引用中出現了異文現象，葉昌熾通過刪除、調序、改動詞句等方式將引文應用於文本中，目的是為了刪除引文中的無效信息、評價信息，呈現更客觀的文獻材料。全書錄文處也較少，共有七次錄文，部分錄文與原文完全一致，其他錄文葉昌熾也進行了刪改，根據對錄文的考察可以發現葉昌熾錄文以文獻是否稀缺為標準。如果把這一現象與史學文本對比可以發現，清人在金石學寫作中已經形成了相當嫺熟的知識管理方式。梁啟超更是讚譽此書有近世科學之精神，展現了傳統金石學著作向近代考古學轉向的可能方向。

現代學者主要關注抄本時代文本生成的問題，而忽略了近代文本。更沒有關注引文從哪裏來，如何在作者的寫作過程中插入文本，引文的意義在哪裏這些問題。《語石》豐富的版本形態恰好可呈現文本生成的過程，為理解清代文獻的引文提供了完善的例據。從今存《語石》第八卷手稿來看，行文中的引文明顯用小字夾註行間，與一氣呵成的正文形成對比。再結合《緣督廬日記》中補錄《語石》，翻檢金石學著作的記錄可以發現，葉昌熾不僅在寫作《語石》與《邠州石室錄》時抄錄《萃編》作為引文，在收藏活動中也經常以此為工具書翻檢查索，或考訂對石刻拓片，或勘正《萃編》闕誤，體現了《萃編》在成書後為學者帶來的巨大參考價值。以《語石》的引文為例，一方面引文也是一種存文，今不見傳的文獻及當時學者口耳相傳未見著作的內容形成記錄，具有一定的文獻價值。再則，對今天整理點校古籍來說，考察引文有助於釐清引文與作者原創正文的邊界。同時，考察引文也是對傳統史學知識產生方式的回溯與反思，揭示學者如何在既有文本的情況下生產新的知識。

《語石》一書不僅在國內反響巨大，隨著日本漢學家在中國的訪書熱潮，日本書法家對碑版書法的關注，也進入了日本學者的視野中。藤原楚水的《支那金石談》作為《語石》的日文譯本，在原文的基礎上增加了注釋、插圖和碑刻目錄，讓讀者能更直接地通過圖片理解書法形態，借助碑目考證行文中的石刻。此書前有包括譯者在內的四位學者作序，分別從金石學史、書法史等角度肯定了《語石》的地位。

除語石外，葉昌熾還有《五百經幢館碑目》《五百經幢館唐志跋》等未刊著作。通過結合葉昌熾日記中所錄碑目情況，對南京圖書館、上海圖書館藏兩部碑目在內容、形式方面考證，發現上圖藏《碑目初稿》為葉昌熾在兒子葉恭彝《幢目》基礎上編纂的碑目，而南圖藏《碑目》為葉昌熾在北京做官

時所錄，補闕了以往研究對南圖藏《碑目》的疏忽。此外，本文結合葉昌熾與繆荃孫手札，還原了「碑目」在歷史語境下的作用：既是文人間互相買賣拓片必不可少的「清單」，也是藏家對個人藏品盤點的「帳目」，最後才是作為學術著述，互相增廣見聞的文獻材料，賦予「碑目」這一傳統金石著述以鮮活的生命力。同時對比葉昌熾早期未刊著作，可以發現從未成書的《關隴金石志》《唐志跋》到《邠州石室錄》和《語石》，「經史」一直是葉昌熾石刻學永恆的主題，而《語石》在這一主題基礎上加入了書法品評的內容，在體例上也有極大的突破。

最後是有關《邠州石室錄》的研究。結合該書的序言、葉昌熾著述的動機以及當時晚清覆滅的時代背景來看，此書的寫作得益於度隴期間獲得了大量拓片材料，同時他也以此書繼承了吳大澂和亡兒的遺願。為此書作序的孫德謙更將這部著述的宏旨意上升到歷史興歇的地步，結合葉昌熾日記中他對晚清復辟的翹首以待，可知這樣的解讀並不為過。儘管《邠州石室錄》是葉昌熾精心摹錄的著作，又請當時鼎鼎大名的陶子麟刊刻，所呈現的最終效果並不如意。尤其是楷書題刻字形的失真，直指葉昌熾臨摹技術。從葉昌熾的家書、日記中可以發現，葉昌熾在入仕前仍以助力科考的楷書為主，間或臨習篆隸。在中晚年為官後，常以自己喜愛的碑刻拓片為臨摹對象，反映了晚清士人在科考成功走入仕途前，書法臨池仍以實用楷書為導向。作為金石學家的葉昌熾並非站在碑學角度，一味崇尚碑刻，而是兼容碑帖的持平觀點。

葉昌熾作為晚清著名的收藏家，其收藏心理是清末內憂外患下士人心態的縮影寫照。《語石》作為第一部石刻學通論著作，對近現代石刻著作影響深遠。此書引證詳細，在內容上既繼承了清代對經史根柢的治學傳統，又將書法、鑒藏、義例等不為金石學重視的內容納入石刻的研究範圍。《邠州石室錄》的刊刻展現了包括刻例、刻價及刻工與文人的交往等書籍史罕見細節，也為晚清著名的「饒寫陶刻」補充了文獻資料。從《邠州石室錄》摹刻題刻拓片失真的情況來看，葉昌熾自身的摹錄技術及刻工都可能是這一問題的原因。從社會史角度來看，其「碑目」等著作展現了金石文獻在彼時文人社交圈中的實用價值。葉昌熾及其友朋留下的文獻資料極為豐富，本文管窺蠡測掛一漏萬，其石刻學還有更多有價值的內容亟待學者發掘。

# 參考文獻

## 一、古籍

1. （清）孫星衍撰，《寰宇訪碑錄》，清嘉慶蘭陵孫氏刻平津館叢書本。

2. （清）王昶，《金石萃編》，清嘉慶十年刻同治錢寶傳等補修本。

3. （清）王芑孫，《碑版廣例》，清光緒吳縣朱氏刻十四年匯印行素草堂金石叢書。

4. （清）錢大昕，《潛研堂金石文跋尾》，清嘉慶十年刻本。

5. （唐）釋寒山撰，《寒山詩》，民國十五年吳興張氏刻，擇是居叢書本。

6. （清）俞樾，《春在堂隨筆》，光緒二十五年刻本。

7. 許同莘輯，《張文襄公年譜》，民國二十八年武漢舍利函齋排印本。

8. 歐陽輔，《集古求真續編》，開智書局石印本，1933。

## 二、專著

1. （美）艾爾曼著，趙剛譯《從理學到樸學：中華帝國晚期思想與社會變化面面觀》，南京，江蘇人民出版社，2018。

2. （清）顧燮光撰，王其褘點校，《夢碧簃石言》，瀋陽，遼寧教育出版社，2001。

3. （清）江藩纂；漆永祥箋釋，《漢學師承記箋釋》，上海，上海古籍出版社，2006。

4. （清）康有為著，《廣藝舟雙楫》，桂林，廣西師範大學出版社，2016。

5. （清）梁啟超撰，朱維錚導讀，《清代學術概論》，上海，上海古籍出版社，1998。

6. （清）毛鳳枝著，李向菲，賈三強點校，《毛鳳芝金石學著作三種》《關中金石文字存逸考（卷七）》，西安，三秦出版社，2017。

7. （清）葉昌熾著，王欣夫補正，《藏書紀事詩·附補正·辛亥以來藏書紀事詩·附校補》，上海，上海古籍出版社，1989。

8. （清）張之洞撰，《書目答問補正》，上海，上海古籍出版社，2010。

9. （清）趙翼撰；曹光甫校點，《廿二史劄記》，上海，上海古籍出版社，2011。

10. （日）島田翰撰；杜澤遜，王曉娟點校，《古文舊書考》，上海，上海古籍出版社，2014。

11. （日）內藤湖南，（日）長澤規矩也等，錢婉約、宋炎輯譯，《日本學人中國訪書記》，北京，中華書局，2006。

12. （日）藤原楚水：《支那金石談》，東京，日本大東書院，1929。

13. （宋）葉夢得，《石林避暑錄話》，上海，上海書店出版社，1990。

14. （宋）趙明誠著，劉曉東，崔燕南點校，《金石錄》，濟南，齊魯書社，2009。

15. 白謙慎，《晚清官員收藏活動研究》，桂林，廣西師範大學出版社，2019。

16. 曹元弼：《皇清誥授通譯大夫翰林院侍講甘肅學政葉公墓誌銘》，載於《廣清碑傳集》，蘇州，蘇州大學出版社，1999。

17. 陳文和主編，祝竹點校，《嘉定錢大昕全集》增訂本，《十駕齋養新錄》，南京，鳳凰出版社，2016。

18. 陳誼，《嘉業堂刻書研究》，復旦大學中國古典文獻學博士畢業論文，2009。

19. 范景中，曹意強主編，《美術史與觀念史》，南京，南京師範大學出版社，2009。

20. 范景中、鄭岩、孔令偉主編，《考古與藝術史的交匯》，杭州，中國美術學院出版社，2009。

21. 顧廷龍，《吳憲齋先生年譜》，哈佛燕京學社，1935。

22. 顧廷龍，戴逸主編，《李鴻章全集 36 信函·八》，合肥：安徽教育出版社，安徽出版社，2008。

23. 顧廷龍編，《王同愈集》，上海，上海古籍出版社，1998。

24. 郭立暄，《中國古籍原刻翻刻與初印後印研究》，上海，中西書局，2015。

25. 郭嵩燾,《使西紀程》,瀋陽,遼寧人民出版社,1994。

26. 胡一女,《葉昌熾與藏書紀事詩》,武漢大學圖書館學碩士論文,2006。

27. 金振華:《葉昌熾研究》,長春:吉林人民出版社,2005。

28. 李敖主編,《顧炎武集·二曲集·唱經堂才子書》,天津,天津古籍出版社,2016。

29. 李世愉,胡平,《中國科舉制度通史·清代卷》,上海,上海人民出版社,2017。

30. 梁穎整理,《緣督廬遺札(上)》,載《歷史文獻》,第 18 輯,上海古籍出版社,2014。

31. 林衍經,《方志學廣論》,合肥,安徽大學出版社,2017。

32. 羅振玉,《殷虛書契考釋·後序》,北京,中華書局,2005。

33. 繆荃孫撰、顧廷龍校閱:《藝風堂友朋書札》,上海,上海古籍出版社,1980。

34. 潘景鄭,《著硯樓書跋》,上海,上海古籍出版社,2006。

35. 啟功,《論書絕句》,北京,三聯書店,1990。

36. 任曉煒,《緣督廬中的金石世界》,中國美術學院美術理論碩士論文,2009。

37. 桑椹編纂,《歷代金石考古要籍序跋集錄》,杭州,浙江古籍出版社,2010。

38. 上海人民出版社編,《清代日記匯抄》,上海,上海人民出版社,1982。

39. 沈麗全整理,《緣督廬家書》,載《歷史文獻》,第 17 輯,上海古籍出版社,2014。

40. 孫彬榮編著,《邠州石室全錄——彬縣大佛寺石窟區額題記石碣石碑考釋》西安,三秦出版社,2017。

41. 王國維,《王國維遺書》,上海,上海古籍出版社,1983。

42. 王季烈:《祭誥授通議大夫翰林院侍講葉公鞠裳文》,載於《近代中國史料叢刊》第 1 輯,臺北,臺海出版社,1966。

43. 王立民、徐宏麗整理,《葉昌熾集》,北京,中華書局,2019。

44. 王欣夫,《文獻學講義》,上海,上海古籍出版社,2005。

45. 吳郁生:《皇清誥授通議大夫翰林院侍講葉公墓誌銘》,載於《北京圖書館藏中國歷代石刻拓本彙編》,鄭州,中州古籍出版社,1997。

46. 葉昌熾:《邠州石室錄》,《續修四庫全書》,第 909 冊,上海,上海古籍出版社,2002。

47. 葉昌熾：《藏書紀事詩》，上海，上海古籍出版社，1999。

48. 葉昌熾：《五百經幢館碑誌題跋》，《金石學稿鈔本集成》二編，卷二十四，上海：上海書畫出版社，2016。

49. 葉昌熾：《緣督廬日記》，南京，江蘇古籍出版社，2002。

50. 葉昌熾撰，韓銳注：《語石校注》，北京，今日中國出版社，1995。

51. 葉昌熾撰，柯昌泗評：《語石異同評》，北京，中華書局，2005。

52. 葉昌熾撰，姚文昌點校：《語石》，杭州，浙江大學出版社，2018。

53. 姚名達，《中國目錄學史》，上海，上海古籍出版社，2015。

54. 葉德輝，《書林清話》，揚州，廣陵書社，2007。

55. 張春林編，《歐陽修全集》，北京，中國文史出版社，1999。

56. 張富祥，《宋代文獻學研究》，上海，上海古籍出版社，2006。

57. 張舜徽，《中國文獻學》，上海，上海古籍出版社，2009。

58. 趙超，《中國古代石刻概論》，北京，中華書局，2019。

59. 趙成傑，《〈金石萃編〉與清代金石學》，北京，中國社會科學出版社，2019。

60. 趙爾巽等著，《清史稿》，北京，中華書局，2020。

61. 周明之，《近代中國的文化危機：清遺老的精神世界》，濟南，山東大學出版社，2009。

62. 周紹明著，何朝暉譯，《書籍的社會史：中華帝國晚期的書籍與士人文化》，北京，北京大學出版社，2009。

63. 周予同，《周予同經學史論著選集》（增訂本），上海，上海人民出版社，1996。

64. 朱東潤，《中國文學批評史大綱》，上海，上海古籍出版社，2001。

65. 朱關田，《中國書法史·隋唐五代卷》，南京，江蘇教育出版社，1999。

66. 朱劍心，《金石學》，濟南，山東畫報出版社，2019。

67. 祝嘉，《書學史》，北京，中國書店出版社，1987。

## 三、學位論文

1. 陳磊，《彬縣大佛寺石窟再研究》，西安美術學院藝術學理論博士學位論文，2018。

2. 李永，《葉昌熾書學研究》，西南大學美術學碩士學位論文，2008。

3. 馬洪菊，《葉昌熾與清末民初金石學》，蘭州大學歷史文獻學博士學位論文，2011。

4. 盧芳玉，《〈語石〉研究》，山東大學中國古典文獻學碩士學位論文，2005。

5. 王桂蘭，《葉昌熾著述及藏書研究》，臺北大學古典文獻學研究所碩士學位論文，2010。

6. 王立民，《葉昌熾與緣督廬日記》，復旦大學中國古典文獻學博士學位論文，2006。

7. 尹潔，《葉昌熾年譜》，河北大學中國古典文獻學碩士學位論文，2012。

8. 章廣，《葉昌熾與〈藏書紀事詩〉研究》，福建師範大學歷史文獻學碩士學位論文，2013。

## 四、期刊論文

1. （日）佐佐木佑記著，程俊英譯，《康有為〈廣藝舟雙楫〉在日本的接受和影響》，《中國書法》2019 年第 2 期。

2. 安劭凡：《晚清學制變動中學官仕宦生態與西學體認——以葉昌熾初任甘肅學政為中心》，《史學月刊》，2018 年第 8 期。

3. 白謙慎，《吳大澂和他的藝術家幕僚》，《藝術工作》2020 年第 1 期。

4. 包雲志，《劉墉、周永年、吳大澂、葉昌熾未刊信札四通考釋》，《古籍整理研究學刊》，2006 年第 3 期。

5. 曾婷婷，《「以癖為美」：晚明生活美學樣態的畸變》，《河南師範大學學報（哲學社會科學版）》，2013 年第 4 期。

6. 陳其泰，《錢大昕與 20 世紀歷史考證學》，《史學理論研究》，1999 年第 3 期。

7. 陳少川，《潘祖蔭、葉昌熾與〈滂喜齋藏書記〉》，《圖書館理論與實踐》，2001 年第 4 期。

8. 陳少川，《葉昌熾及其目錄學成就淺談》，《河北圖苑》，1994 年第 1 期 1。

9. 程蘇東，《基於文本複雜形成過程的先唐文獻研究——以「漢書·五行志」為個案》，《求是學刊》，2014 年第 5 期。

10. 程蘇東，《失控的文本與失語的文學批評——以「史記」及其研究史為例》，《中國社會科學》，2017 年第 1 期。

11. 程章燦，《玩物：晚清士風與碑拓流通》，《學術研究》，2015 年第 12 期。

12. 豆文凱，《彬縣大佛寺題刻內容所涉時空分布及原因探析》，《咸陽師範學院學報》，2019 年第 3 期。

13. 郭立暄，《陶子麟刻〈方言〉及其相關問題》，《文獻》，2011 年第 1 期。

14. 黃會奇，《對〈語石〉等石刻學著作的研究》，《新世紀圖書館》，2011 年第 4 期。

15. 李向菲，《葉昌熾〈五百經幢館碑誌題跋〉考述》，《西部學刊》，2017 年第 6 期。

16. 劉節，《中國金石學緒言》，《圖書季刊》，1934 年第 1 卷第 2 期。

17. 盧芳玉，《〈語石〉標點錯誤舉例》，《古籍整理研究學刊》，2006 年第 3 期。

18. 馬洪菊，《葉昌熾與顧燮光交遊考──兼論葉昌熾晚年的政治立場》《北方民族大學學報》（哲學、社會科學版），2010 年第 6 期。

19. 馬洪菊，《葉昌熾早期金石學成就與潘祖蔭的影響》，《敦煌學輯刊》，2013 年第 2 期。

20. 祁龍威，《敦煌失寶記恨──讀葉昌熾〈緣督廬日記鈔〉》，《揚州師院學報》（社會科學版），1996 第 1 期。

21. 錢婉約，《島田翰生平學術述論》，《中國文化研究》，2009 年，第 3 期。

22. 容庚，《評金石書目四種》，《北平圖書館月刊》，1929 年第 2 卷。

23. 孫榮耒，《如何評價葉昌熾在近代文化學術上的貢獻》，《山東圖書館季刊》，2005 年第 4 期。

24. 王家葵，《劉喜海「金石苑」考略》，《中國書法》2018 年第 4 期。

25. 王立民，《〈緣督廬日記〉稿本述略》，《古籍整理研究學刊》，2006 年第 5 期。

26. 王立民，《葉昌熾生卒年辯證》，《古籍整理研究學刊》，2005 年第 5 期。

27. 王立民，《葉昌熾研究述論》，《社會科學戰線》，2011 年第 7 期。

28. 王立民，《葉昌熾字號及藏印考》，《古籍整理研究學刊》，2008 年第 4 期。

29. 王其禕，《中華書局本〈語石〉標點匡謬釋例》，《中國典籍與文化論叢》第六輯，北京，中華書局，2000。

30. 吳琦幸，《北圖所藏〈藏書紀事詩〉和〈語石〉的批註本》，《文獻》，1987 第 1 期 248～252。

31. 吳琦幸，《論〈語石〉在石刻研究中的意義》，《社會科學戰線》，1988 年第 3 期。

32. 吳琦幸，《葉昌熾與〈好太王碑〉研究》，《社會科學戰線》，1985 年第 4 期。

33. 吳琦幸，《葉昌熾與敦煌研究》，《蘭州學刊》，1985 年第 2 期。

34. 徐雁，《葉昌熾的〈藏書紀事詩〉》，《史學史研究》，1986 年第 4 期。

35. 徐雁，《芸香濃處多吾輩——〈藏書紀事詩〉行世百年祭》，《圖書館》，1998 年第 5 期。

36. 楊德志，《葉昌熾〈緣督廬日記〉的文獻學價值》，《圖書館理論與實踐》，2013 年第 7 期。

37. 姚文昌，《〈語石〉版本考辨》，《圖書館雜誌》，2017 年第 10 期。

38. 姚文昌，《上海圖書館藏〈語石〉稿本考述》，《文獻》，2019 年 11 月第 6 期。

39. 趙陽陽，《歐陽輔〈語石校勘記〉整理補說》，《中國典籍與文化論叢》第 15 輯・中國典籍與文化增刊，南京：鳳凰出版社，2013。

40. 趙貞《葉昌熾：敦煌學研究第一人》，《絲綢之路》，2001 年第 9 期。

41. 鄭偉章：《葉昌熾年譜簡編》，《津圖學刊》，1993 年第 3 期。

42. 鄭曉霞，《淺談清末民國圖書的版本鑒定》，《圖書館論壇》，2010 年第 2 期。

43. 鄭幸，《清代古籍刻工組織形式的轉變與刻字店的興起》，《中國典籍與文化》，2019 年第 4 期。

# 附錄一

圖 1

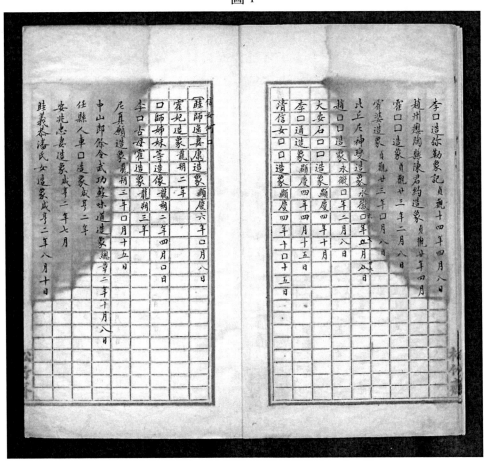

葉昌熾，《五百經幢館碑目》，稿本，南京圖書館藏

圖 2

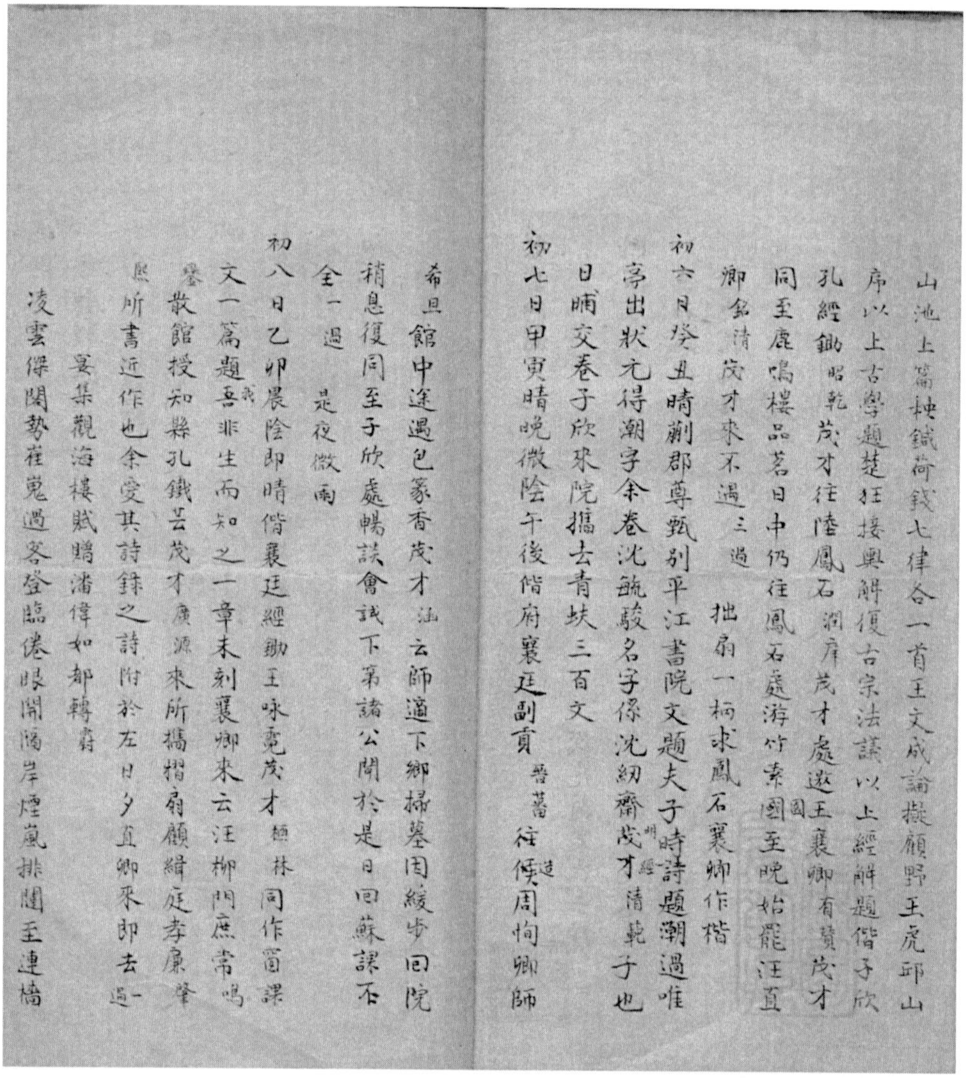

山池上篇楝鐵荷錢七律各一首王文成論擬顧野王虎邱山
序以上古學題楚狂接輿解復古宗法議以上經解題偕子欣
孔經鋤昭乾茂才往陸鳳石潤庠茂才處邀王襄卿有贇茂才
同至鹿鳴樓品茗日中仍往鳳石處游竹素園至晚始罷汪直
卿多清茂才來不過三過　拙扇一柄求鳳石襄卿作楷
初六日癸丑晴蒯郡尊甄別平江書院文題夫子時詩題潮過唯
亭出狀元得潮字余卷沈毓駿名字係沈紉齋明經茂才清乾子也
日晡交卷子欣來院攜去青蚨三百文
初七日甲寅晴晚微陰午後偕府襄廷副貢晉蕃往送候周恂卿師
希旦館中遂遇包篆香茂才汕云師適下鄉掃墓同綫步回院
稍息復同至子欣處暢談會試下第諸公聞於是日回蘇課不
全一過　是夜微雨
初八日乙卯晨陰即晴偕襄廷經鋤王咏霓茂才楨林同作留課
文一篇題吾非生而知之一章未刻襄卿來云汪柳門庶常鳴
鑾散館授知縣孔鐵芸茂才廣源來所攜摺扇顧緝庭孝廉肇
熙所書近作也余愛其詩錄之詩附於左日夕直卿來即去過一
宴集觀海樓賦贈潘偉如都轉霨
凌雲傑閣勢崔嵬過客登臨倦眼開隔岸煙嵐排闥至連檣

（清）葉昌熾，《梨雲仙館日記》，稿本，上海圖書館藏

圖 3

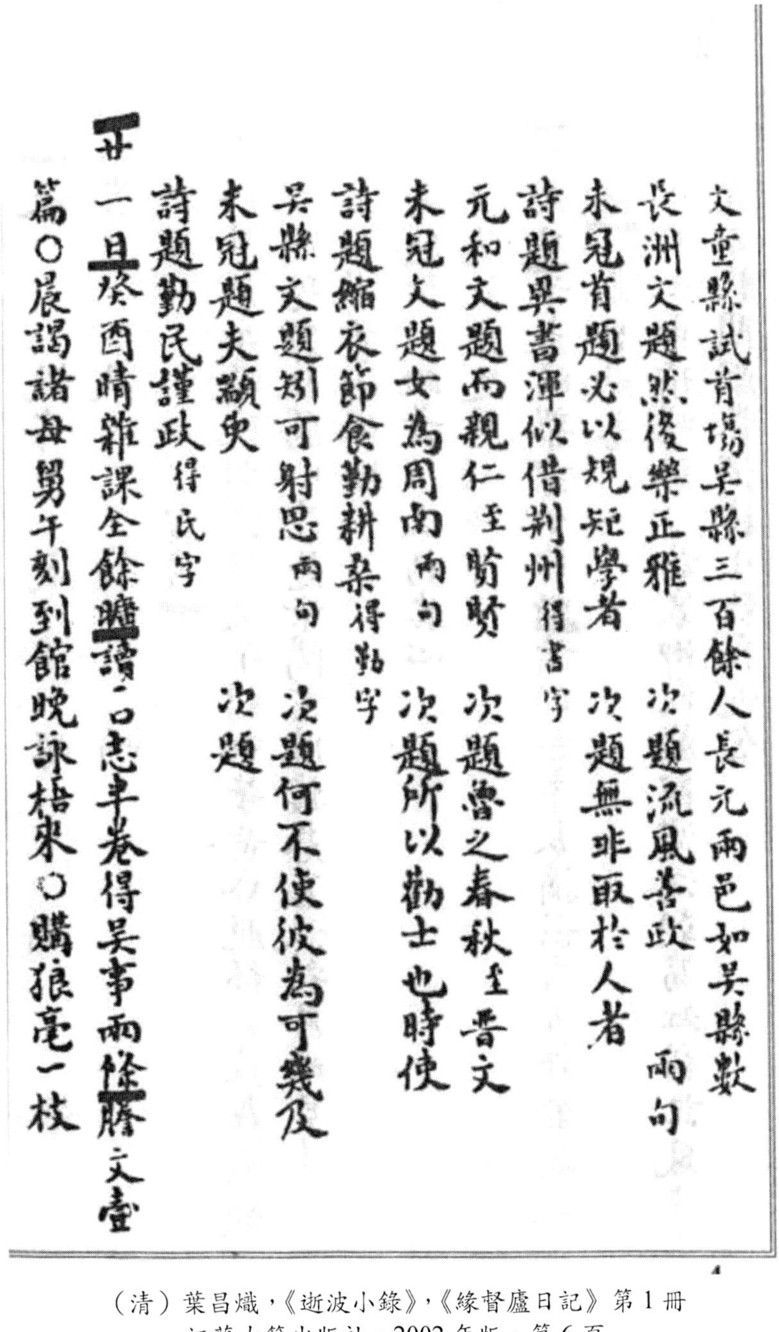

文童縣試首場吳縣三百餘人長元兩邑如吳縣數

設洲文題然後樂正雅　次題流風善政　兩句

未冠首題必以規矩學者　次題無非取於人者

詩題異書書渾似借荊州得書字

元和文題而親仁至覽賢　次題魯之春秋至晉文

未冠文題女為周南兩句　次題所以勸士也時使

詩題縕衣節食勤耕杂得勤字

吳縣文題別可射思兩句　次題何不使彼為可幾及

未冠題夫顯失　　　　　次題

詩題勤民謹政　得氏字

廿一日癸酉晴雜課全徐驪讀一口志弁卷得吳事兩條騰文壺

篇〇晨謁諸母舅午刻到館晚詠梧來〇購狼毫一枝

（清）葉昌熾，《逝波小錄》，《緣督廬日記》第 1 冊
江蘇古籍出版社，2002 年版，第 6 頁

圖4

《程戩題名》，上圖為題名拓片，下圖為葉昌熾摹本

圖 5

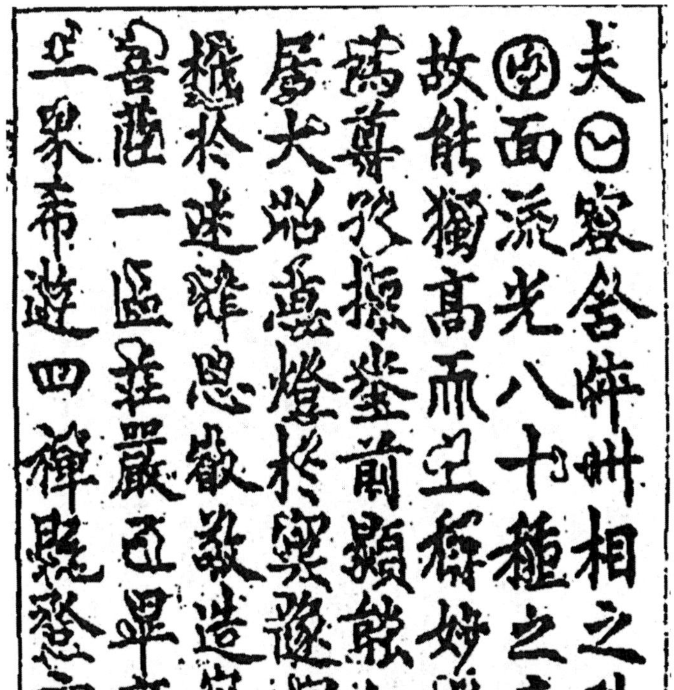

夫曰密各伴州相之殊婆
圞面流光八十種之源�04
故能獨高而卫桙妙覺而
蕍尊於擬鉴前題就仁以
屚大眺處燈於寶遂遥惢
緻於迷詳恩敔敎造塲藏
香蓙一區荘嚴亚畀庭迴
卫㮣希遊四禪躑慈齋而

《元思敔題名》上圖為拓片，下圖為葉昌熾摹本

圖6

「宇希大同」題名，上圖為拓片，下圖為孫宗弼摹本

# 附錄二

## 《語石》校箋補正凡例說明

1. 下文主要參考的原文版本為浙江大學出版社出版的姚文昌點校本《語石》，其校注主要參考了歐陽輔、韓銳、章鈺等諸家，以下簡稱為浙大本，其校注無誤處不再贅引，僅對各版本缺漏訛誤處加以補正。為方便索引，以浙大本段落標號與頁碼為序列。

2. 中國美術學院圖書館古籍書庫藏蘇州文學山房印本《語石》批註本，見錄於任曉煒《緣督廬中的金石世界》。其批註與歐陽輔《語石校勘記》幾近相同，且行文中亦有提及《集古目錄》，可能為歐陽輔的批註本。以下簡稱此本為「國美本」，摘錄於正文後，便於與歐陽輔《語石校勘記》對比。國美本與歐陽輔本相比，僅有卷七前兩處校注，因此僅在前七卷並錄，以作對比。

3. 《語石》及《語石校勘記》中的小字部分在括號中標注。

4. 因浙大本《語石》在校勘方面較為完善，而《語石》注本較少，僅有韓銳《語石校注》一部（以下簡稱為韓注本），故而在補正浙大本校字異處的同時，也一併補充韓注中標為未見、存疑之處，行文不再單獨區分校、箋。

5. 因石刻拓片具有複製性，故而不能像文物藏品圖片一樣著錄其所藏，以下多數拓片源於「中國金石總錄」數據庫，部分來源於已出版書籍。

# 卷一

## 一

1.7 第5頁 「齊、陳更稀如星鳳，歐陽公所收齊《宗愨母》、陳《張慧湛》兩志，皆不可得見。」

國美本：「張慧湛雖陳人其志為貞觀二十三年所立，見《集古目錄》。不得以為陳刻而與齊《宗愨母》並論也。」

歐陽輔：「陳《張慧湛墓誌》。按，張雖陳人，其志為貞觀二十三年所立。（見《集古目錄》）不得認為陳刻，而與宗愨母並論也」

歐陽修《集古錄跋尾》「陳張慧湛墓誌銘　貞觀二十三年（649 年）」：「右陳《張慧湛墓誌銘》，不著書撰人名氏。陳、隋之間，字書之法極於精妙。而文章頹壞，至於鄙俚豈其時俗澆薄，士遺其本而逐其末乎。……慧湛，陳人，至太宗時始改葬爾。其銘刻字畫遒勁有法，玩之忘倦，惜乎不知為何人書也。」〔註1〕

《集古錄跋尾》：「右宋宗愨母夫人墓誌，不著書撰人名氏，有志無銘。……此志乃大明六年（462 年）作。」〔註2〕

此處《集古錄跋尾》的「宋宗愨母夫人墓誌」中缺一方圍，應為「宋宗愨母□夫人墓誌」。宗愨母親的姓氏在後代也產生了訛誤，一說姓鄭，一說姓陳。沈括（1031～1095）《夢溪筆談》中提及此墓的發掘：「皇祐中，金陵上元縣發一冢，有石志，乃宋征西將軍宗愨母鄭夫人墓。夫人，漢大司農鄭眾女也。」〔註3〕

歐陽棐於熙寧二年（1069 年）編錄的《集古錄目》增補：「不著書撰人，名氏，愨仕宋為散騎常侍、荊州大中正、洮陽縣侯，夫人姓劉氏，碑以大明六年立。」〔註4〕其後陳思《寶刻叢編》亦收錄此條。至南宋及明，有著錄將此碑歸為謝朓撰，今人以此為訛傳。〔註5〕

---

〔註1〕歐陽修：《集古錄跋尾》北京：人民美術出版社，2010 年，第 123 頁。

〔註2〕同上，第 93 頁。

〔註3〕（宋）沈括著；施適校點，《夢溪筆談》，上海：上海古籍出版社，2015 年，第 211 頁。

〔註4〕歐陽棐：《集古錄目》，清道光中湘陰蔣環刻本，集目三，葉五。

〔註5〕參見李猛、曹旭，《謝朓年譜匯考》，載於范子燁編，《中古作家年譜匯考輯要·卷3》，西安：世界圖書西安出版公司，2014 年，第 114 頁。

以上二碑於清末時早已亡佚，歐陽輔與葉昌熾均是從歐陽修《集古錄跋尾》中援引二碑的年份。無論是歐陽輔認為《張慧湛墓誌》立於貞觀二十三年，抑或葉昌熾以張慧湛為陳人而作為陳碑均可。此處年代有誤的應是《宗愨母》墓誌的年份，其碑立於南朝宋大明六年（462 年），非南朝齊（479～502）時立碑。

## 二

1.10-2 第 7 頁 「龍門佛像一千餘龕，而隋刻寥寥無幾。（開皇《裴悲明》，大業《李子贇》、《梁□仁》，僅三刻。）」

又 5.1-1 第 152 頁 「大業二通，（《李子贇》、《梁□仁》）」

浙大本校為：孫星衍《寰宇訪碑錄》卷二「隋」下載：「《泰興梁伯仁造像記》，正書，大業十三年七月，河南洛陽。」

繆荃孫著錄中也記為：「《泰興梁伯仁造像》正書，大業十三年」〔註6〕。

此處方圍的補字僅據孫星衍所載並不準確。陸增祥之子陸繼（1839～1905 年）的《龍門造像目錄》指出補為「伯」字不妥：「河南郡興泰縣人，梁□仁造釋迦像，大業十二年七月十五日，正書。梁下一字孫錄釋作伯未確。」〔註7〕

《龍門石窟研究》一書中載：「西壁之一鋪大像與兩側壁的小龕，其雕造風格顯然不屬北魏。在北壁一小龕題記曰：『大業十二年七月十五日，河／南郡興泰縣人梁佩仁，為亡／男世記大膏二男，敬造釋迦／像二意並四菩薩、香爐師子，／並上為皇帝陛下，／又為一切蒼生，同登正覺』。……此梁佩仁為河南郡興泰縣人，由此題記可證，在大業十二年以前，就已經開始在北魏未完成的賓陽南洞中開龕造像了。」〔註8〕

這一造像的主人及具體鑿刻時間均不明確，孫星衍、繆荃孫等據拓片補其名為「孫伯仁」，將其年份錄為大業十三年。陸繼輝指出補為「伯」字不妥。今人文獻，及當今所見拓本作十二年，其人名補為梁佩仁。

---

〔註6〕張廷銀、朱玉麒主編，《繆荃孫全集・金石分地編目（上）・卷十一》，南京：鳳凰出版社 2014 年，第 441 頁。

〔註7〕（清）陸蔚庭《龍門造像目錄》稿本，載於孫進己，孫海主編，《中國考古集成・華北卷・河南省・山東省・魏晉至隋唐・二》，鄭州，中州古籍出版社，1999，第 1293 頁。

〔註8〕閻文儒、常青，《龍門石窟研究》，北京，書目文獻出版社，1995，第 52 頁。

三

1.11-3 第 10 頁 「然唐碑中隸書最精者，余尤服膺崔逸《鬱林觀東岩壁記》、《王襲綱鐵幢》，重規疊矩，真氣鬱蟠，可以上撰東京，其筆法實在梁、史諸公之上。」

2.11-2 第 51 頁 「《鬱林觀東岩壁記》天挺偉表，鸞翔鵠跱，漢《石門》、《析里》兩頌無以尚之。」同誤。

7.38 第 246 頁 「一為崔逸《鬱林觀東岩壁記》」，同誤。

國美本：「《東岩壁紀》誤作『記』」

歐陽輔：吳山夫、孫淵如、繆小山等皆誤。石剟實「紀」字，且文首句即作「紀曰」。

下文卷二又有「《鬱林觀東岩壁記》」，錢大昕《潛研堂金石跋尾》，記為《鬱林觀東岩壁》；《八瓊室金石補正》記為《鬱林觀東岩壁紀》。吳玉搢《金石存》：《唐東海鬱林觀東岩壁紀》。清人及今人多誤作「鬱林觀東岩壁記」。拓片確為「唐東海鬱林觀東岩壁紀」，正文起首亦為「紀曰」。

四

1.11-3 第 10 頁 「其餘若梁升卿、史惟則、盧藏用、田義旼並稱能品。」

1.11-9 第 15 頁 「《右武衛大將軍乙速孤行儼碑》（開元十三年，劉憲文，田義旼書，存二千餘字。『田』字，諸家皆誤釋為『白』）」

1.11-10 第 17 頁 「一為《乙速孤昭祐碑》，苗神客撰，釋行滿正書；一為《乙速孤行儼碑》，劉憲撰，白義旼（『白義』二字均趙氏誤釋，見上）八分書。」

7.38 第 246 頁 「新出《陝州孔子廟碑》，『田義旼撰』四字甚清朗，始正其譌」

國美本：「趙子函，『趙』又誤作『郭』，且云『白義二字，均郭氏誤釋』。趙未見陝碑，故『田』字誤釋為『白』，因《乙速孤行儼碑》，田字已漶漫而致誤，『義』字固不誤也。」

歐陽輔：「田義旼，『義』字誤作『羲』。殆因陝州《孔子廟碑》『田義旼』義字寫作『羲』頗似羲字。然文中義字迭見，皆作『義』，故趙子函、天一閣、繆小山俱作『義旼』。」

在葉昌熾之前，歷代文獻中作「羲旺」、「義旺」均有，田義旺姓氏多被識為「白」，亦有多部金石學著在著錄《陝州夫子廟碑》時著「田義旺」無誤。錄《乙速孤行碑》，僅有《金石匯目分編》〔註9〕識為「田義旺」。且《寶刻類編》、《石墨鐫華》兩部金石學著作，版本不同而分別作「羲旺」、「義旺」，姓氏誤釋多因拓片上田字漫漶不清而誤認，義與羲的誤釋，大部分是因隸書義的字形與羲相似而誤釋，另有版本傳刻之誤。葉昌熾於光緒丁亥年得一較清晰碑拓，方才辨識出「田」字。如若《石墨鐫華》在參考時引用四庫全書本，當無此誤。其《緣督廬日記》光緒丁亥（1887）六月二十三記：「前日矮估來。得陝州孔子廟堂碑》朝議郎行陝州司戶參軍田義至書。田字尚完好。《乙速孤行儼碑》他書著錄皆作白義旺。非此碑無以證之。真一字千金矣。」

除《乙速孤行碑》外，田義旺另有《先聖廟堂碑》（《陝州夫子廟堂碑》），分書，開元四年五月，一日，在河南陝州；《全唐文》卷三百二十九收錄其《先聖廟堂碑》、《對飴鹽造禰判》，載其人開元四年官陝州司戶參軍。

# 五

1.11-12　第18頁　「三原尚有《朱孝誠》《樊興》兩碑，一正書，一行書，皆精，不在陪陵之列。」

國美本：「《樊興碑》中明有陪葬之語。又《於德芳碑》亦云陪葬獻陵，不得謂為不在陪陵之列。」

歐陽輔「樊興不再陪陵之列，按碑中明有『陪葬獻陵』之語，又《於德芳碑》亦云陪葬獻陵，不得以估人止售八碑而遣此二人。」

柯昌泗補充「此書所引獻陵諸碑，尚有《於德芳碑》、《襄邑王神符碑》」

清人毛鳳枝（1836～1895）也記載過陝西碑估套售情況，稱關中碑估將《陸讓碑》、《於德芳碑》《于志寧碑》《李孝同碑》《於大猷碑》《于知微碑》《臧懷恪碑》《臧希晏碑》《李廣業碑》，統稱為『獻陵碑』。「其實惟樊興及襄邑王神符係陪葬者，其餘並未陪葬，況陸讓本係隋人，卒於大業六年，尤不應在陪葬之列也。帖賈因諸碑相距甚近，故統呼為『獻陵碑』也。」〔註10〕毛鳳枝所列的九種獻陵碑，除去《陸讓碑》及《於德芳碑》外剩下與葉昌熾所列相符。

〔註9〕《寶刻類編》，清代四庫全書本，史部十四，目錄類之二，金石之屬；又有清抄本作「田義旺」，當為誤抄；（清）吳式芬，《金石匯目分編》，稿本。

〔註10〕（清）毛鳳枝著，李向菲，賈三強點校，《毛鳳芝金石學著作三種》《關中金石文字存逸考（卷七）》，西安，三秦出版社，2017，第252頁。

且《樊興碑》碑文中載：「聖情念切，惟舊傷悼者久之，贈左武衛大將軍洪州都督江饒吉鄂虔撫八州諸君事使持節洪州刺史，賻絹布二百匹，陪葬獻陵。」《襄邑王神符碑》已佚。同時在《唐會要》卷二十一陪陵名位，獻陵陪葬名氏中也可找到「襄邑王神符」、「榮國公樊興」。〔註11〕

歐陽輔、柯昌泗校文不確，二人提及的《於德芳碑》並非陪葬碑。歐陽輔所說的《樊興碑》、柯昌泗所提及的《襄邑王神符碑》為獻陵陪葬碑。毛鳳枝對獻陵陪葬碑的情況記錄較為準確。葉昌熾所列的八種獻陵碑，及《朱孝誠碑》均不在陪葬之列。

# 六

1.12 第 20 頁 「又得《盧嗣冶墓誌》，聖武□年十一月十六日卒，其書古拙，非送醫後人所能髣髴。」

此碑拓片今人錄為唐聖武二年（757 年）十一月十六日，1970 年河南省孟縣三道溝村出土。現藏孟縣文化館。（現改名為孟州市文化館），正書〔註12〕。

原拓片為「聖武年十一月十六日卒」聖武后並無年份。不知為何識為「聖武二年」。吳式芬《金石匯目分編》（卷九之二）：「《唐靈石縣令盧嗣冶墓誌》正書文云：『以天寶末歲稱疾去職，以聖武年十一月卒於河陽，某年二月卜塋於富平。雲按：『聖武乃安祿山僭號也』三道溝村」。

顧燮光《河朔訪古新錄》（252 頁）河朔金石待訪目，唐：「《靈石縣令盧嗣冶墓誌》正書聖武年十一月卒於河陽，某年二月卜塋於富平。按：聖武乃安祿山僭號也，載《攗古錄》。」（《攗古錄》即吳式芬著）

可知今人著錄亦有誤，原碑文及《河朔訪古新錄》、《金石匯目分編》等均載為「聖武年」，「聖武」後無年份，未曾親見墓誌者以為是方圍。因盧嗣冶六十九卒，恐在年份計算上有所出入，其碑文記「盧氏歷官三任後，於天寶末去職還鄉，聖武年（即至德元年，756）春秋六十九卒，其乃開元、天寶及第者。」〔註13〕國家圖書館數據庫中對此碑的標注信息亦為燕聖武一年（756）〔註14〕。

〔註11〕 王溥撰，《唐會要·4》，商務印書館，民國二十四年9月，第 421 頁。

〔註12〕 郝本性主編，《隋唐五代墓誌彙編·河南卷》，天津，天津古籍出版社，1991，82 頁。

〔註13〕 薛亞軍，《新知文叢·第 3 輯·唐代試律研究》，北京，中國戲劇出版社，2010，第 195 頁。

〔註14〕 參見國家圖書館，http://read.nlc.cn/allSearch/searchList?searchType=34&showType=1&pageNo=1&regional=publish_time-燕聖武 1 年（756）11 月 16 日卒。

關於此墓誌時間又有周紹良、趙超主編《唐代墓誌彙編續集》，上海古籍出版社，2001年版，第669頁。（續集005）其援引郝本性書，因而有誤。

七

1.13 第21頁「然雲門《匡聖》、《匡直》兩碑，僅見《匡聖》拓本，而《匡直大師塔銘》但據《乳源縣志》錄其文而已，且誤」匡直「作『匡真』。余初收得《匡聖大師碑》，後又得《匡直大師碑》，皆完好無恙。」

又2.18-3 第62頁「乳源雲門山有《匡直》、《匡聖》兩大師碑，皆大寶中刻。翁氏《金石略》、吳氏《金石記》但有《匡聖》一碑，而《匡直實性碑》，吳氏但據邑志錄其文，注云『已佚』。」

國美本：「『匡直』係『匡真』誤。按碑文匡聖在生賜號匡真。死後十餘年乃改賜諡曰匡聖，作匡真固未有誤。」（該本標點有誤，且誤識「諡」為「溢」）

歐陽輔：「且誤『匡直』為『匡真』，按碑文，匡聖在生賜號匡真，死後十餘年，乃改賜諡曰匡聖。兩吳作匡真，固不為誤。（詳見《續編》、《匡聖碑》條下，此不抄）此則先生未及詳讀《匡聖碑》之誤也。」

據葉昌熾引文，其中吳蘭修《南漢紀》附錄匡聖宏明大師碑。吳蘭修《南漢金石記》（卷一）：《雲門山匡真大師塔銘》佚……蘭修按，右《匡真大師塔銘》見《乳源縣志》，考曹溪六祖，分為二派……銘文辭清麗，足與陳守中碑並稱，惜諸書俱未著錄……〔註15〕此處吳蘭修所載錄的為今藏乳源瑤族自治縣雲門寺之碑，碑首中有「實性碑」之稱，陳守中碑即《匡聖弘明碑銘》。吳蘭修此書記載無誤。

翁方綱《粵東金石記》記載，「（吳任臣著）《十國春秋》有僧文偃傳，即此碑所稱大師也……大慈雲匡真弘明禪師，真字蓋聖之訛。」此處所指為陳守中撰碑，吳任臣只載錄匡聖碑，未見「實性碑」，「真」字為「聖」字之訛的說法有誤。

現另敘兩碑情況以作補正。其一碑首題名為《大漢韶州雲門山光泰禪院故匡真大師實性碑並序》，即《匡真大師塔銘》。雷岳撰文，薛崇譽書丹，梁彥暉、鄧仁愛刻，碑文撰於951年，立碑與958年。葉昌熾誤記為《匡直大師塔銘》，《乳源縣志》錄其文，葉昌熾、歐陽輔均以為此碑已佚。其碑仍存於今乳源瑤族自治縣雲門寺內。

〔註15〕 （清）吳蘭修，《南漢金石志》，北京，中華書局，1985，第9～13頁。

　　葉昌熾所錄《匡聖大師碑》應為《大漢韶州雲門山大覺禪寺大慈雲匡聖弘明大師碑銘並序》，《全唐文》錄其全文，為陳守中撰文，沙門行修書丹，由孔廷謂、孔廷津、陳延嗣、鄧懷忠等刻。碑文撰、立於 964 年，兩碑記載內容相仿，表述有所區別。〔註16〕歷代以來，眾學者往往難以得見兩碑全貌，故而都有不同程度訛誤。葉昌熾僅見《匡聖大師碑》，未見《匡真實性碑》，誤以為匡真之名有誤，歐陽輔校語無誤。

# 八

　　1.21-5　第 28 頁　「五臺則有《孫真人福壽論》、《玄教大宗師張留孫碑》，趙承旨至為書兩通，南北分建之。」

　　國美本：「趙文敏承書《張留孫碑》一通。南北先後復刻。皆在文敏卒後，今北京本筆（任曉煒誤錄為華）意與江西本不同者，殆刻手扶勒失真所致。北平後為茅紹之所鐫。今所傳者雖仍茅名，實復刻也。試觀《安陽許熙載碑》。茅紹三集趙書也。其中『集此碑』三字皆與江西本類似。與今之北京本迥不相同。亦足證今北京之石碑為復刻。但不知為何時何人所改作乎」

　　歐陽輔：「《張留孫碑》，趙承旨為書兩通，南北分建。按趙文敏實止書一通，南北先後模刻，皆在文敏卒後。今北京本筆意與江西本不同者，殆刻手模勒失真所致。北本原為茅紹之所鐫，今所傳者，雖仍茅名，實復刻也。余於許仙屏中丞振禕家見北本舊拓，則江西本相近而更佳矣。試觀《安陽許熙載碑》，茅紹之集趙書也。其中所集此碑之字，皆與江西本類似，與今之北京本迥不相同，亦足以證今北京之石，確為復刻，但不知為何時何人所改作耳。」

　　有關此碑發難最早的是陸心源，他提出此碑撰寫時間與趙孟頫去世時間相距僅月餘，且此文未收入趙孟頫文集中，並將此碑與趙孟頫之子書跡相仿，以為此碑是其子代筆。

　　歐陽輔對此碑真偽的論辯，基於陸心源提出的疑問。除在批校《語石》時論及此碑真偽問題，還在《集古求真》卷六中有多段有關此碑真偽的論述，他對陸心源的疑問提出反駁，認為北京的《張留孫碑》為趙孟頫「生時所書，至

〔註16〕其內容對比及兩碑詳考可參曹瑞鋒，《雲門匡真禪師廣錄研究》，上海，上海古籍出版社，2017，第 161 頁。

是始刻。」，主要觀點與此處批語一致，認為南碑刻手技術高於北碑，造成了北碑的失真。今人王連起考證此碑，認為其子趙雍，其弟子吳全節的墨蹟與碑刻均與此碑無共同之處，且吳澄、虞集、袁桷等同時代文人在提及張留孫治喪諸事時，都未提及趙孟頫「奉敕」為張留孫寫碑，認為從無「奉敕」之事。《張留孫碑》很可能是茅紹之作偽，而張純在刻南碑時又參詳趙孟頫真蹟加以潤色，方才有南碑優於北碑。〔註17〕

《張留孫碑》書者有四種觀點，一為孫星衍、葉昌熾、歐陽輔等，認為此碑即趙孟頫所作，給予此碑極高的評價；一說該碑為趙孟頫弟子吳全節代筆，由徐雪石提出；陸心源以為此碑為趙孟頫之子趙雍代筆；今人王連起疑該碑為茅紹之作偽。〔註18〕

## 九

1.23 第 30 頁 「年月已佚，亦無撰、書人可考，惟上一石第九行有『聖神贊普，萬里化均，四鄰慶□』云云。」

《敦煌碑銘贊輯釋》中《吳僧統碑》中有此句，文為竇良驥撰，原句為「聖神贊普，萬里化均，四鄰慶附，邊虞不誡，勢勝風清」。葉昌熾所見石刻已然殘破，然敦煌文書 P.4640 抄錄此碑全文，得以補闕碑文。經現代諸學者考證，敦煌文書 S.797 號背有「大蕃沙州釋門教授和尚洪辯修功德（記）」為《吳僧統碑》的全稱。〔註19〕下附敦煌文書圖片可補此處碑文缺失。

## 十

1.24-1 第 30 頁 「歐波墨妙，自以《許熙載》、《張留孫》兩碑為正矩。」

上文校《張劉孫碑》，歐陽輔提及《許熙載碑》為茅紹之集勒。又見增補於下。

---

〔註17〕關於《張留孫碑》的詳細考證，參見王連起，《傳世趙孟頫書道教碑真偽考》，《文物》1983 年第 6 期，第 76～87 頁。

〔註18〕分別見孫承澤《庚子銷夏記》卷七；潘伯鷹《中國書法簡論》及故宮博物院藏「徐宗浩跋《道教碑》」；陸心源《儀顧堂題跋》卷十五。

〔註19〕鄭炳林，《敦煌碑銘贊輯釋》，蘭州：甘肅教育出版社，1992 年 7 月，63～71 頁。關於此碑文的抄寫時間考證及吳僧統其人考證的學術史亦可參考此書。P.4640 現藏法國國家圖書館，中國國家圖書館也可閱覽電子件。

劉台拱（1751～1805）《跋許熙載碑》「若熙載歿於泰定四年，妻高氏歿於至順二年，皆在子昂之後，至圭齋屬文時，子昂下世已十七年矣，其為偽託灼然無疑。」另有王壯弘與此觀點相若。〔註20〕因此，《許熙載》碑應非趙孟頫書跡無疑。

# 卷二

## 十一

2.9-2 第 48 頁 「中州碑版，以《嵩山三闕》為最古，尚是西京文字。」

國美本：「按：三闕中最先者元初濬，為延光漢安帝時所刻，未為最古，亦非西京文字。」

歐陽輔：「按：三闕中最先者為元初，後者為延光，均安帝時所刻，未為最古，亦非西京文字。豈先生喜其文字高古，可比西京歟？」

《金石萃編》中即有《太室石闕》為漢安帝元初五年的記載。吳大澂在《愙齋磚瓦錄》中記載西京文字最先為釣魚石池五鳳年漢高之陵碑。漢安帝元初五年為公元 118 年，延光元年為公元 122 年。

## 十二

2.13-2 第 55 頁 貴池劉聚卿太守贈《長安四年殘石》一通，其家藏也。首行題『撰德□器文』，惟『器』上一字稍模黏耳。」

浙大本腳注：劉聚卿，原誤作「劉聖卿」。

韓銳校：「聖字不識，或即聚字」。大徐本《說文》云：「聖，土清也。從土，從聚省。」此字應為「聚」異體字，然葉昌熾在《奇觚廎詩集》、《緣督廬日記》中提及此人，皆作「劉聚卿」。另於卷九第 299 頁，作劉聚卿。

另，據此《長安四年殘石》拓片，「撰德□器文」，「器文」中脫一「之」字，雖「之」右半部分有所漫漶，該字左上恰又有一「之」字可證字形。

〔註20〕（清）劉台拱等著；張連生，泰躍宇點校《寶應劉氏集》，揚州：廣陵書社，2006 年，第 13 頁。王壯弘按語見王壯弘，《崇善樓筆記》，上海：上海書店出版社，2008 年，第 180 頁。

## 十三

2.17-3 第 60 頁 「又施南之恩施縣有木杪仙人洞，寶祐元年《潼川王次疇題名》，紙墨黯黮，如米家山水。」

民國鄭永禧《施州考古錄》錄全文：「寶祐元年，歲在癸丑，郡太守潼川王次疇侍親遊木杪仙人洞，約貳車。開封趙與端、郡從事重慶焦震雷、清江令忠南、青陽龍孫法、曹掾眉山蔡昌文偕行。洞府窈深奇怪，不類人間。世親年八十，步履如飛，觀者屬目。莫春十有二日。」〔註21〕

此頁腳注 1 所引《建始縣志》與《施州考古錄》中錄文相校，名為《石通洞題名》「仙人洞」前脫「木杪」；「清江令」後脫「忠南」；「眉山」作「眉州」；「窈深」後脫「奇怪」；「人間世」脫「間」字，其後下文不可辨識。此文考證較為詳盡，並錄《府志》中相關內容，且《建始縣志》與此錄文相比脫誤較多，故而錄此文以備詳參。

## 十四

2.25 第 69 頁 「又有後漢乾祐二年《奉宣祭瀆記》。」

韓注：《奉宣祭瀆記》未見著錄。濟瀆廟位於濟源市，濟瀆廟建於隋開皇二年（582 年），後經歷代修補擴建。後漢乾祐二年《奉宣祭瀆記》仍藏於廟中，正書，頗類顏體。〔註22〕

# 卷三

## 十五

3.5-2 第 87 頁「此由碑陰之軼之也。」

歐陽輔：「而」字誤作「之」；國美本無此條。浙大本已據《碑版文廣例》改。

---

〔註21〕鄭永禧著，鄧治凡，田發剛校注，《施州考古錄校注》，北京，新華出版社，2004，第 130 頁。

〔註22〕參見國家文物局主編，《中國文物地圖集・河南分冊》，北京，中國地圖出版社，1991，第 172 頁。

## 十六

3.3-7　第 82 頁　如《常熟縣重修文廟記》，（至元三十年）。

韓注：未見著錄。《吳郡金石錄》：「《平江陸常熟縣重修文廟記》至元三十年，十二月庚寅，閻復撰並書，徐琰題蓋，行書。閻復《元史》有傳。題此碑正以桑哥事免官。故題銜中稱翰林學士。」〔註23〕

## 十七

3.4-5　第 86 頁　「惟北齊《宋顯伯造像》，其陰題『天保三年歲次壬申四月八日建，都維那伏波將軍防城司馬程洛。』」

《語石》原文及浙大點校本錄文順序均有誤，且有脫文。據拓片，書人在先，年月在後，且原錄文脫「文並書」三字。應為：「都維那伏波將軍防城司馬程洛文並書，天保三年歲次壬申四月八日建」。《金石續編》錄文亦無誤。

## 十八

3.12　按惕甫先生又據王弇洲云：「閩人林焯以四大字刻其上，惡札題名，縱橫漶滅。」

浙大本《語石》校王弇洲為「王弇州」，不必出校。明人著作中有作王弇洲，州與洲通用處較多，如陳繼儒《陳眉公集》中有「上王弇洲先生」一文；又董其昌文集中亦作王弇洲。〔註24〕又，此處引文在今存《碑版廣例》中未見，《金石萃編》中有載錄，疑惕甫先生應為蘭泉。

3.13-1　第 97 頁　「宋太祖《戒石銘》，黃庭堅書，高宗詔天下摹勒」

宋太宗立《戒石銘》在宋人筆記中屢見不鮮，如《容齋續筆》卷一「『爾俸爾祿，民膏民脂。下民易虐，上天難欺。』太宗皇帝書此，以賜郡國，立於聽事之南，謂之《戒石銘》。」〔註25〕

宋人汪應辰《記戒石銘》：「紹興五年，有詔曰『近得黃庭堅所書太宗皇帝

〔註23〕王雲五主編，陳祖慶編，《叢書集成初編 1533 吳郡金石目》，北京：商務印書館，民國 25 年 12 月，第 30 頁。

〔註24〕參見（明）陳繼儒，《陳眉公集》，卷十二，明萬曆四十三年史辰伯刻本；（明）董其昌《容臺詩文集》別集卷四，明崇禎三年董庭刻本。

〔註25〕（宋）洪邁著，穆公校點《容齋隨筆》，上海古籍出版社，2015 年，第 119 頁。

御製《戒石銘》，……可令頒示天下，摹勒庭堅所書。』」〔註26〕汪應辰所載錄
與葉昌熾基本一致。且《金石續編》、《粵西金石錄》等清人金石文獻也記為宋
太宗《戒石銘》。此係葉昌熾誤記宋太宗為宋太祖。

# 十九

3.13-4 第 102 頁 「更這蒿□、蒿坪、梅溪、雙峪、白浪、坪堰等處
村子□□（廿二行）」

蔡美彪《元代白話碑集錄》作「更這蒿口、蒿坪、梅溪、雙峪、白浪、平
堰等處村子裏有」〔註27〕；又有楊守敬《湖北金石志》金石十四民國十年朱印
本，作「更這蒿口、蒿坪、梅溪、雙峪、白浪、坪堰等處村子裏有」。楊守敬錄
文與光緒十年《續輯均州志》一致。《語石》中「坪堰」在以上諸版本中皆作「平
堰」，惜此碑拓本稀見，原碑已毀無以校驗，以上錄文可作方圍闕文參考。

3.14 拓本模糊，當時璽押文字末由細辨，亦一憾也。

審文意，此處應為「未由細辨」。

# 二十

3.18-2 第 109 頁 「按正定花塔寺有唐開元十五年佛座」

《正定花塔寺》《常山貞石志》卷八《花塔寺玉石佛座題字》作開元十六年。
趙之謙《補寰宇訪碑錄失編》：「花塔寺玉石佛座題字，（正書，年月泐，
開元十六年，座刻唐諸帝後忌辰，末有貞元十一年移置記）」

# 二十一

3.19-1 第 109～110 頁，「余所藏有唐永泰二年《豐樂寺大界相碑》」
「余又藏大朝壬子《萬歲禪院四至石幢》」。

韓注二碑均未見著錄。此碑僅見載於《藝風堂金石文字目》卷六《豐樂寺

〔註26〕（宋）汪應辰撰，《文定集》，上海：學林出版社，2009 年，第 106 頁。
〔註27〕蔡美彪，《元代白話碑集錄》，中國社會科學出版社，2017 年，第 227～228 頁。
　　　　此碑題解中注此處錄文由馮書據《均州志》卷十五，及《道家金石略》所錄民
　　　　國《湖北通志》卷一〇六錄此碑文。然康熙年《均州志》為四卷，惟光緒十年
　　　　（清）馬雲龍，唐炳堃修，賈洪詔纂，《續輯均州志》卷十五藝文志錄此碑文，
　　　　與以上錄文一致。

界碑》，正書，永泰二年歲次庚午三月丙辰朔廿五日庚辰。

《萬歲禪院四至石幢》（清）沈濤《常山貞石志》卷十五錄有《萬歲禪院四至石幢》及《陀羅尼咒》：「《尊勝陀羅尼真言幢》（幢高四尺六寸五分，……前三面刻經，每面五行，行四十五字，正書，余刻《萬歲禪院莊產四至》……行書，憲宗二年四月十八日立，在正定府治西北後寺）『……在府萬歲禪院四至庄產四至下項：院子地東至南北官街為界，南至蔡相公牆……』」其外形呈八角形的八面石刻，脫胎於經幢。〔註28〕

# 卷四

## 二十二

### 4.2-1 第 129 頁 《張通妻陶》，最後出之《蘇孝慈》

韓注本作：《張通妻陶最》，後出之《蘇孝慈》

葉昌熾《奇觚庼文集》卷中，有《張通妻陶貴墓誌》跋，首句即「張通妻陶貴墓誌，世所傳皆重開本……」〔註29〕。《緣督廬日記》卷五，戊子十一月初十，「再同見示隋碑六種，內《張通妻陶夫人墓誌》為余所未見，筆法精整，不在太僕卿元公志之下……」又《日記》卷七，丙申二月二十，「徐積餘以知府引見，自江寧來，云張通妻陶貴，及戚高墓誌兩石皆為其所得。」

葉昌熾在數次提及此碑時，稱《陶夫人》或《張通妻陶貴》，未有《張通妻陶》之稱。墓誌原碑首題「大將軍昌樂公府司士行參軍張通妻陶墓誌」多見於他人文獻，如《金石萃編補遺》、《八瓊室金石補正》均載為「張通妻陶」。根據葉昌熾稱此碑的習慣來看，很可能如韓銳所校，最字為「貴」字之誤。

## 二十三

### 4.3-1 第 129 頁 「又有隋開皇十三年《大融法師枝提塔記》。（河南林縣有開元十九年《三尊真榮像枝提龕銘》，則道家亦得用之。）」

歐陽輔：「按石作支提龕記。記後附義絃、乾壽二僧道行。非道家也。」
國美本同。

---

〔註28〕趙超，《中國古代石刻概論》，北京：文物出版社 1997 年，第 56 頁。
〔註29〕《奇觚庼文集》卷中，葉廿七。

顧炎武《金石字記》作《支提龕銘》，歐陽棐《集古錄目》錄《寶刻叢編》作《支提龕記》。今人《安陽地區文物錄》第一分冊錄為《三尊真容支提龕銘》。〔註30〕此三則文獻均載為開元十九年立碑，立於林縣硤峪。

此處載錄的《大融法師枝提塔記》，立於隋開皇十三年，出土地點為河南省安陽寶山，有拓片傳世。〔註31〕「支提」與「枝提」語義無區別，傳世文獻與石刻皆作「支提龕記」。歐陽輔校較為準確。

# 二十四

### 4.3-2 第129頁

「隋之龍華（仁壽三年《文皇帝造龍華塔記》）」

歐陽輔：「按碑無年月，不知趙《續訪碑錄》何所據，竟注為仁壽三年，其額云『敬畏高祖文皇帝』、『敬造龍華塔銘』，既曰高祖，又曰文皇帝，皆死後廟號，決非仁壽時所為。先生沿趙氏之誤耳。」

《八瓊室金石補正》：「文有大隋高祖文皇帝字，又知碑立於大業間也。」〔註32〕

趙之謙《補寰宇訪碑錄》：「《文皇帝造龍華碑》（正書　仁壽三年）陝西□□」〔註33〕

丁紹基《求是齋碑跋》：「《龍華塔銘》在山東博興縣北二十五公里柑公堂北。按碑又仁壽□年，字漫漶不可辨。而文中有高祖、文皇帝則非開皇、仁壽時造。計其時當在大業間也。……趙氏之謙《續訪碑錄》題作文皇帝《造龍華碑》，云在陝西。似未深考。……左近光緒十八年十二月初五日紹基又識。」〔註34〕

---

〔註30〕河南省安陽地區文化局，《安陽地區文物錄》第一分冊，出版年代較早無出版信息，第74～75頁。任曉煒《緣督廬中的金石世界》以為《大融法師枝提塔記》與此龕為一物，實則為兩則石刻。葉昌熾對二碑刻碑時間、地點均著錄無誤。

〔註31〕關於安陽寶山的隋唐浮雕塔定名，可參見李舉綱、樊波《安陽靈泉寺隋唐浮雕塔定名辨析》，載於成建正主編，《陝西歷史博物館館刊·第15輯》，西安，三秦出版社，2008年，第144～149頁。該文對「灰身塔」、「碎身塔」的定名辨析可補葉昌熾載錄所闕。

〔註32〕陸增祥，《八瓊室金石補正》卷二十八，《石刻史料新編》，新文豐出版公司，1982年，第7頁。此處任曉煒《緣督廬中的金石世界》原文錄入有誤。

〔註33〕（清）趙之謙著，戴家妙整理《趙之謙集》第3冊，《補寰宇訪碑錄》卷二，杭州，浙江古籍出版社，2015年，第810頁。

〔註34〕丁紹基，《求是齋碑跋》卷二，《石刻史料新編》，新文豐出版公司，1982年，葉七。

　　歐陽輔在《集古求真》中提及自己所見拓片為剪裱本，未見「仁壽二年」（見圖 12）碑文，而懷疑趙之謙、繆荃孫所見與自己所見是否為同一碑刻。今觀此碑整拓，其碑文有「復以仁壽二年」句，然拓片上仁壽二年及其後字形漫漶不可辨識，趙之謙、繆荃孫將此句視為立碑時間，所錄「仁壽二年、三年」之誤由此處出。實則應如丁紹基所考，該碑立於大業年間。此碑現藏山東博興縣。

## 二十五

　　4.2-9 第 122 頁 「宋紹興十二年《右朝請大夫李洵直墓誌》，側有《洵直真贊》。《志》為任續書，李安仁文；《贊》為張晦分書，楊軾文。」

　　韓注未見著錄。

　　趙之謙《補寰宇訪碑錄》，「《右朝請大夫李洵直墓誌》（任續正書，李安仁文，紹興十二年十一月十四日壬寅）四川綿州；《李洵直真贊》（張晦八分書，楊軾文，無年月）」；「《朝散郎李洵直妻鄭氏墓誌》（李騭正書，任忠厚文，宣和二年三月九日）；碑側《鄭宜人真贊》（張晦八分書，郭黃中文，無年月，誌銘之外復有贊為碑版中僅見）」〔註35〕

　　劉喜海（1793～1852）《金石苑》：「《宋李仲侯墓誌銘》……右迪功郎新昌州永川縣尉兼主簿巡捉私茶鹽礬任續書……。」〔註36〕此文立碑年月及撰文者、書者於此處《李洵直墓誌》一致，為此碑錄文。

　　甘鵬雲（1861～1940）編，《崇雅堂碑錄》：「《李洵直墓誌》（李安仁撰，樊任續，正書，紹興十二年十一月四川綿鄉出土）」〔註37〕此錄文有誤，將劉喜海錄文中「私茶鹽」視為官職，句讀應為私茶鹽礬（礬），任續。書碑者任續（1114～1170），字似之，潼川府郪縣人（今屬四川三臺縣），紹興二十一年（1151）進士。書碑時任昌州永川縣尉兼主簿巡捉私茶鹽礬，其事見周必大《恭州太守任均續墓誌銘》等，作有律詩《彭思王廟》、《賦玩珠岩》等。〔註38〕

〔註35〕（清）趙之謙著，戴家妙整理《趙之謙集》第 3 冊，《補寰宇訪碑錄》卷二，杭州，浙江古籍出版社，2015 年，第 867 頁。
〔註36〕（清）劉喜海編，《金石苑》清道光刻本。
〔註37〕（清）甘雲鵬編，《崇雅堂碑錄》碑錄四，南宋，葉十三。
〔註38〕吳國武著，《兩宋經學學術編年·下》，南京，鳳凰出版社 2015 年，第 666 頁。

《金石苑》評此碑：「誌銘之外，又有真贊，他不概見，惟李仲侯夫婦之墓皆同。」實則此前有《范公仲淹真贊碑》在先。

# 二十六

4.3-2 130 頁 「金有《明革五郎焚身石塔》，亦『灰身』、『碎身』之類也。」

韓注，未見。

繆荃孫載錄較為詳細：《明革五郎石幢》，八面刻。一面佛像。中篆額。下明革五郎焚身石塔記。正書。記自第一面至二三面。後接明革辭世頌並序。篆書。四面上截髮願頌。下截自歎頌。五面中截。歎世頌。正書。餘皆七言詩句。正書。泰和七年閏八月。在寶峰寺。〔註39〕

# 二十七

4.3-2 130 「蓋亦如房山舍利有《王邵感應碑》，又有《王臣暕塔銘》」

韓銳校注：「訛『暕』作『睞』」

《廣弘明集》中載錄了隋朝對佛教的復興，其中亦有宣詔內容：「仁壽元年六月十三日，內史令豫章王臣暕宣。」此處碑文刻錄紀念的便是《廣弘明集》中宣敕建造佛塔的詔令。據順天《光緒府志》「暕」為隋煬帝之子，為宣敕之意。孫星衍、趙之謙均誤將「王臣暕」作為撰書人姓名。〔註40〕光緒《順天府志》二十八（雲居寺）記載：「《幽州智泉寺舍利塔下銘》……暕，隋煬帝子，開皇中封豫章王，後封齊王；宣者，宣敕也。《景物略》以王臣暕為人姓名，誤矣。《補訪碑錄》亦沿其失。」〔註41〕

明代金學家於奕正記為《隋立幽州智泉寺舍利塔詔》、《隋智泉寺舍利感應

---

〔註39〕 繆荃孫著，張廷銀，朱玉麒主編，《繆荃孫全集》金石5‧金石分地編目下，南京，鳳凰出版社，2014年，第739頁。

〔註40〕 （日）塚本善隆，（日）長廣敏雄等；汪帥東譯，《房山雲居寺研究》，北京聯合出版社，2016年，第32頁。可參見於奕正《天下金石志》，孫星衍《京畿金石考》，趙之謙《補寰宇訪碑錄》等。該書還對智泉寺存在與否，及此碑的立碑時間仁壽二年提出質疑，認為仁壽元年並非建造《舍利塔銘》的時間，而是頒布詔令的年代。房山所建寺廟並非智泉寺，而是來到石經山發願刊造石經的幽州智泉寺僧人靜琬的訛誤。此書考證詳細，然大多為根據文獻作出的推論假說。

〔註41〕 （清）周家楣，繆荃孫等編纂，《光緒順天府志》第16冊，北京，北京古籍出版社1987年，第6371頁。此處《景物略》為劉侗《帝京景物略》。

記》，孫星衍記為《幽州智泉寺舍利塔銘》，王邵碑名同上；趙之謙記為《王臣
暕智泉寺舍利塔碑》、《舍利感應王邵碑》。以上諸版本中，『暕』字無誤。韓注
校無誤。

## 二十八

4.5-3 第 135 頁 「皆袛一龕，如魏之《張敬謹》，隋之《王俱》、唐
之《懷州河內縣王三娘》。……此則專為造像而設，雖八面或六面，與經
幢不同。」

韓注：「《張敬謹》等：不詳。按魏、隋尚無經幢這一石刻形式，不知此二
刻之情況葉氏有否誤記。」〔註42〕

葉昌熾《緣督廬日記》光緒二十四年（1988）十一月初二，「發憤錄經幢，
昨寫《元象元年張敬謹造像石柱》」。

尹彭壽（1835～1904）《山東金石志》中載有此石柱，《東魏張敬造石柱
像記》：「前州都維大魏元象元年州主簿……佛弟子張敬謹建」；「諸城巴山王
氏藏，柱高二尺餘，廣五寸，共六面。每面分上下二段，前四面上段佛像題
名，下段記文，第五面上端佛像，下段題名，第六面上段下段俱有佛像題名。」
此石柱原出膠州高密。〔註43〕後宣統《山東通志》亦有錄文，與此內容相似。

葉昌熾此處所記載《張敬謹》即為《東魏張敬造石柱像記》。正如葉昌熾
所言，此類石柱有題識，專為造像而設，因此葉昌熾並未稱此為經幢，可稱石
柱或石幢，葉昌熾定名無誤。且葉昌熾言明隋時「《陀羅尼經》尚未入中國，
亦未有經幢。」

## 二十九

4.3-5 「唐《延慶永興軍都部署幢》，每面上方畫菡萏一枝，雖非真
容示現，亦雪山功德池中清靜化身也。」

韓注：未見著錄。

《緣督廬日記》：庚子十月十四日「錄大定二年《韓珪幢》一通，延慶《永
興軍都部署幢》一通，《素公幢》一通，皆端老四藏石也。」

〔註42〕《語石校注》，第 416 頁。
〔註43〕（清）尹彭壽撰《山東金石志》卷一百五十一，稿本。錄文後還有對高密各時
　　　　期州郡歸屬的考證，此處不作詳錄。

《匋齋藏石記》卷四十一:「《為先祖舅姑等建幢記》前延慶永興□□剖
糈」其中音、亲為左半邊部首。後附考證:「此遼人所建經幢也,延慶、永興皆
所置宮衛之名……此刻首行題款當即撰書人名,其永興下數字殘缺,以遼制考
之,乃延慶永興宮都部署。蓋此人曾兼兩宮之職第,不知何以先延慶而後永興
耳。……果爾則此幢亦大安末年建矣。」〔註44〕

且唐代並未設「都部署」一職,此軍職最早為五代所設,遼宋沿襲此制。
〔註45〕此幢應為遼石幢,端方考證此石幢為遼代較為可信。

# 三十

## 4.5-4 第135頁 惟宋乾德三年《鼓山常樂寺經幢》

韓注:「乾德、太平興國二幢:此二刻未見著錄」

《鼓山常樂寺經幢》現存兩座,分別立於大殿東西兩側。西側經幢建於宋
建隆三年(962年),為八面柱狀體,因風化,字跡不清;東側經幢建於宋乾德
三年(965年)。現存有影像資料,未見拓片資料。〔註46〕

# 三十一

## 4.5-4 第136頁 「余所見以如意元年《史延福》一刻為最先,在龍門,摩厓刻,景龍三年有一刻,亦碑本,均非八面之幢。」

韓注:未見著錄。

劉聲木(1876~1959年)《補寰宇訪碑錄校勘記》卷二,《龍門山陀羅尼經》
如意元年四月,經已剝盡,刻「伊闕」二字聲木謹案,經文字跡全在,只「伊
闕」二字處損失一百餘自,經為史延福造,四月下碑文原有八日二字。〔註47〕
葉昌熾評此碑為《陀羅尼經》譯文最早的石刻本亦為今人所認可〔註48〕。

---

〔註44〕端方一位此幢是為太子洗馬劉輝之女建,龔錫齡認為是劉氏孫婦為劉氏夫婦
追建。劉輝生卒年不詳,大安為遼道宗耶律洪基年號,自1085至1094年。

〔註45〕參見龔延明著,《中國歷代職官別名大辭典》,上海辭書出版社,2006年,第
631頁。

〔註46〕邯鄲市文物保管所、峰峰礦區文物保管所,《河北邯鄲鼓山常樂寺遺址清理簡
報》,載於孫進己,蘇天鈞,孫海主編,《中國考古集成·華北卷·北京市、天
津市、河北省、山西省·魏晉至隋唐》,哈爾濱,哈爾濱出版社,1994年,第
559~571頁。

〔註47〕劉聲木,補寰宇訪碑錄校勘記,直介堂叢刻本,卷二,葉五。

〔註48〕溫玉成《中國石窟與文化藝術》,第十二章第四節《蓮花洞、火燒洞及皇甫度
東》,上海人民美術出版社,1993年,第292頁。

## 三十二

4.6-1　第 145 頁　山西遼州（左權縣）北齊天保三年《華嚴經》……
當即古之屋騋驖。

今人考察山西屋騋驖，未見小字刻經。《語石》所引《太平寰宇記》、《郡
國志》所稱「山腹寫一切經於此」應是河北涉縣中皇山《十地經》。又見於《山
西通志》卷九十七、《語石異同評》卷一，此二書載錄亦有誤。〔註49〕

## 三十三

4.6-1　第 145 頁　「風峪《華嚴經》亦北齊刻，其地在太原縣西三里，
甎甃一穴，方五丈」

韓注：「前注此條時即書不詳……非北齊物也。」

今人考其全部石經約一百六十餘通，抗日時期為避免為保護石經，將其移
至晉祠，保存至今。其中題記注明刻於唐聖曆二年（699 年）後。韓注：「柱上
經文乃武則天時所刻，有武周新製字。」〔註50〕

# 卷五

## 三十四

5.1-1　「臨朐之仰天山、嘉祥之七日山，皆北宋時刻。」

韓注：「按『七日山』之名不詳所指，俟再考之。」

嘉祥之七日山，應指今山東省嘉祥縣七日山。其山上有聖壽寺，據《光緒
嘉祥縣志》：「聖壽寺（在古千秋鄉七日山，山腰有岩，岩中有石佛，七日而成，
因以名山。宋熙寧三年賜今額……）；又有「《修葺聖壽寺碑》（在七日山腰，

---

〔註49〕趙超，《中國古代金石著作中的北朝刻經情況》，載於西安碑林博物館編，《碑
　　　　林集刊・14》上海科學技術出版社，2009 年，第 201 頁。關於中皇山與屋騋
　　　　驖刻經考察參見，馬忠理《邯鄲北朝摩崖佛經時代考》，載於焦德森主編，《北
　　　　朝摩崖刻經研究（三）》，內蒙古人民出版社，2006 年，第 35 頁。
〔註50〕耿鑒，《論佛教刻經書法流變》，載於上海書畫出版社，《20 世紀書法研究叢
　　　　書・歷史文脈篇》，上海書畫出版社，2008 年第 510 頁。韓注見《語石校注》，
　　　　第 433 頁。晉祠相關讀物均介紹此刻石為唐武周時刻，清人多以此為北齊刻
　　　　石。

熙寧三年立）」〔註51〕

《濟州金石志》：「宋元豐六年，七日山聖壽寺羅漢座題字」「宋咸平二年七日山聖壽寺石壁題字：按，此刻正書，咸平二年七日山聖母宮任城□子恕石龕題，字見《寰宇訪碑錄》」「漢七日山畫像二石」〔註52〕此處葉昌熾所指北宋刻石應為上述文獻中提及北宋聖壽寺中諸題刻。且此山中還有漢畫像石刻。

# 三十五

5.1-2 第153頁 「潘文勤師有太平真君二年《茲石浮圖記》，津門樊文卿得殘造像一刻，甚駁泐，釋為西涼李歆嘉興二年，皆不免好奇之過矣」

韓注：未見著錄。

羅振玉《石交錄》考此條：「案：葉氏所謂《茲石浮圖記》後歸端忠敏公，《匋齋藏石記》著錄作《鮑纂造像記》。其石確為真刻，決無偽理。首署『太平真君三年歲次壬午正月戊寅朔十有八日乙未』……葉氏誤記三年為二年，其題名作『永昌王常侍定州常山鮑燕』，鮑下一字甚分明，殆是燕字別構。《藏石記》作纂，非也……」〔註53〕此碑現藏日本三井廳冰閣。〔註54〕

查拓片及今人著錄，此造像拓片信息年代均為「真君三年」各本無異，可知葉昌熾所記年代確實有誤。除羅振玉著作外，他本均作「鮑纂造像記」，今所見拓片字形確似『燕』，錄以備考。〔註55〕

# 三十六

5.1-7 第158頁 《意瓔佛國碑》《陳神忻石室記》《安定王石窟銘》，皆造像也，特異其名耳。

〔註51〕（明）龔仲敏纂修，（清）張太升續修，董方大續纂《嘉祥縣志》，明萬曆年間修，清順治九年續修刻本，此兩則皆出方輿，卷數與頁數皆漫漶不識。

〔註52〕分別見於（清）徐宗幹、馮雲鵷輯，《濟州金石志》八卷，清道光二十五年閩中自刻本，卷七，葉卅七、卅六、卅一。

〔註53〕羅振玉著，羅繼祖主編，《雪堂所藏古器物圖說》，上海古籍出版社，2013年，第296頁。

〔註54〕周欣平主編，柏克萊加州大學東亞圖書館編，《柏克萊加州大學東亞圖書館藏碑帖·下·總目》，上海古籍出版社，2008年第226頁。

〔註55〕如佐藤智永《北朝造像銘考》記為「鮑纂造像記」，其文依據日本他人著錄轉錄。載於《日本中青年學者論中國史六朝隋唐卷》，上海古籍出版社，1995年，第59頁。此拓片國家圖書館藏「陸和九題跋《鮑纂造像記》」，較為清晰。

韓注：意瑗《佛國碑》，未見著錄。

《山東通志》：「東魏意瑗法義造像殘石及陰側（武定間）安邱」〔註 56〕

《增補校碑隨筆》《意瑗法義造像碑》：正書。碑陽像下陽文三行、行三字。上首左右宋熙寧六年曾磨而改刻，尚有未磨滅數名可辨。其下則原刻二十六行，行四字。碑陰題名八列，列三十二行，下列每行泐餘一二字。兩側各十行、一側行存二十一字、一側行存二十五字。石不明所在。（武定□□）。未見著錄，此碑下殘。〔註 57〕由上錄文可知，此碑原在山東安邱，四面均有書刻，清末碑已殘泐。

## 三十七

5.1-8 第 160 頁 「三年□□婆羅門婦□時」

據拓片補，應為：「三年少□婆羅門婦□時」

## 三十八

5.1-9 第 161 頁 「太歲丙辰《比丘法智造迦天像》，王廉生前輩釋為梁武帝大同二年刻。」

《匋齋藏石記》卷十《法智造像記》：（石高六寸五分，廣五寸六分，上像下記，正書）太歲丙辰五月八日比丘法智敬造迦天像一軀……案，大統二年歲次丙辰，書體的出魏人，故次於此。〔註 58〕梁武帝大同二年，歲次丙辰，公元536 年。

亦有西魏大統二年、東魏天平三年之說，此三年號均為丙辰，公元 536 年。可惜該石刻無文獻載其原址故而有三種年號。

## 三十九

5.4-1 第 168 頁 《補訪碑錄》有隋開皇九年《兩村法義廿一人造像》，余得拓本，按其文，實為造橋而設，但碑有造像耳。

韓注：未見著錄。

---

〔註 56〕孫葆田等撰，《山東通志》第二冊至第四冊，商務印書館，1934 年，卷一百五十二，藝文志第十，石四，葉四六一一。
〔註 57〕（清）方若著，王壯弘增補，《增補校碑隨筆》，上海書畫出版社，1981 年，第 384 頁。
〔註 58〕（清）端方撰，《匋齋藏石記》，清宣統元年石印本。

僅見趙之謙《補訪碑錄》:《兩村法義廿一人造像殘碑》（正書，開皇九年二月）山東蘭山。〔註59〕

## 四十

5.7 今新出土者，建陵《太祖文皇帝》兩闕，《蕭績》、《蕭正》各兩闕，《蕭映》一闕，又一殘闕。

韓注：《蕭正》應作《蕭正立》二闕，未見著錄。

《八瓊室金石補正》吳興劉氏希古樓刊本，卷十一：「《建安敏侯蕭正立二闕》……右蕭正立二闕，同治戊辰冬，在句容訪得之西闕，曼患殆甚，賴東闕尚存，猶可辨識。原籤題云，蕭正立闕。案，《梁書》：正立，臨川王蕭宏之弟五子也……」

葉氏此處脫「立」字。

## 四十一

5.11 第 186 頁 又有《趙居貞投龍璧記》，出山左，無年月，按孫《錄》:「《雲門山投龍詩》，天寶七載，趙居貞撰」

韓注，未見著錄。

見《寶刻叢編》卷二，引自《金石錄》欽定四庫全書本：「唐北海太守，趙居貞撰，序言天寶玄黓歲月己巳……碑字行書，天寶中立（《金石錄》）。」

## 四十二

5.13 第 187 頁

近始有永元八年一刻……皆山左新出土。

韓注：未見著錄

《補寰宇訪碑錄》卷一，葉四：「《永元食堂記》（八分書，永元八年二月十日）山東魚臺〔註60〕。」

〔註59〕（清）趙之謙著，戴家妙整理《趙之謙集》第 3 冊，《補寰宇訪碑錄》卷二，杭州，浙江古籍出版社，2015 年，第 807 頁。

〔註60〕同上，第 776 頁。又有劉海宇，《山東漢代碑刻研究》，濟南：齊魯出版社，2015 年，第 413 頁。附錄二山東佚失漢代碑刻資料，中錄有近現代載錄此石刻的相關資料，可做參考。

## 四十三

5.16 第189頁 「龍門有『福德長壽』四字……趙夷夫篆書『壽祿』二大字」。

韓注均為未見著錄。

「福德長壽」四字：正書，無年月，在河南洛陽龍門老龍洞。見載於楊守敬《續補寰宇訪碑錄》卷十二，葉八，直介堂叢刻。

壽祿：趙夷夫篆書，寶慶三年閏五月，四川中江。劉喜海《金石苑》、趙之謙《補寰宇訪碑錄失編》、《光緒新修潼川府志》均有載錄。

## 四十四

5.23 第194頁 東魏元象初有《王全泰造獅子記》。余嘗從閩中得唐天祐四年《王延翰鑄師子香爐題字》，其制度未詳，當是琢石為爐如獅子形，蓋石香爐之類耳。

韓注均為未見著錄。

《王全泰造獅子記》正書，元象元年二月，安徽績溪胡氏拓本。（趙之謙卷二，葉七）

《王延翰鑄師子香爐題字》，《閩中金石志》序：「金文不及石文之百一，且金文之屬閩中而今存者，僅閩王延翰鐵香爐銘。」可見此香爐並非葉氏以為的石香爐，可能只見其拓本。

此香爐又稱《閩王爐》天祐四年九月四日題，陽文，正書。時藏龜峰書院，出土於仙遊鄉。銘文後附有陳壽祺考證，稱天祐四月甲子哀帝已避位，仍稱天祐，是稟唐為正朔。銘文中大王指琅琊王，國夫人指其母樂安任氏。〔註61〕

## 四十五

5.24 第194頁 余所收惟金貞元二年《崔皋造蕩漾羅漢石香爐》，三面橫刻，與香幢絕不同。

韓注未見著錄。

振玉案：「碑乃釋惠海正書」注缺。（補寰宇訪碑錄勘誤，葉十九，朱氏槐廬校刊）

---

〔註61〕（清）馮登府撰，《閩中金石志》，葉十八，吳興劉氏希古樓刊。

# 四十六

## 5.23　第 195 頁

「南昌大安寺鐵香爐，楊吳大和五年造，據其款識，重一萬二千斤，高六尺，共六層，五層皆有字，製做瑰麗，非琢石能及。」

歐陽輔多次前往實地考證此香爐，指出香爐實際座三層，並非六層，惟蓋座有字。指出《金石萃編》中的記載也有多處訛誤脫漏。〔註62〕

# 卷六

## 四十七

### 6.2-1　第 99 頁　一臨桂《方公祠堂迎送神曲》，嘉定八年，柯夢得之文也。

韓注未見著錄。

柯夢得《方公祠堂迎送神曲》，八分書，嘉定六年孟冬朔莆田柯夢得撰並書。柯夢得，字東海，莆田人，善作楚辭。其文見載於《粵西金石略》卷十一、《嘉慶臨桂縣志》卷七。〔註63〕

此石各本錄文年份均作嘉定六年，有今人著作載原石圖片與拓片，亦為「嘉定六年」，葉氏所錄有誤。〔註64〕

## 四十八

### 6.2-2 200 頁

唐王勃《釋迦如來成道記》，宋湖州飛英院有一本，在《浴室記》之陰。然拓本不易得，不如明董文敏所書之膾炙。

韓注：其書《成道記》資料未見。

---

〔註62〕趙陽陽《歐陽輔・語石校勘記・整理補說》

〔註63〕（清）謝啟坤《粵西金石略》，卷七，清嘉慶六年銅鼓亭刻本；（清）蔡呈韶，胡毓奇修《嘉慶臨桂縣志》，卷七，葉二十六。

〔註64〕拓片及其他圖片資料可參見廣西對外文化傳播中心編，林京海等編著，《石語墨影》，南寧：廣西科學技術出版社，2014 年第 128～129 頁；中國人民政治協商會議廣西壯族自治區委員會編《品讀桂林石刻文化》，南寧，廣西科學技術出版社，2018 年，第 94～95 頁。

董其昌書《釋迦如來成道記》，天啟二年書石刻，共十二版，據《景物略》該刻石原嵌於明因寺大殿後廡房，現已不存。〔註65〕

## 四十九

### 6.12-1 第210頁

「惟周天和元年《禮平國等造像》，其題名之末有『書生呂稚卿』，未見有第二碑也。

韓注：未見著錄。

《禮平國等造像》正書，原址在陝西同州（今陝西渭南市大荔縣），天和元年（公元566年）十一月二十日立。此碑在各著錄名稱不一，《金石萃編補遺》、《關中金石文字存逸考》〔註66〕中作《甘州刺史宋金保十七人等造像記》，並錄全文；《補寰宇訪碑錄》《藝風堂金石目》中作《張興造像》。〔註67〕現有拓片流傳，分拓五紙，其中有青光祿都督甘州刺史宋金保、像主顯智父張興（見圖16）、曠野將軍員外司馬斌州市令禮平國等名。故而該造像各家命名不一。

**第210頁 《彭州堋口鎮新修塔記碑陰》「耿符撰文，（治平元年。）資聖院主惠雅筆。」**

韓注：未見著錄。

劉喜海《金石苑》卷三錄其碑全文。碑陽撰於嘉祐五年，王素撰，沈純書，常溥篆額；碑陰撰於治平元年七月十三日，惠雅筆，勾文志刻石。

**第210頁 宋天禧四年《鳳臺鄭杲建經幢》，題「衛文進書寫」。**

韓注：未見著錄。

經幢原在澤州城東關旌忠廟（今晉城）。天禧四年歲次庚申三月九日立。

〔註65〕相關資料可參見（明）劉侗，於奕正，《帝京景物略》，上海遠東出版社，1996年第164頁；吳廷燮等纂，《北京市志稿9金石志》，北京燕山出版社1998年，第515頁。建國後，刻手黃懷覺又為上海玉佛寺刻董其昌《釋迦如來成道記》，其事可參見中國人民政治協商會議江蘇省無錫縣委員會文史資料研究委員會，《無錫縣文史資料第2輯》，1985年，第47頁，黃稚圭《刻碑名手黃懷覺附記》。

〔註66〕（清）毛鳳枝著，李向菲，賈三強點校，《毛鳳枝金石學著作三種》《關中金石文字存逸考（卷七）》，西安：三秦出版社，2017年，第284頁，《關中金石文字存逸考》卷八，同州府。

〔註67〕（清）趙之謙著，戴家妙整理《趙之謙集》第3冊，《補寰宇訪碑錄》卷二，杭州，浙江古籍出版社，2015年，第805頁。

《金石匯目分編》作《宋尊勝陀羅尼經幢》。〔註68〕

第 210 頁 「至《開福寺幢》，（淳化元年）。既題『董護書』，又題『衛文進書寫』」

韓注：未見著錄。

該幢為鐵幢，在湖南長沙鐵佛寺，正書，宋淳化元年書，開福寺沙門道崈鐫經，李晟鐫字。錄文見於《金石萃編》「潭州鐵塔柱文」。〔註69〕《湖南金石志》、《潛研堂金石跋尾》均錄此幢。又見卷 9.5-1 言此幢行文方向不一樣，葉昌熾行文也多提及此幢。

## 五十

6.12-1 第 211 頁 又如金《重刻枋口白樂天詩》，前題「大和五年九月二十六日」，後題「大金元光元年賈獻臣重錄」

韓注：未見著錄

額題「白樂天詩」四字，正書，詩九行，十七字，見載於《金石續編》〔註70〕，今存拓片。

## 五十一

6.12-2 第 212 頁 咸通十五年所刻《大般若波羅蜜經》

韓注未見著錄。

楊元弘正書，王居安書額，咸通十五年四月八日，在順天房山，載於《藝風堂金石文字目》卷六，葉二十九。其後有《惠力寺尊勝陀羅尼經幢》，俞宗厚正書，亦為咸通十五年。可見唐人刻經不止此石署款。

同段「金明昌三年《板城裏劉嵩幢》題『金山愚魯李伯真唐、梵書』」

韓注未見著錄。

---

〔註68〕（清）吳式芬《金石匯目分編》卷十一，補遺，澤州府，葉七；其錄文可參見晉城市地方志叢書編委會編著，《晉城市地方志叢書‧晉城金石志》，北京，海潮出版社，1995 年，第 39 頁，見《旌忠廟經幢》條，其錄文轉引自《山西通志‧金石錄》。

〔註69〕錄文見於（清）王昶《金石萃編》卷一百二十五，宋三；清人有跋文。

〔註70〕（清）陸耀遹撰，《金石續編》卷二十‧金。錄文後附考據，此碑在《金石錄目》中作《唐白居易遊濟源詩》。

八面刻，上刻經咒，下刻記，李伯真正書、梵書，明昌三年二月朔十四日，淶水板城村（今河北省淶水縣）。《藝風堂金石文字目》卷十四，葉二十五，作《板城裏劉嵩等準提八字咒幢》，又見《金石匯目分編》卷三補遺，易州，葉十二。

## 五十二

### 6.15 第214頁 大順元年《李饒墓誌》，題曰「再房兄德雍書」

韓注未見著錄。

應為《崔饒及妻鄭氏合葬墓誌》，乾寧五年，亦有「再房兄德雍書」句，不知是否因行文中無姓氏而未見志蓋而訛（其墓誌蓋及墓誌拓片（見圖18）。且碑文中有「大順元年正月廿四日寢疾終於長安」，而後有「舉遷同歸洛食即以乾寧五年，八月六日合葬於河南府壽安縣，甘泉鄉，連里村。」又《補寰宇訪碑錄》卷十四，葉八、《蒿里遺文》卷二，葉二十四均作《右拾遺崔饒夫人鄭氏合祔墓誌並蓋》，乾寧五年，親舅李冉撰，再房兄德雍正書。趙之謙《補訪碑錄》言「再房兄」少見。

## 五十三

### 6.18-2 第216頁 淳祐二年陽山「鳳岡漫叟」題名

淳祐二年，清末仍存，在連州大雲洞（今廣東省連州市陽山縣）。見載於《廣東通志》卷二百十三，金石卷十五。

### 6.20-3 第220頁 郭忠恕《說文偏旁字源並序》（武威郡安懷玉句當建立。此石無刻字人，疑即安懷玉所刻。）

皇甫儼《篆書千字文》（乾德五年，武威郡安仁裕刻字。）

歐陽輔：「按《字原》實夢英所篆，又誤作郭忠恕，郭僅一答書附爾；按，《千字文》亦夢英所篆，惟碑陰序文則陶穀撰，而皇甫儼為之正書。

如歐陽輔所說，此二碑均為夢英書，現藏西安碑林博物館，兩碑拓片易見，今有出版。〔註71〕《說文偏旁字源並序》刻於宋咸平二年（999），首題「宣義大師賜紫夢英書兼併序」，郭忠恕書釋字、答書及銜名。首題「安文璨鐫字」（見圖19）。因碑末有郭忠恕書「汾陽郭忠恕致書答英公大師」文，正書，引

〔註71〕拓片全本見趙力光《篆書目錄偏旁字源碑》，上海古籍出版社，2012年；趙力光編，《夢英篆書千字文碑》，上海古籍出版社，2012年。

起葉昌熾誤記。《語石》中凡提及此碑書者均有誤。

《千字文》立於宋乾德三年（965），為夢英篆書，袁正己正書，其碑首題「華嚴法界觀賜紫沙門夢瑛篆並古文題額」、「前攝涇州節度使巡官袁正己隸書」、「武威郡安仁裕刊」。

## 五十四

6.27 第228頁 齊《郭顯邕造經頌》，「天統元年歲次大梁」

韓注未見著錄。

分書，天統元年歲次大梁九月六日，《藝風堂金石文字目》錄其碑目，今有拓片傳世。

6.27 第229頁 蔚州《石佛寺經幢》，「大安七年五月甝生七葉」

韓注未見著錄

（黃任恒撰）《遼代金石記》作《文永等造陀羅尼經幢》，八面刻，先經後記，正書，大安七年五月，在直隸蔚州，石佛寺。又見於《順天府志》、《藝風堂金石文字目》等。

# 卷七

## 五十五

7.13 第236頁 「玄宗所書《華陽觀望先生碑》……最後歸盤溪管洵美丈……」

韓注：管洵美，其人名未詳。

《莫友芝日記》：「長洲管洵美（慶祺）、丁泳之（士涵）、潘鋆侯（錫爵）則皆望寓蘇，素友可談者也。」〔註72〕

戴望《自江寧歸杭州雜詩四十首》：「東南古學比晨星，一老靈光數管寧。並起張丁潘諸子，寥寥天壤抱孤經。」〔註73〕

---

〔註72〕（清）莫友芝，《莫友芝日記》，南京：鳳凰出版社，2014年，同治五年，十二月初八，第203頁。

〔註73〕柳向春，《德清戴望致歸安楊峴函八通考實》，載於《近現代學人手札研究·箋邊漫語》北京：紫禁城出版社2016，第65頁。

此處所提及的管（管慶祺）、張（張星鑒）、丁（丁士涵）均為南園弟子。南園即陳奐。管慶祺著有《徵士陳碩甫年譜》一卷，其人生卒年不詳，為咸豐間江蘇元和人。〔註74〕

## 五十六

7.19 第239頁 《救苦觀音讚》，韓濟文，其書亦稍弱。

韓注：未見。題刻現保存完好，在今巴中市南龕石刻，刻於乾元二年。韓濟，乾元中任巴州長史，今人據《金石苑》等文獻補全銘文已損毀字。〔註75〕

## 五十七

7.25 第242頁 「宋初院體，若孫崇望、裴麗澤輩，無不自繒出。」

韓注：裴麗澤，其人無考。裴麗澤，卒於北宋皇祐末年，北宋河中府萬泉人（今山西萬榮），徙居開封府，裴濟之兄。進士及第，官山南西道節度使掌書記、右補闕。奉敕撰《大宋新修南海廣利王廟碑記》，韓浦書，正書，刻於北宋開寶六年（973年），碑在廣州南海神廟；又奉敕撰有《大宋新修女媧廟碑銘並序》，現存山西趙城鎮侯村女媧廟，張仁願行書，亦刊於北宋開寶六年（973年）。〔註76〕《金石萃編》、《藝風堂金石文字目》等也載裴麗澤為撰文者。裴麗澤墓誌銘中均未提及其人善書一事。由此看來，不知葉昌熾是否誤將此二碑當做裴麗澤書。

## 五十八

7.36 第245頁 「泖之《寶雲寺幢》，蕭宏書也。」

韓注：未見。泖，即三泖，江蘇省青浦（今屬上海市）一帶古稱。《緣督廬日記》光緒二十四年（1898）十一月初二：「校正咸通二年《寶雲寺幢》。」此

---

〔註74〕瞿冕良編著，《中國古籍版刻辭典》，蘇州，蘇州大學出版社，2009年，第922頁。

〔註75〕全文見於龍顯昭主編，《巴蜀佛教碑文集成》，成都：巴蜀書社，2004年，第37頁，《救苦觀世音菩薩像銘》。

〔註76〕裴麗澤其人墓誌《洛苑使英州刺史裴公墓誌銘》（《西溪文集》卷一〇），見於見曾棗莊，劉琳主編《全宋文第37冊》，成都，巴蜀書社，1988年，第691頁。《南海神廟碑》錄文參見洗劍民，陳鴻鈞編，《廣州碑刻集》，廣州，廣東高等教育出版社，2006年，第312～314；《女媧廟碑》錄文參見劉澤民總主編，李玉明執行總主編，汪學文主編，《三晉石刻大全·臨汾市洪洞縣卷·上》，太原，三晉出版社，2009年，第18～19頁。

幢原位於寶雲寺,現寺已不存,現在亭林鎮大通路,今人文獻載其柱狀六面體,下刻每面一尊佛像,中刻陀羅尼經,上下浮雕蓮花;清人文獻載八面柱狀,錄文為上經下記。錄文載幢立於咸通二年,京陵蕭宏書,吳郡陸從簡鐫。〔註77〕

## 五十九

7.38 第246頁 「《肅國夫人李氏志》,大曆十三年,韓秀弼書,……韓氏一家之學,尚未墜地。」

今見《肅國夫人李氏志》拓片,字跡清晰,八分,大曆十三年,獨孤恒撰文,韓秀實書,出土於陝西省西安市,《匋齋藏石記》卷二十六有考。〔註78〕葉昌熾錄文有誤。

## 六十

7.41 第247頁 「開業寺又有《釋孝信舍利函銘》(開耀元年)。」

韓注:未見著錄。

《藝風堂金石文字目》卷四,葉二十一、《金石匯目分編》卷十之一,武定府,葉七十六亦收錄此函,均注為行書,開耀元年十月廿三日。此函後曾歸齊白石所有,齊白石作有《舍利函齋圖》,款識云:「新得以舍利石函,略為一尺。……旁為唐開耀二年開業寺釋孝信舍利函等字,字有數百。……神似褚河南……」〔註79〕(見圖20)未見其傳世拓片。

## 六十一

7.51-1 第251頁

「(君謨)……其所書碑,亦惟《劉奕墓誌》風格遒上,尚有唐賢規矩」

韓注:未見著錄。

《劉奕墓誌》又稱《劉蒙伯墓碣》,嘉祐六年,蔡襄撰並書,原立於侯官

〔註77〕此幢現狀見於國家文物局主編,《中國文物地圖集・上海分冊》,北京,中華地圖學社,2017年,第495頁,81-D。此幢錄文見載於潘明權,柴志光編,《上海佛教碑刻資料集・上》,上海,復旦大學出版社,2014年,第10頁。
〔註78〕章鈺批校:「所收大曆十三年肅國夫人志,隸書,署韓秀實書,緣督謂韓秀弼,不知何傳,本書卷四……乃作秀實。」
〔註79〕此題跋及繪畫見載於中國美術館編,《中國美術館藏近現代中國畫大師作品精選・齊白石》,北京,人民出教育出版社,2005年,第72頁。

（今福建福州）馬鞍山劉奕墓前，後置於福州市於山碑廊。碑額陽文隸書「劉蒙伯墓碣文」六大字，碑文正書。錄文見載於《八瓊室金石補正》卷一百一，葉一，吳興劉氏希古樓刊；《閩中金石志》閩七，葉十二；《閩侯縣志》卷九　金石，石四，葉四等。〔註 80〕

## 六十二

### 7.52 第 252 頁 「薛昂，李邦彥，皆學道君書」

韓注：此人不見記載。

薛昂，《宋史》卷三五二中有傳，杭州人，登元豐八年進士第，歷太學博士、崇寧中，擢給事中兼大司成，與《辟雍詔後序》銜署一致。附於蔡京，又主王安石變法，《宋史》傳中頗多其人軼事。〔註 81〕

### 7.61 第 255 頁 「庭筠為王去非之子。」

歐陽輔：「庭筠非去非之子，實撰《碑陰記》之王遵古乃為庭筠父」

《金史》中有《王庭筠》傳，其中有：「又以御製詩賜其家，其引云，『王遵古，朕之故人也。乃子庭筠，復以才選直禁林者首位十年……」亦可為證。〔註 82〕

# 卷八

## 六十三

### 8.2-2 第 264 頁 《七星岩趙善擇題名》首云：「淳熙十五年上元前五日，玉牒善擇、智老、伯礽、景茂、趙庚、□□」

《道光高要縣志》、今《肇慶星湖石刻全錄》均作「趙庚叔初，徐世亮……」〔註 83〕

〔註 80〕其碑文、拓片圖像見（宋）蔡襄書，《宋蔡襄書劉蒙伯墓碣文》，福州，福建美術出版社。其現狀見載於黄榮春編著，《福州市郊區文物志》，福州，福建人民出版社，2008 年第 75 頁。

〔註 81〕（元）脫脫等著，《宋史・7》北京：大眾文藝出版社，1999 年，第 2441 頁。

〔註 82〕《二十四史》編委會編著，《二十四史》第 7 冊〔M〕，北京：線裝書局，2014.10，第 3500 頁，《金史》卷一百二十六，列傳第六十四。

〔註 83〕劉偉鏗編，肇慶星湖石刻全錄〔M〕，廣東省肇慶星湖風景名勝區管理委員會，

此題名諸人名標點此處有誤。葉昌熾此處亦引宗室冠玉牒即不冠姓，善擇、伯枂均為宗室，其後趙庚直稱姓氏，並非宗室。錢大昕《潛研堂金石文字跋尾》考證伯枂乃宋太祖七世孫，「系出燕王左朝請大夫子倣之子」。〔註84〕此處斷句應作「玉牒善擇智老，伯枂景茂，趙庚叔初……「先名後字。方圍所闕字應為「叔初」。

## 六十四

8.7-1 第 268 頁 宋初，（王欽若）……廣元千佛厓有咸平四年題名一通，則不得謂非其手跡矣。

韓注：未見。

王欽若，字定國，新喻人，真宗咸平三年，平定蜀王均亂，任西川安撫使，《宋史》卷二八三有傳。題名「咸平辛丑」，正書，即咸平四年（1001 年）鐫於廣元北視力嘉陵江東岸，古石匱閣，在其安撫使任內。《金石苑》卷五、《補寰宇訪碑錄》卷四，葉十一。有載。〔註85〕

## 六十五

8.9 第 271 頁 「其次《女冠王貞淑銘》，撰、書者朱瑤，其女弟子也。瞿木夫考為唐興元二年刻。」

韓注：未見著錄。見載於趙之謙《補寰宇訪碑錄》，並注，其文有天寶後乙丑，故而考為興元二年。江蘇嘉定瞿式拓本。瞿木夫即瞿中溶，金石著作頗多。〔註86〕

第 271 頁 「鳳臺硤石山有天祐十一年《楊夫人摩厓詩》，自題『弘農郡君』，李嗣昭之妻也。」

1986.10，第 73 頁。此處注此刻有電閘，故而未能拓片。但此處錄文「智老伯」後脫一「枂」字。又見《道光高要縣志》卷十三，金石略，葉七。

〔註84〕此處人名斷句可參見，陳大同著，端州歷史文化叢書・史繹集〔M〕，廣州：暨南大學出版社，2017.12，《七星岩石刻文字鉤沉（宋代部分一）》第 84～95 頁。

〔註85〕龍顯昭主編，《巴蜀佛教碑文集成》，成都，巴蜀書社，2004 年，第 91 頁。

〔註86〕（清）趙之謙著，戴家妙整理《趙之謙集》第 3 冊，《補寰宇訪碑錄》卷三，杭州，浙江古籍出版社，2015 年，第 829 頁。

韓注未見著錄。在今山西晉城澤州縣硤石山青蓮寺，見《山西通志》引《鳳臺縣志》：「唐天祐丙子歲六月十四日離府至中旬，巡祀到此，登陟硤石山……按，天佑丙子晉稱天佑十一年……但嗣昭封隴西郡公，未封弘農，或因弘農華陰以氏族望為稱也。」〔註87〕

## 六十六

8.20-1　第277頁　「唐景龍元年《□部將軍功德記》」

此方圍闕字應為「勿」字。《勿部將軍功德記》（見圖23），又稱《遵化郡公功德記》，碑文分書，首行篆書「郭謙光文並書」，原在山西太原天龍山石窟，現存太原晉祠。其錄文以《全唐文》、《金石萃編》為最先。自清以來研究著錄頗多。〔註88〕

## 六十七

8.23-1　第280頁　余所見以巴州《楊百藥摩厓》為最精。

韓注未見著錄。宋興隆二年四月初二，分書，四川巴州（今四川巴中），有拓片傳世（見圖24）。見載於《金石苑》、《寰宇訪碑錄補》。此碑拓片葉昌熾於丁酉，六月廿七從澄雲帖估處與其他拓片一併購入，花費二金。

## 六十八

8.30-3　第288頁　「後乎此者，有《寧國寺經幢》」，『咸通十一年十月十八日立』

韓注未見著錄

寧國寺，在山東壽光，元明菩提禪院，建於北魏孝文帝時期，貞觀年間改為寧國寺。該幢呈八棱形，幢帽三層，呈小寶塔形。〔註89〕葉昌熾《緣督廬日記》中，載其光緒二十六年，三月初十考此經幢，並校文。

---

〔註87〕（清）孫衍貴，《山西通志・山西金石記》卷九十七，金石記九，葉十。

〔註88〕此碑中外學者研究頗多，相關文獻可參見王連龍，《「大唐勿部將軍功德記」研究》，《社會科學戰線》2019年第10期。

〔註89〕《壽光金石志》（《石刻史料新編》第三輯第二十七冊，臺北：新文豐出版社，1986）卷十三。政協壽光市文史資料委員會編，壽光市文史資料選輯・第16輯〔M〕，1999.12。

# 卷九

## 六十九

9.6 第291頁 「金石文字亦有三通⋯⋯一為大定十七年《三清觀鼓銘》，拓本皆空其中」

韓注：未見著錄

又稱《金大定十七年三清觀釜銘》為環刻，方若《續校碑隨筆目錄》卷下，葉十四記此鼓在長安。今見其拓片。

## 七十

9.17 第302頁 「若今昭陵之《牛秀》、《德陽公》諸碑是已。」

韓注，《德陽公》未見著錄。又稱《上柱國德陽公梁君碑》，正書，無年月，在醴泉昭陵墓田，其錄文見於《昭陵碑考》、《關中金石文字存逸考》〔註90〕

# 卷十

## 七十一

10.1-1 第308頁 程浩《夫子廟碑》，原刻在三原，他郡邑廟及學宮亦間有借刻者，大都明人不學者為之耳。

歐陽輔，按三原本亦非原刻；西安、扶風二本，宋人刻；廣州、當塗二本，則元人刻。若云明人，固未之見。

西安本為夢英正書並篆額，安文際刻，刻於宋太平興國七年。程浩《夫子廟碑》碑文見錄於康熙《陝西通志》卷二〇，葉一三至一四，藝文（版心不可識），中有「扶風，古縣也。在京之西，換渭之北。」；「大曆二年丁未尚書駕部即中程浩撰」。

毛鳳枝考訂此碑，全文見《金石萃編》卷九五，葉一、二，《唐文粹》，又稱《扶風文宣王廟記》。西安府學為夢英所書，碑文無「扶風古縣也」下半篇。

---

〔註90〕（清）毛鳳枝著，李向菲，賈三強點校，《毛鳳枝金石學著作三種》《關中金石文字存逸考（卷八）》，西安：三秦出版社，2017年，第270頁，《關中金石文字存逸考》卷八，醴泉縣。

《關中文字記》云此文浩以大曆二年作於扶風，顏真卿書於湖州，毛鳳枝認為偽託。

今人考此碑元至正元年本為賈度摹勒華州本，華州本碑文與西安夢英本碑文相合，為程浩所撰《扶風縣文廟記》前半篇。偽託為顏真卿書者，始於南宋的華州本。〔註91〕諸版本皆未見三原本《夫子廟碑》。

10.2 第309頁 《聖教》，未見重摹本，而《懷仁聖教》化身最多，亦最不易辨，孟津王覺斯及西安苟氏兩摹本皆能亂真。

韓注：「苟氏不知何人」。

《金石萃編》卷四十九，唐九，《集古求真》卷七，行書，亦持王鐸本與西安苟氏本最佳。然未見苟氏為何人。

## 七十二

10.5 第312頁 「湖州墨妙亭有宋人書『玉筍』兩篆字，並題名數通，同刻一石，亡友陸存齋丈輯《吳興金石記》，列之佚目。」

韓注未見著錄。《繆荃孫日記》中載，丙午年「（九月）廿八日……已刻抵蘇……勝之留早飯，並晤章式之（鈺），見壁間掛《玉筍題名》，墨妙亭故物，今在湖北。」〔註92〕此處湖北指江蘇某處，前一日還與葉昌熾見面清談。

《緣督廬日記》記九，辛丑二月十四日中載，「玉筍」拓片購自矮估，與六種其他拓片共洋一元。並記此題名有「元豐宣和淳熙」。

## 七十三

10.15 第321頁 趙撝叔云：海寧《扶風馬夫人墓誌》，（唐咸通四年，李直文並書）。

韓注未見著錄。查《補寰宇訪碑錄》卷三，第836頁，為《扶風馬氏夫人

---

〔註91〕（清）毛鳳枝著，李向菲，賈三強點校，《毛鳳枝金石學著作三種》《關中金石文字存逸考（卷八）》，西安：三秦出版社，2017年，第295頁，《關中金石文字存逸考》卷八，扶風。夢英碑今載李慧主編，陝西省古籍整理辦公室編，《陝西石刻文獻目錄集存》，西安：三秦出版社，1990年，第218頁。關於華州本、西安本的考證，見於朱關田，《顏真卿年譜》，杭州，西泠印社出版社，2008年，第80～83頁。

〔註92〕繆荃孫著；張廷銀，朱玉麒主編，繆荃孫全集‧日記2〔M〕，南京：鳳凰出版社，2014.09，第416頁。

張墓誌》，不知是葉氏脫文，或是趙之謙衍文。此碑未見原拓，此處錄下以備參考。

## 七十四

10.16　第 323 頁　「以一邑為斷者，秦之《武功》，（段嘉謨）。」

韓注未詳。此處應指段嘉謨著《金石一隅錄》三卷，段嘉謨曾任武功知縣，鄧廷楨、吳榮光序，鄧氏序：「武功，關中之一隅也。」此書由此得名，葉氏以《武功》代稱，以求文字工整。〔註 93〕

10.19　第 325 頁　「余曾得呂大防《長安志圖》殘石」

韓注未見著錄。卷五亦提及。此圖為呂大防北宋神宗元豐三年五月，呂大防在陝西任永興軍知府，命京兆府戶曹劉景陽繪製。而《長安志》成書於神宗熙寧九年。此後呂大防題記上石，但元明後遺失。清末出土及葉昌熾所見版本不明。今仍有殘石藏於西安碑林。〔註 94〕

## 七十五

10.21　第 327 頁　潘文勤師所藏，以《崔文修志》為第一。

韓注未見著錄。《崔文修墓誌》（見圖 24），正書，大曆六年八月，陝西陽喜出土，見《石刻名匯》卷六，《繆荃孫金石文字目》卷十八，葉十一，記為《成武縣丞博陵崔文修墓誌》，嗣子玭敘文。其拓片首題《唐故曹州成武縣丞博陵崔氏府君改葬墓誌銘並序》。

## 七十六

10.23　第 328 頁　江陰布衣沈霞西。

韓注，沈霞西未詳。沈霞西即沈復粲（1779～1850），山陰東浦（今浙江紹興）人，字霞西，號鳴野山房主人。著有《越中金石廣記》《劉子全書遺》

---

〔註 93〕其序見，山右歷史文化研究院編，山右叢書·初編 10〔M〕，上海：上海古籍出版社，2014.11，《萬卷精華樓藏書記》卷六十一，第 115 頁。此書似已亡佚，未見原書序文。

〔註 94〕關於此圖有詳細考證，見辛德勇《考「長安志」「長安志圖」的版本——兼論呂大防「長安圖」》，載於黃永年主編，《古代文獻研究集林》，陝西師範大學出版社，1992 年，第 159～202 頁。

等，與其兄富於藏書，在嘉道間聞名浙東，廣收章學誠舊藏。趙之謙 17 歲拜霞西為師。〔註 95〕

### 第 328 頁　江寧聶某

《繆荃孫日記》二十二年丙申二月，「江寧聶名山善訪碑，葉鞠常《語石》與李雲從並稱『南聶北李』。」〔註 96〕又有山東學者聶劍光（1711〜1796），著有《泰山道里記》，《中國書法大辭典》將兩人混為一談，誤。

---

〔註 95〕其生平參見宗稷辰，《躬職齋文鈔》，卷十《沈霞西墓表》；《紹興縣志資料》第 1 輯，《人物列傳》，《紹興叢書》第 1 輯，第 10 冊，中華書局 2008 年第 725 頁。
〔註 96〕繆荃孫著；張廷銀，朱玉麒主編，繆荃孫全集‧日記 2〔M〕，南京：鳳凰出版社，2014，第 182 頁。

# 致　謝

　　自幼時第一次有老師開始算起，求學生涯儼然已有廿年之餘，其中不曾有半年間斷。從獲得博士學位起，這樣的時光也將一去不返。這篇博士學位論文的致謝，既是對論文寫作過程中對我有所幫助的各位師友的致謝，也是對所有見證我求學生活者的致謝。

　　在中國人民大學的時光已有七年之久，首先最應該感謝的是我的導師鄭曉華教授。我能有機會不間斷求學生活，完全仰仗導師對我的信任。在近十年的學習生活中，導師對我的指導與幫助將是我永遠難以忘懷的。尤其讓我銘記的是，老師不止在學術上讓我有所獲益，更在為人上多有點撥。說來慚愧，因為個人的怠惰，若干年來進步甚微，著實有負老師期許。藝海無涯，還須砥礪向前，師恩之重遠非寥寥數言可表！

　　在本篇博士論文的寫作過程中，獲得了諸多師友的幫助，在此對他們表示謝意。感謝山東大學的姚文昌老師無私與我分享在考察《語石》版本中的諸多心得，並將自己所得《語石》稿本的複印件借給我。感謝中國美術館、上海圖書館的各位老師在我查閱資料中給予我的幫助。感謝在預答辯與答辯時，王旭曉教授、祁小春教授、付陽華教授，以及正式答辯中陳池瑜教授、張同印教授、鄭工教授對我論文提出的修改建議，以及五位匿名評審老師對我論文的評議，幫助我將文章向更深更細處推進。還有我在人民大學求學期間，王文娟教授、張建宇副教授等老師都給予我諸多幫助。此處的致謝掛一漏萬，我自小求學至今，有幸承蒙太多無私真誠的老師在學業與生活上的關心照顧，我發自內心地感謝所有老師對我的付出！

　　學位的攻讀不只是對能力的鍛鍊與考驗，也是對精神和心理素質的歷練。本篇論文的完成也要感謝諸多朋友的陪伴與支持。本書的編輯出版首先要感謝臺灣花木蘭文化事業有限公司的諸位編輯，為文章的排版校定，尤其是楊嘉樂老師的聯絡幫助。在論文的資料收集中，感謝南京師範大學 2020 級文藝學博士葛復昌，幫我查閱南京圖書館藏《五百經幢館碑目》，以佐證我論文中的部分結論。在論文的寫作中，還要感謝我的博士同學關家敏，我的師兄張廣冉、向淨卿，我的師妹雷彩虹，以及歷史專業的學弟王通，他們在日復一日的畢業論文寫作中與我分享學術心得，給我以陪伴、鼓勵和支持。另外也要感謝我的同窗吳傑在博士答辯以及碩士期間的學習中給予我的熱心幫助，還有我的同門兄弟姐妹在我求學期間對我的關懷。還有諸多未能一一具名感謝的同學，他們給我的求學時光留下了諸多幸福回憶。

　　最後我要感謝我的家人。我深知能有幸在象牙塔中學習，不必為生活而操心完全得益於家人對我的支持與幫助。我的母親在我上初中時選擇攻讀醫學的碩士、博士學位，醫學的學位往往不但要做實驗完成理論文章，還要在醫院實操，同時還要兼顧工作與家庭。直至我進入博士的學習，才真正對這種忙碌與可能的顧此失彼感同身受，能夠堅持求學之路離不開她對我的支持與鼓勵。而我的父親年輕時就熱愛書法篆刻，至今仍筆耕不輟，他的執著與勤奮是我前行的榜樣。還要感謝我的先生劉海儒和我的公公婆婆，他們在我求學期間一直無條件支持所有我學習的時間與投入。我走向博士學位的每一個腳印，都離不開我家人的包容、鼓勵與支持！

　　儘管博士學位為我的求學之路暫時畫上了句號，學術的漫漫前路方才啟程，仍須勤勉於上下求索。這篇畢業論文也是對石刻這一宏大材料研究的開始，仍有諸多不足之處，以期在未來的治學中日臻完善。

　　在此暫將此文作為學業的小小成果，獻給我的師友家人！